Heidewig Feuerherdt

Von Pommern nach Deutsch-Südwest - Afrika war unser Schicksal

Eine Familienchronik
(1785 bis 1930)

AF285670

Impressum
Design: Neele Masemann, wenigwerbung
Titelbild: Fotomontage von Hans Wenig unter Verwendung einer Landkarte
aus dem Diercke Schulatlas von 1930 und einem Foto mit Helene Schwenn
und Charlotte Schulz (sitzend) sowie Käthe und Charlotte Schwenn

© Heidewig Feuerherdt, Oldenburg (Oldenburg) 2021

Verlag: BoD · Books on Demand GmbH, In de Tarpen 42,
22848 Norderstedt
Druck: Libri Plureos GmbH, Friedensallee 273,
22763 Hamburg
ISBN: 978-3-7597-6179-8

Mein lieber Sohn,

es hat mich sehr gefreut, als ich die Anzeige Deiner Verlobung erhielt, Gott möge Dir Glück u. Segen zu Deinem Vorhaben verleihen, was ich Dir von Herzen wünsche. Lieber Sohn, Deinen Brief habe ich erhalten, aber nicht eher beantworten können als Ende August, so muss ich bekennen, daß ich den Brief wieder zurück bekam, da ich die Hausnummer nicht angegeben hatte, wo ich Dir mitteilte, wo ich mich jetzt aufhalte. Ich bin bei sehr guten Leuten, wo ich meine Reinlichkeit u. meine Bequemlichkeit habe und gutes Essen. Mehr kann ich alter Mann nicht verlangen u. werde so behandelt, als wenn ich ihr Vater wäre, gesund bin ich, nur dass ich nicht gehen kann, ich kann nicht ohne Stock aus einer Stube in die andere gehen, wenn ich sonst was hier will, muss ich mir die Krücke nehmen. Nimm mit diesen paar Zeilen vorlieb, ich kann nicht weiter schreiben, meine Gedanken fehlen mir, wenn ich eins denke, habe ich das andere wieder vergessen. Nun wünsche ich, dass diese einfältigen Zeilen beide in bester Gesundheit antreffen mögen. Ich grüße Dich, Deine liebe Braut u. ihre Eltern recht herzlich und verbleibe stets

Dein Dich treuliebender Großvater Carl Schulz

Inhaltsverzeichnis

Vorwort   7

1. 1785 -1872 Unsere Urahnen in Pommern   9
2. 1871 Berlin wird Hauptstadt des Deutschen Reiches   29
3. 1876 Carl Schulz zieht nach Berlin   33
4. 1880 Familie Schulz in Berlin   43
5. 1884 Paul Schwenn aus Klein Ziethen   55
6. 1884 Helene ist verliebt   60
7. 1884 Hochzeit in St.Petri   72
8. 1885 Carl Schulz auf Freiersfüßen   75
9. 1885 Familienfreuden und Kindersegen   78
10. 1890 Das Ende einer Ehe   83
11. 1890 Helene als alleinerziehende Mutter   86
12. 1898 Dar es Salaam-New York-Kapstadt   89
13. 1900 Georg Winkelvoss in Bremen   98
14. 1900 Sodom und Gomorra in der Südafrikanischen Union   104
15. 1884 Schutzgebiet Deutsch-Südwestafrika   115
16. 1906 Lüderitzbucht als Heiratsmarkt   124
17. 1907 Helenes Schwiegersöhne   129
18. 1908 Kiloweise Karat   136
19. 1909 Expedition auf die Pinguin Insel   148
20. 1909 Verrat und Versagen   153
21. 1912 Neuanfang in Pomona   159
22. 1914 Trennung und Kriegsausbruch   165
23. 1914 Helene in Hohenlychen   170
24. 1914 Flucht durch die Wüste   175
25. 1915 Endstation Tsumeb und Kapitulation   201
26. 1915 Heimreise und Post aus Hohenlychen   220
27. 1920 Rückkehr nach Deutschland   233
28. 1971 Wiedersehen mit Afrika   239
29. 2004 Barbara und Bruno Böhm-Erni auf Farm Aar   247
30. 2011 Karl-Georg und Heidewig Feuerherdt in Namibia   250

Stammbaum und Nachwort   255

Jedes Lebewesen existiert nur, weil seine Vorfahren
das Leben von der Geburt bis zum Tod gemeistert haben.
WDR in „Quarks" am 29.1.2018

Vorwort

Wir waren ein Dreimädelhaus in Magdeburg: meine Urgroßmutter
Helene, meine Großmutter Charlotte und ich, Heidewig, bis meine
Urgroßmutter 1952 an meinem Geburtstag starb. Sie war 88 Jahre
alt, ich 12 Jahre. Bis dahin hatte ich schon viele Geschichten aus dem
Leben dieser Frauen gehört. Ich hatte mit ihnen Berliner Gassenhauer
gesungen, war in ihren Erzählungen um die Welt gereist, hatte Skat
spielen und nähen gelernt. Als ich 1967 gerade mein Magisterexamen
in Tübingen bestanden hatte, starb meine Großmutter. Sie wurde 79
Jahre alt. Ich habe sie sehr geliebt. Sie hatte mich quasi großgezogen,
weil meine Mutter als Kriegerwitwe eine zweiklassige Dorfschule in
Huy - Neinstedt im Harzvorland leitete. Meine beiden älteren Brüder
lebten bei ihr.
Als erwachsene Frau erkannte ich, dass diese Frauen sehr stark gewesen sind; denn alle haben entbehrungsreiche Zeiten erlebt, waren
viele Jahre in Afrika, verloren einige ihrer Kinder in frühem Alter
oder als Soldaten im Weltkrieg und mussten die Trennung von ihren
Ehemännern verkraften, entweder infolge von Scheidung oder durch
Tod. Diese Frauen meisterten weitgehend ihr Leben ohne männli-
chen Schutz. Darum will ich ihnen hiermit ein Denkmal setzen.
Vor 20 Jahren begann ich, die schriftlichen Erinnerungen der Familienmitglieder zusammenzustellen. Ich habe Berichte und Briefe
gesammelt, durch fiktionale Ergänzungen verbunden und die
Geschichte aufgeschrieben.
Archive und Bibliotheken habe ich genutzt, um den historischen
Hintergrund zu verstehen.

Hiermit möchte ich allen danken, die mir geholfen haben, die Erinnerung an unsere Vorfahren zu bewahren. Ich danke Frau Gisela G. Wolters, die als ehrenamtliche Mitarbeiterin des Museums in Windhoek im Nationalarchiv von Namibia geforscht hat und aus den Zeitungen der Jahrgänge 1908 bis 1912 Meldungen zu meinen Großeltern übermittelt hat.

Frau Gabriele Schuster in München hat dankenswerterweise das Lektorat übernommen und stilistische Verbesserungen eingebracht.

Neele Masemann hat in der Firma wenigwerbung in Oldenburg die grafische Gestaltung des Textes übernommen. Ohne die großzügige Unterstützung von Hans Wenig, einem guten Freund unserer Familie, hätte ich die technischen Hürden nicht nehmen können. Dafür bin ich besonders dankbar.

Hier ist das Ergebnis.

Heidewig Feuerherdt

1. 1785-1885 Unsere Urahnen in Pommern

Weiße Segel wiegen sich auf blauer See,
weiße Möwen fliegen in der blauen Höh,
blaue Wälder krönen weißen Dünensand.
Pommerland, mein Sehnen ist dir zugewandt.
Pommernlied 1851

Meine Geschichte beginnt möglicherweise mit einem „Fehltritt".
Wenn ich die Kette meiner Ahnen bis ins 17. Jahrhundert zurückver-
folge, fehlt mittendrin plötzlich ein Glied: sechs Generationen vor
mir, 18. Jh., Goethe-Zeit, Preußen nach Friedrich dem Großen.
Die Urgroßeltern meiner Urgroßmutter sind nicht auszumachen.
Da klafft eine Lücke in der Ahnenreihe.[1]
Doch wir kennen die Großeltern meiner Urgroßmutter. Es waren
Christian Wienke, der 1785 in einem pommerschen Dorf geboren
wurde, und Sophie Staege. Aber woher kamen sie? Wer waren die
Eltern? Wir wissen, dass Christian Herrschaftlicher Verwalter auf
dem Gut des August von der Osten in Pinnow wurde. So steht es auf
seinem Grabkreuz. Auf dem verwilderten Friedhof von Pinnow in
Hinterpommern befand sich ein Grab an repräsentativer Stelle: zwischen der Kirche in traditionellem Fachwerk und dem Glockenstuhl,
in dem drei Glocken zum Dienst an dem obersten Herrn mahnten.
Auf dem Grabkreuz stand das Geburtsdatum von Christian Wienke:
6. Oktober 1785 und auch sein Todestag: 18. Januar 1872. Nicht weit
von ihm ruhte seine Frau Sophie, geb. Staege, geboren am 9. Mai
1791, gestorben am 8. Dezember 1846 in Pinnow. In den Kirchenbü-
chern von Pinnow oder der nahe gelegenen Stadt Jastrow sind keine
Eintragungen zu finden. Doch es gibt Gerüchte. Im Dorf erinnert
man sich an die weit zurück liegende Zeit: Christian sei gemeinsam
mit den Kindern des „Grafen" erzogen worden. Christian war jedoch
schon elf Jahre alt, als der Gutsherr August Wilhelm Heinrich von
der Osten mit 36 Jahren eine standesgemäße Ehe einging. Mit seiner
Familie lebte er auf dem Stammsitz Plathe. Als die Kinder aus dieser

---

[1] In den 30er Jahren des 20. Jh. hat Horst Winkelvoss durch Reisen in den Landen und
Blick in die Kirchenbücher akribisch über alle Familienmitglieder Ahnentafeln erstellt, die
als Kopie in der Familie kursieren.

Ehe einen Lehrer brauchten, war Christian längst konfirmiert. Hatte der Gutsherr eigens für Christian einen Privatlehrer ins Dorf geholt? War Christian womöglich ein illegitimer Sohn von der Osten? Es gab das Recht der Ersten Nacht für Feudalherren, deren Untergebene heiraten wollten.[2] Wir werden es nicht erfahren. Alle Dokumente der Familie von der Osten aus jener Zeit sind verloren gegangen. Vielleicht wurden sie schon früh zur Rettung der Familienehre vernichtet.

Die Herren von der Osten

Unser Dorf ist eines von den im 16. Jh. gegründeten Grenzdörfern, die lange im Streit mit ihren slawischen Nachbarn lagen, bis ein Vertrag 1588 die Landesgrenze zwischen dem Amt Neu - Stettin in Pommern und dem Land Deutsch - Krone in Polen regelte und das Gebiet befriedete. Die ersten Siedler rodeten und kultivierten die wüst liegenden Flächen, entwässerten das Bruch und bauten Hütten. Der Herzog Bogislav XIII. (1544 – 1606) belehnte 1582 Wedige von der Osten mit dem Gut Pinnow.

Pinnow gehört zu den Besitzungen der Familie von der Osten, deren Stammgut ist Plathe mit Zowen, Altenhagen und Justin. Der Herr ist August Wilhelm Heinrich, geboren 1760 auf dem Stammsitz Plathe. August Wilhelm Heinrich war der Sohn des berühmten Friedrich Wilhelm von der Osten (1721 - 1786), des kgl. preuß. Kammerherrn und Landrats des Ostenkreises auf Plathe. [3]

In seiner Jugend lebt Friedrich Wilhelm von der Osten bei seinem Vater in Berlin und widmet sich dort im Umfeld des Hofes zahlreichen Studien, was ihn zu einem anerkannten Gelehrten und Kunstsammler macht.

Nach dem Tod des Vaters verlässt Friedrich Berlin und begibt sich 1748 mit all seinem reichen Wissen und den gesammelten Schätzen nach Pommern auf das väterliche Gut Plathe, südöstlich von Kolberg. Hier trägt er die bis heute berühmte Schlossbibliothek mit 25000 kostbaren Werken, historischen Urkunden aus der Zeit der alten

---

[2] Das sog. Ius primae noctis, auf das Mozarts Oper „Figaros Hochzeit" anspielt
[3] Hans Wätjen, Geschichte des Geschlechts von der Osten

(im Auftrag des Familienverbandes), 2 Bände, Eigenverlag, Bremen (2.Bd. 1977)

Pommernherzöge sowie Handschriften, Pergamentrollen, Landkarten und Kupferstichen zusammen, die das kleine Städtchen Plathe an der Rega zum geistigen Mittelpunkt Pommerns macht. Er sammelt auch Gemälde zeitgenössischer Maler, Kunsthandwerk des Rokoko und alte Münzen. Von seinen Nachfahren wird die Plather Sammlung sorgfältig gehütet und beschützt, bis sie im 20. Jh. in den Wirren des 2. Weltkrieges verstreut wird und, bis auf wenige Reste im Bundesarchiv in Koblenz, verloren geht. Augusts Vater Friedrich Wilhelm hatte bewusst Wohnung auf Plathe genommen und damit verhindert, dass die Schlossbibliothek feindlichen Soldaten in die Hände fällt.

Der Stammsitz der Familie ist eine Kleinstadt an der Rega mit lübschem Recht, ca. 70 km nordöstlich von Neu - Stettin. Bei Ausgrabungen wurden arabische Münzen gefunden, die dafür sprechen, dass Plathe schon in frühester Zeit rege Handelsbeziehungen unterhielt. Zu beiden Seiten der Rega, durch die seit alters her eine Furt führte, liegen zwei beeindruckende Herrensitze. Ein erster Schlossbau stammt aus der Renaissance. 1577 musste die Familie einen Teil ihres Besitzes an die Familie von Blücher veräußern, die sich um 1600 eine trutzige Wohnstatt auf der anderen Seite hoch über der Rega erbaute. Dieses imposante „Blücherschloss" kam 1731 durch Heirat auch an die von der Osten und beherbergte dann die wertvolle Bibliothek, die Plathe bis 1945 zum kulturellen Zentrum Pommerns machte.

Das Schloss auf der anderen Seite des Flusses, hinter dem sich ein Park mit seltenen Bäumen erstreckt, wurde im 20. Jh. vom mecklenburgischen Architekten Paul Korff (1875 - 1945) in dem für ihn typischen Stil erweitert und zeitgemäßen Ansprüchen angepasst.

August Wilhelm Heinrich von der Osten wird 1760 auf Plathe in die Kämpfe des siebenjährigen Krieges hineingeboren, in dem Preußen um seine Existenz gegen Österreich, Russland, Frankreich, Schweden und die Mehrzahl der Fürsten im Deutschen Reich kämpft. Auf dem Gut schlagen Kavallerieverbände des russischen Zaren mehrfach ihr Hauptquartier auf. Bis zu 12 Regimenter tummeln sich mit ihren

Pferden und dem ganzen Tross auf Plathe. Sie nutzen hier den strategisch günstigen Übergang über die Rega und versorgen sich mit den Vorräten aus Scheunen und Ställen der umliegenden Dörfer. Wenn es ihnen nicht freiwillig herausgegeben wird, plündern und brandschatzen sie. Die Ernte erstickt unter den Hufen der Pferde. Die Bevölkerung versinkt in Hunger und Elend.

Als der Krieg 1763 endlich vorbei ist, bereist der preußische König Friedrich II. das wirtschaftlich heruntergekommene Land. Seine Kutsche nimmt die alte Heerstraße von Stettin und sucht auf dem holprigen Pflaster die Begegnung mit den Untertanen, von denen er sich über die Verwüstungen berichten lässt und die nötigen Maßnahmen zum Wiederaufbau erkundet. Er verspricht Hilfe und sorgt für Mut bei den Menschen.

Christian Wienke (1785 - 1872)

August Wilhelm Heinrich ist 25 Jahre alt, als 1785 unser Urahn Christian geboren wird. August ist noch nicht verheiratet und steht in voller Manneskraft. Vielleicht sind ihm die kalten Winter auf den Gütern seines Vaters zu einsam geworden. Vielleicht gibt es ein hübsches Bauernmädchen oder auch eine junge Gesellschafterin auf Plathe, von der sich August die langen Abende aufheitern lässt. Seine Aufgaben als Landschaftsdeputierter können ihn nicht ausfüllen.

Als Christian elf Jahre alt ist, heiratet August Wilhelm Heinrich mit 36 Jahren standesgemäß Friederike Karoline v. Normann, die ihm drei Töchter und nach sechsjähriger Ehe 1802 den ersten Sohn, Friedrich August Heinrich, schenkt. Er wird allgemein Fritz genannt, vielleicht in Erinnerung an den alten Fritz, der als Preußischer König auch Herrscher über Pommern war. Christian Wienke ist jetzt 17 Jahre alt. 1803 wird als zweiter Sohn aus der Ehe von August und Friederike Carl geboren, der „gegraft" wird, und als Carl Graf von der Osten-Plathe in die Geschichte eingeht. Die Familie lebt auf dem Stammsitz an der Rega. Ob Christian Wienke ebenfalls dort aufwuchs, ist nicht mehr festzustellen. Der Herr mag den Jungen schon früh mit sich genommen haben, wenn er über die Felder ritt. August setzt ihn vor sich aufs Pferd, oder der Junge schlurft barfuß über die staubtrockene Pommersche Erde, bis so dichte Wolken über dem Weg liegen, dass der Junge kaum noch zu sehen ist. Christian fährt mit den Fischern auf den See und zieht die Netze mit ins Boot. Pommerns Gewässer sind reich an Barschen, Karauschen, Hechten und Schleien. Der Junge fragt viel und lernt schnell. Er zeigt Begeisterung für alles, was sich regt auf den Fluren der pommerschen Landschaft.

Als Napoleon mit seinen Truppen durch Deutschland zieht, bleibt Pommern nicht unberührt. Während die Rheinlande die Neuerungen der Französischen Revolution feiern, leidet man im Osten unter dem Eroberungsdrang des Franzosen.
Christian erfährt von der Vernichtung des preußischen Heeres 1806 bei Jena und Auerstedt. Er hört von der Belagerung der Festung Kolberg, die nicht weit von Pinnow an der Ostsee liegt. Der preußische Kommandeur von Gneisenau verteidigt die Stadt im Sommer 1807 mit Unterstützung des Kolberger Bürgers Joachim Nettelbeck und des zu Hilfe geeilten Ferdinand von Schill, der bei Auerstedt eine Kopfverletzung erleidet und sich dennoch bis nach Kolberg durchschlägt.

Auch von der Flucht des Königs und der Königin mit dem Thronschatz von Königsberg nach Memel erfährt Christian. Er hört von der Erniedrigung durch Napoleon, der zwar Friedrich dem Großen an seinem Grab in Potsdam die letzte Ehre erweist, den jetzigen König Friedrich Wilhelm III. jedoch verspottet und das Ansinnen von Königin Luise hochmütig von sich weist, als sie ihm auf der Brücke über die Memel entgegentritt und um einen ehrenvollen Frieden für Preußen bittet.

Erst der Friede von Tilsit bringt 1807 wieder Ruhe in das Leben der Menschen in Pommern. Von Königsberg aus leitet der Minister von und zum Stein Reformen ein, die er mit beinahe unbeschränkter Vollmacht des Königs vorantreibt. Weitere Reformen, die der Reichsfreiherr nach englischem Vorbild anstrebt, werden nicht ausgeführt, weil Napoleon für die Entlasssung des Reformers und seine Ächtung sorgt. Vom Stein geht erst nach Österreich und dann nach Russland, von wo aus er die Erhebung gegen die französische Fremdherrschaft vorbereitet. Ihm folgt als Minister der Freiherr von Hardenberg, der u.a. für die „Regulierung" der bäuerlichen Verhältnisse und die Emanzipation der Juden sorgt. Das preußische Judenedikt von 1812 ermöglicht den in Preußen lebenden Juden, die preußische Staatsbürgerschaft zu beantragen. Die Erbuntertänigkeit der Bauern wird aufgehoben. Damit wird ab sofort an Bürgerliche der Erwerb von Gütern freigegeben. So wird auch Christian Wienke eines Tages ein eigenes Gut erwerben.

Im Jahr 1817 übernimmt August Wilhelm Heinrich von der Osten, jetzt 57 Jahre alt, die Güter Pinnow, Burzen und Hasenfier. Der Gesamtbesitz umfasst 35 000 Morgen.
August setzt den zweiunddreißigjährigen Christian Wienke als Herrschaftlichen Wirtschaftsinspektor auf seinem Gut Pinnow ein. Diese Tatsache bezeugt eine große Wertschätzung und ein tiefes Vertrauen zwischen dem Gutsherrn und dem jungen Christian – mehr lässt sich nicht sagen.
Christian Wienke war wohl Mitte zwanzig, als er sich mit Sophie Staege verheiratete. Aus dieser Ehe stammen fünf Kinder: Berta, Helene, Julie, Ernst und 1832 Charlotte als Nachkömmling. Ihr Vater ist jetzt 47 Jahre alt. Die Kinder Wienke wachsen im Dorf auf, in dem ihr Vater der Herr ist, stellvertretend für August Wilhelm Heinrich von der Osten, der mit seiner Familie weit entfernt auf Plathe wohnt.

Das Gutshaus ist klein und liegt bescheiden im Hintergrund am Rande der Häuserreihe, die sich um den Pinnower See zieht. Eine schmale Allee führt darauf zu. Große Hortensienbüsche, die den ganzen Sommer über prächtig blühen, falten im Herbst die Blütenblätter wie die Schmetterlinge. Dann schimmern sie weinrot, warm und weich wie matter Samt.

Hinter dem Haus erstrecken sich Streuobstwiesen. Der ganze Stolz von Sophie Wienke ist ein Apfelbaum im Gutsgarten. Im frühen Oktober leuchten groß und hellgelb die Äpfel von der Sorte „Antonovka", die aus den russischen Datscha-Gärten nach Hinterpommern gelangt war.

Ehemaliges Gutshaus der Familie von der Osten in Pinnow (2009)
Nicht weit vom Gutshaus liegen Ställe und Scheunen in rotem Backstein.

Hinterpommern 1817

Pomorje nennen die Slawen das Land an der Küste. Die Landschaft ist weit, die Wälder und Felder monoton, die Seen kühl, die Dörfer eng, die Menschen einsam, die Sommer heiß und die Winter lang. Mit dem ersten Sonnenlicht wird man wach vom Ruf der Tiere, und mit Sonnenuntergang legt man sich wie die Tiere schlafen. In der Nacht leuchten Mond und Sterne, Kienspäne oder blakende Tranfunzeln. Im Frühjahr wird die Kälte aus dem Boden gepflügt, die ersten Sonnenstrahlen erwärmen die groben Schollen, die Saat muss eingebracht werden. Es gibt Arbeit, viel Arbeit und harte Arbeit – für jeden im Dorf, auch für die Kinder. Die Jungen müssen überall zupacken, legen den Pferden das Geschirr an und gehen hinter dem Pflug. Die Mädchen bringen Ziegen und Kühe auf die Weide, melken früh morgens und noch einmal am Abend. Die schweren Milchkannen übersteigen ihre Kräfte.

Einmal in der Woche ist Waschtag. Über einer offenen Feuerstelle wird das Wasser heiß gemacht, am Waschbrett im hölzernen Zuber stehen die Frauen und schrubben Staub und Schmutz aus dem groben Leinen. Im See spülen sie die Wäsche, bevor sie im Wind auf den Leinen trocknet.

Im Sommer reift das Korn. Die Hitze brütet über den Halmen. Der Herr erwartet einen reichen Ertrag. Von der nahen Grenze kommen die polnischen Schnitter. Sie wohnen im Dorf in ihrer Kaserne. Schon früh bei Sonnenaufgang versammelt der Inspektor sie am Feldrain. Er teilt sie ein, jedem das Tagespensum. Im Juli die Gerste, dann Roggen, Weizen und Kartoffeln, am Ende die Zuckerrüben. Zur Vesper bringen die Mägde frische Brotlaibe, Würste, Braunbier und Wasser, viel Wasser; denn es ist heiß in Pommern. Wenn der Herr vorbei reitet, ziehen die Schnitter ihre Mützen und bücken sich dann wieder nach den Halmen.

Auf den Leiterwagen, die die Pferde mit den hoch aufgetürmten Strohgarben in die Scheunen ziehen, sitzen ganz oben die Jungen und

Mädchen, müde vom Tagewerk, aber mit dem schönsten Blick über das Land. Dann kommt die Drusch: die Flegel werden geschwungen, und der Staub aus den Halmen legt sich auf Gesichter und Kleider. Es kratzt von den fliegenden Spelzen und bringt einen großen Durst in die Kehlen. Sack für Sack stapelt sich das Korn, das dem Herrn den Gewinn bringt.

Die Kinder der Herrschaft macht der Sommer glücklich. Der Hauslehrer ist abgereist, sie sind den ganzen Tag im Park, baden im See, fangen Fische und Schmetterlinge. Mit der Mutter und dem Kinderfräulein fahren sie an die Ostsee und toben auf den endlosen Dünen der Kurischen Nehrung.

So geht es, bis die Ernte eingebracht ist. Dann flechten die Frauen im Dorf die Erntekrone. In der Diele des Gutshauses wird sie an der Decke befestigt, und der Herr hält Andacht mit den Bauern, den Mägden und den Schnittern. Es gibt einen Festschmaus und viel Branntwein. Bis nach Mitternacht tanzen die Kinder und auch die Mägde mit den Schnittern unter der Krone. Wer nicht zurück in die Schnitterkaserne findet, schläft seinen Rausch im Heu bei der Magd aus. Der Verwalter rechnet mit dem Herrn ab. Der Herr ist zufrieden. Er kehrt zurück auf sein Stammgut, und später fährt er mit seiner Familie in die Stadt. Hier kauft die Herrin neue Hüte und bunte Bänder für die Ballsaison. Der Herr versorgt sich mit Zigarren und Moselwein für festliche Stunden mit den Nachbarn auf den umliegenden Gütern. Wenn die Schnitter über die Grenze nach Osten gezogen sind, bleiben nur die Dorfbewohner zurück. Sie gliedern sich in vier Klassen: Büdner (von Bude, Büdnerei) waren in Pommern die Ärmsten im Dorf. Ihr Anwesen bestand aus einem kleinen Haus mit Garten. Sie arbeiteten als Tagelöhner auf den Gütern. Die Kossäten (poln.Koza für Ziege) waren als hauptberufliche Ackerbauern etwas höher gestellt, hatten ein paar Haustiere und mussten ebenfalls Frondienste und Ernteeinsätze leisten. Ein eigenes Pferdegespann stand ihnen nicht zur Verfügung. Kätner nannte man die Handwerker, die ebenfalls ein wenig Land besaßen, das mit dem Spaten bearbeitet werden konnte. Nach der Ernte auf den gutsherrschaftlichen Feldern sorgen die Bewohner für ihr eigenes Wohl. Sie sammeln Pilze und Beeren, kochen Früchte ein und stampfen Kohl in großen Fässern. Die Ziegen liefern Milch, die Hühner ein paar Eier und die Gänse einen Festtagsbraten für die Herrschaft - und Federn für die Betten.

In den kleinen Gärten hinter ihren Häusern machen die Büdner und Kossäten im Oktober die Kartoffeln raus. Wenn das trockene Kraut in unzähligen kleinen Feuern brennt, verbreiten die Rauchschwaden herbstlichen Duft über den Fluren. Die Kinder werfen Kartoffeln in die Glut. Es ist eine köstliche Belohnung für die mühselige Feldarbeit. „Du stinkst wie`n Kossebock" ist der Auftakt zum Badespaß in der Zinkwanne, die jedem Dorfkind am Sonnabend blüht.

Mit den Produkten ihrer Klitsche ziehen die Tagelöhner an den Markttagen in die nächste Stadt und verhökern alles, um beim jüdischen Kaufmann die Dinge zu kaufen, die sie für die Wirtschaft brauchen.

Noch einmal erwacht Leben in den umliegenden Wäldern, wenn der Herr mit der Jagdgesellschaft im Gutshaus einzieht. Die Jäger gehen auf Schweine und suchen den Hirsch, der sich ihnen unvorsichtig in seiner Brunft verrät. Der Klang der Jagdhörner ist ein letzter wehmütiger Abgesang auf den Sommer. Neben den schweren Fellen der Wildschweine und dem Geweih des 16-Enders, die als Trophäen über den Winter präpariert werden müssen, bleibt nichts zuück von der Herrschaft.

Wenn der erste Frost kommt, schlachten die Bauern ein Schwein, einer nach dem anderen – und jedes Mal gibt es ein Fest für das ganze Dorf. Aus der grunzenden Zufriedenheit der Tiere wird das Quieken in Todesangst, bevor es der Bolzen trifft. Im Holzzuber wird kochendes Wasser über das abgestochene Tier gegossen, um die Borsten von der Haut zu entfernen. Das Bauchfleisch wird als Erstes gekocht, damit zur Vesper „Stichfleisch" auf den Teller kommt. Die

Fleischbrühe mit leuchtenden Fettaugen verscheucht die erste Kälte aus den Knochen der Menschen. Würste hängen im Rauch auf jedem Dachboden – und dazwischen hier und da auch ein Schinken. Das gibt Kraft für die nächste Feldbestellung.

Im November steigen Nebelschwaden von den Wiesen auf und legen sich auf die Felder. Jetzt wird es sehr still im Dorf. Nur noch das Krächzen der Raben gibt Zeugnis von der Natur, die nun keinen Einlass mehr in die niedrigen Stuben der Menschen findet. Im Herd knistern die Buchenscheite, im Kessel siedet das Wasser. Die Männer ziehen hinter dem Ofen an ihrer Pfeife, die Frauen spinnen die Wolle der Schafe, die im Sommer das Gras kurz halten.

Die Kinder des Verwalters Wienke

Der Besitz Pinnow umfasst 4000 Morgen Wald und 3500 Morgen Ackerland: leicht gewellte Felder, Wälder mit lichten Buchen, gewaltigen Eichen und vielen Kastanien, karge Heide und glasklare Seen.

Die Kinder des Verwalters fahren im Winter mit dem Schlitten von den kleinen Anhöhen hinunter und planschen im Sommer im See. Sie toben im Heu und sammeln Esskastanien in den Wäldern. Sie stibitzen süße Zwetschgen von den Ästen, die in den letzten sonnigen Herbsttagen über die Zäune der Bauerngärten ragen.

Im Dorf erzählt man sich, dass die Erziehung im Hause Wienke streng war. Es wird gesagt, dass die Kinder ihre Mahlzeiten stehend einnehmen mussten, vielleicht zur Strafe, wenn des Vaters Geduld am Ende war, vielleicht aber auch aus Tradition. Nach dem Tischgebet des Vaters nimmt er sich aus den Schüsseln, die die Mamsell auf das weiße Leintuch gestellt hat. Dann erst verteilt die Mutter die Graupensuppe in die Schüsseln, die die Kinder in Händen halten.

Wahrscheinlich ist, dass der Vater auf Pflichterfüllung und einen arbeitsamen Tagesablauf achtet; denn er hatte früh erfahren, dass man sich auf dem Dorf einen Platz sichern muss, der etwas bequemer ist als der bei den Kossäten, wo es eng und beschwerlich zugeht.

Bei Fontane heißt es: „Ein rechter Preuße hatte sich großzuhungern!"
Über Friedrich Wilhelm III. weiß man, dass selbst er als Prinz kurz
gehalten wurde und erst durch seine Braut Luise in den reichlichen
Genuss von Erdbeeren kam, die er besonders liebte, aber als Kind selten erhielt. Der Verwalter will nicht, dass seine Kinder in die Abhängigkeit von Tagelöhnern geraten. Sie sollen gesund an Leib und Seele
für das Leben gewappnet sein. Aus dem Pinnow-See wird jeden Mittag ein Fischgang aufgetragen.

Die Geburt des einzigen Sohnes von Christian Wienke muss etwa
1814/15 gewesen sein. Es ist Ernst, der früh das heimatliche Dorf
verlässt und sich aufmacht ins benachbarte Russland, um in St.
Petersburg sein Glück zu suchen. Er arbeitet sich hoch zum Brauereibesitzer und kommt nur noch selten zurück nach Pommern. Seiner
jüngsten Schwester Charlotte steht er finanziell jedoch immer wieder
zur Seite, nachdem diese sehr früh ihren Mann verloren hat.

Charlotte Wienke

Unsere Urahnin Charlotte wird als jüngstes Kind von Christian und
Sophie Wienke am 23.12.1832 in Pinnow geboren, als Nachzüglerin
und Nesthäkchen. Sie ist von zarter Statur und hat ein Hüftleiden,
durch das sie schon von Kindheit an das Bein etwas nachzieht.
Ihr Bruder ist weit weg im fernen Russland, eine Schwester ist verheiratet mit dem Amtsrat Palm, der als Verwalter des benachbarten
Rittergutes Piroch bei Flatow lebt. Charlotte wächst so fast als Einzel-
kind in Pinnow auf.

Nach dem Tod der alten Gutsherrschaft übernehmen die Kinder von
August Wilhelm Heinrich von der Osten 1834 das Gut Pinnow.

Der See von Pinnow (2009)

Es kommt zwischen ihnen und dem Inspektor zu Unstimmigkeiten, vielleicht Rivalitäten, die zu Lebzeiten des möglicherweise gemeinsamen Vaters nur mit Mühe unterdrückt wurden. Die neuen Herren auf Pinnow trennen sich von Christian Wienke, der ein eigenes Gut erwirbt. Wir wissen nicht, welches Gut das ist, und wir wissen nicht, woher das Geld zum Erwerb eines Gutes kommt. Christian Wienke ist jetzt 49 Jahre alt. Nach kurzer Zeit schon bitten die Kinder von der Osten Christian, wieder zurückzukommen nach Pinnow, weil sie mit seinem Nachfolger keine guten Erfahrungen machen. Als Christians Frau Sophie 1846 an „Nervenfieber" stirbt, ist ihre jüngste Tochter Charlotte gerade 14 Jahre alt. Nach der Konfirmation geht sie aus dem Haus, verlässt das Dorf und nimmt eine Stellung in der Stadt an. In Neu–Stettin lernt sie Putz- und Weißnäherei. Der Vater heiratet zwei Jahre nach dem Tod von Sophie zum zweiten Mal. Er nimmt sich die junge Tochter von Pastor Roth zur Frau. Christian ist 64 Jahre alt, Ida Franziska 29 Jahre jung. Er ist ein anerkannter Mann im Dorf mit einer herausragenden Position und kann ihr ein komfortables Heim bieten. Aus dieser Ehe stammen noch vier weitere Kinder des Christian Wienke, von denen wir nichts wissen, weil Charlotte keinen Kontakt mehr zu der neuen Familie ihres Vaters hat. Im gesegneten Alter von 86 Jahren stirbt der Inspektor Christian Wienke 1872 auf Pinnow. Das Gut war von 1582 bis 1913 im Besitz derer von der Osten, danach weiter durch Heirat bei der weiblichen Linie. 1945 floh die Tochter der letzten Gutsherrin aus dem Geschlecht von der Osten, die mit Werner Graf von Bassewitz-Levetzow verheiratet war, mit einem Treck aus Gutsangestellten und Arbeitern vor den Russen nach Westen.

Gustav Schulz aus Jastrow

Seit 1602 gibt es das „Königliche Städtchen Jastrow" mit Magdeburger Stadtrecht, und seit 1772 gehört es zu Preußen. Es ist die nächste Stadt zum Gut Pinnow. Zahlreiche Stadtbrände und die historischen Wirren mit schwedischen, polnischen, preußischen und französischen Soldaten auf dem Durchmarsch hat nur ein repräsentatives Haus aus dem 17. Jh. überstanden, das an der Hauptstraße gegenüber der Kirche liegt, ursprünglich Poststation, später auch Rathaus und Gemeindeverwaltung. In Jastrow wächst Karl Gustav Schulz auf. Er wird am 26. Mai 1830 als Sohn des Tuchmachermeisters und Webers Carl Schulz geboren. Tuch- und Schuhmacher waren neben Huf- und Waffenschmieden, Schneidern, Bäckern, Tischlern und Fleischern sehr angesehene Gewerke. Bei seiner Konfirmation darf Gustav schon mal ein Glas Branntwein probieren und mit vor Stolz geschwellter Brust an der Zigarre seines Vaters ziehen. Mit 15 Jahren verlässt auch er sein Dorf, wird Schusterjunge beim Meister in Deutsch Krone und begibt sich als Geselle auf Wanderschaft, um „sich Wind um die Nase wehen zu lassen". Sieben Jahre lang wandert er zwischen Rega, Netze und Weichsel „auf Schusters Rappen." Darauf ist er stolz und hält auf gutes Schuhwerk. Es ist ihm wichtiger als Rock und Mantel, weil es ihn voranbringt.

2009 Jastrow, wo Carl Schulz 1885 seinem Enkel zur Verlobung graturlierte

Er ist voller Unruhe, im Geist und in den Beinen, und eignet sich ein reiches Wissen an. Nach sieben Jahren erreicht er Neu-Stettin, wo er die junge Charlotte Wienke trifft, die dort in Stellung ist. In ihr findet er die Erinnerung an seine Heimatstadt Jastrow wieder; denn ihr Dorf Pinnow liegt gleich nebenan. Er verlässt den Meister in Deutsch Krone und wird selbst als Schuhmachermeister in Conitz sesshaft. 1852 heiratet er Charlotte, die Tochter des Inspektors von Pinnow. Der Vater ist gegen diese Ehe. Er mag sich für seine Tochter eine bessere Partie gewünscht haben als einen Handwerker. Charlotte aber gefällt der lebhafte Geist ihres Gustav. Sie ist dankbar, dass ihr das Schicksal einen gesunden Mann gesandt hat, dessen unbeschwerten Frohsinn sie genießt. Sie erwartet auch keinen Freier von den umliegenden Gütern, weil sie seit Kindheit leicht lahmt. In der Familienchronik wird berichtet, dass Charlotte als sechsjähriges Mädchen

23

gefallen ist und sich dabei ihr linkes Bein in der Hüfte gebrochen hat. Vielleicht war es ein Reitunfall? Ganz sicher hat Christian Wienke seine kleine Tochter manchmal auf ein Pferd gesetzt und ist mit ihr durch die Pommersche Landschaft geritten.

Eine Schwester lebt auf dem Rittergut Piroch ganz in der Nähe von Jastrow. Ihr Bruder Ernst kommt hin und wieder aus St. Petersberg zu Besuch. 1854 wird als erstes Kind des jungen Paares Schulz die Tochter Dorothea in Conitz geboren. Die Familie lebt dann fünf Jahre lang in Jastrow, wo noch zwei Söhne geboren werden, die jedoch als Kleinkinder sterben.

Bromberg

Ein dritter Sohn Wilhelm wird in Bromberg geboren, wohin die Schulzes 1860 umgezogen sind. Sie verlassen damit das dörfliche Milieu und leben nun in städtischer Umgebung. Jeder neu geborene Sohn erhält den Namen Ernst, nach dem Bruder von Charlotte, dem erfolgreichen Bierbrauer im Reich des Zaren. Eine Geste der Dankbarkeit; denn der Bruder unterstützt ein Leben lang die glücklose Schwester. Die Familie Schulz bewohnt in Bromberg ein ansehnliches Haus in der Kanalstraße; denn Gustav Schulz ist nicht einfacher Schuster, sondern führt als fleißiger Meister mit einem guten Kundenstamm eine angesehene Werkstatt, in der er auch in der Dämmerung noch mithilfe einer Schusterkugel das Licht einfängt, bei dem er das zähe Leder bearbeiten kann. Er ist gebildet und äußerst musikalisch. Seine älteste Tochter Dorothea - als unverheiratete, aber unendlich gütige Tante Dorchen noch heute in der Erinnerung der Familie - hat er in den ersten Jahren selbst unterrichtet.

In Bromberg wird am 17. Januar 1862 auch der zweite Sohn Carl und am 1. November 1863 die Tochter Helene, meine Urgroßmutter, geboren. Sie alle werden nach einem erfüllten Leben ein hohes Alter erreichen. Ihr Vater jedoch ist sehr früh gestorben: 1866, mit erst sechsunddreißig Jahren. Gustav Schulz hinterließ seiner Frau vier

24

unmündige Kinder: Dorothea ist 13 Jahre alt, Wilhelm 10, Carl vier und Helene gerade erst drei Jahre.

In seinen Erinnerungen erzählt Carl vom Leben in Bromberg während des Deutsch-Französischen Krieges:

Als besonderes Ereignis blieb mir im Gedächtnis und im Herzen der Krieg von 1870/71 mit dem Ausmarsch der Truppen ins Feld und dann die Heimkehr der übriggebliebenen Soldaten und die vielen gefangenen Franzosen, welche in Bromberg in Baracken an der Straße dicht am Stadttheater lagen. Das Militär nahm in der ganzen Stadt einen besonderen Rang ein, es beherrschte eigentlich das ganze Leben, weil das Regiment 21 nicht in Kasernen, sondern in Privatwohnungen wohnte und aller Leben sich um Soldaten drehte.. Ich erinnere mich, dass der Ausmarsch der Truppen mir sehr weh getan hat, aber auch, dass die Freude groß war, als bekannte Soldaten nach dem Krieg heimkehrten, obwohl sehr viele nicht wiederkamen.

In Bromberg lebte auch die Schwester vom Schuhmacher, deren Sohn später Gerichtsvollzieher in Bromberg war und *„am schönen Bromberger Marktplatz in einer großen schönen Wohnung ein ganz geselliges Haus führt"*, wie sein Vetter Carl Schulz in seinen Erinnerungen berichtet.

Von Carl wissen wir auch, dass in der Stadt die schwarzen Pocken wüteten und an vielen Häusern eine Holztafel mit einer warnenden Aufschrift angebracht wurde, das Haus nicht zu betreten. Die Familie Schulz blieb glücklicherweise von dieser Geißel verschont.

Theodor Fontane bestätigt, dass in den 70er Jahren des 19. Jh. selbst in Berlin die gefährlichen Pocken sich ausbreiteten. In seiner Erzählung „Schach von Wuthenow" ist die junge Victoire von Carayon durch die Blattern gezeichnet, was Schach nicht hindert, in einer schwachen Stunde die Unerfahrenheit von Victoire für sein Begehren zu nutzen.

Charlotte Schulz findet keinerlei finanzielle Rücklagen vor, weil ihr Mann seinen guten Verdienst immer wieder leichtfertig verspielte. Sein früher Tod wird auf übermäßigen Alkoholgenuss zurückgeführt. Wie oft schickte die Mutter Dorothea in den Dorfkrug an der Ecke, wo die Tochter den Vater anflehte, doch endlich nach Hause zu kommen. Dort saß er mit den Leuten und spielte Karten, trank Braunbier und Branntwein. Arme Charlotte - sie ist die Erste von allein erziehenden Müttern in unserer Familie, die früh ihren Mann stehen mussten. Stolz und stark nimmt sie ihr Schicksal an. Eingedenk ihrer Herkunft als Tochter des im Dorf angesehenen Verwalters hilft ihr das Selbstbewusstsein, auch wenn sie zeitlebens in einfachen Verhältnissen leben muss. Sie ernährt sich und die Kinder bis zu deren Selbstständigkeit als Näherin in Heimarbeit.

Sohn Carl schreibt später in seinen Erinnerungen:

„Ich kann mir noch den einfachen Haushalt meiner Mutter Charlotte vorstellen, für welchen sie allein zu sorgen hatte, wenn auch sicher gewisse Hilfe von ihrer Schwester und Schwager Amtsrat Palm auf Rittergut Piroch bei Flatow und ihrem Bruder Brauereibesitzer Ernst Wienke in Petersburg geleistet wurde."

Charlotte Wienke ist klein und schmächtig, eine zierliche, damenhafte Erscheinung mit streng gescheiteltem Haar. Von sanftem Gemüt, kennt sie keine Launen und stellt keine Ansprüche für sich selbst. Notgedrungen lebt sie äußerst sparsam und bescheiden und ist nicht nur ihren Kindern eine treusorgende Mutter sondern wird später auch ihren Enkeltöchtern die Mutter bei deren Abwesenheit ersetzen. Auf einem Foto von 1905 sieht man die alt gewordene Charlotte mit straff gekämmtem Haar unter einer prächtig verzierten Haube. Sie trägt über dem Mantel einen Schal aus Pelz, Glacée-Handschuhe und einen Schirm. So wirkt sie in all ihrer Einfachheit sehr würdig. Ihre Augen blicken wach und entschlossen, ihre Lippen bilden eine schmale Linie in dem feinen, aber strengen Gesicht. Der Vater von Gustav Schulz, Tuchmacher Carl Schulz, überlebt seinen Sohn um 20 Jahre in der Heimatstadt Jastrow.

Der Enkel Carl Schulz berichtet über seine Kindheit:

Mein ersten Jugendjahre waren wie üblich von der Schule ausgefüllt, und diese Jahre sind meinem Gedächtnis fast ganz entschwunden. Ich besuchte eine Volksschule und war wohl kein besonders befähigter Schüler. Der Rektor und Hauptlehrer Völker war ein strenger und ungerechter Lehrer, welcher mich einmal schlug und die Ohren blutig gerissen hat, weil ich nicht richtig singen konnte. Mein zweiter Lehrer Rajewski dagegen hatte mich sicher gern, gab er mir doch ohne Entgelt in seiner freien Zeit, also außer der Schulzeit, französischen Unterricht und suchte mich nach Möglichkeit zu fördern...

Als besonderes Ereignis blieb mir im Gedächtnis und im Herzen der Krieg von 1870 – 71 mit dem Ausmarsch der Truppen ins Feld und dann die Heimkehr der übrig gebliebenen Soldaten und die vielen gefangenen Franzosen, welche in Bromberg in Baracken an der Straße dicht am Stadttheater lagen. Das Militär nahm in der ganzen Stadt einen besonderen Rang ein, es beherrschte eigentlich das ganze Leben, weil das Regiment 21 nicht in Kasernen, sondern in Privatwohnungen wohnte und aller Leben sich um Soldaten drehte, und ich mit Soldaten täglich zusammen war. Ich erinnere mich, dass der Ausmarsch der Truppen mir sehr weh getan hat, aber auch, dass die Freude groß war, als bekannte Soldaten nach dem Krieg heimkehrten, obwohl sehr viele nicht wiederkamen.

Von der Zeit bis 1876 kann ich berichten, daß mir die Heimat-Stadt Bromberg als besonders reizvoll in meiner Erinnerung geblieben ist und mich bei meinen späteren Besuchen immer aufs neue herzlich erfreut hat. Ich erinnere mich sehr gut aller hervorragender Gebäude, wie Regierungspalast, Theater, Kirchen, Plätze und gärtnerische Anlagen. Bromberg hat eine sehr schöne Lage und erhält ihr besonderes Gepräge durch die bedeutende schiffbare Brahe und den so herrlich gegliederten Kanal mit seinen schönen Schleusenanlagen, welcher die Brahe mit der Netze verbindet und einen bedeutenden Verkehr aufzuweisen hatte, nach der Weichsel sowohl wie auch zur Oder."

Das berühmte Berliner „Gasthaus zum Nussbaum" steht heute wieder im Nikolaiviertel.

Foto: Waldemar Titzenthaler

2 . 1871 Berlin wird Hauptstadt des Deutschen Reiches

Ich bin ein Preuße, kennt ihr mein Farben?
Die Fahne schwebt mir weiß und schwarz voran,
dass für die Freiheit meine Väter starben,
das deuten, merkt es, meine Farben an.
Nie werd ich bang verzagen
wie jene will ichs wagen.
Seis früher Tag, seis heller Sonnenschein:
ich bin ein Preuße, will ein Preuße sein.
Preußenlied

Aus dem ehemals idyllischen Fischerdorf Cölln an der Spree wurde im 18. Jahrhundert durch Zusammenspiel mit dem gegenüber liegenden Berlin aufgrund seiner zentralen Lage die Residenzstadt der preußischen Könige. Der Fluss durchzieht als Lebensader die Stadt von Südosten nach Nordwesten und bietet für den Transport von Waren und Menschen seit alters her die günstigste Voraussetzung. Im alten Hafen liegen noch heute Lastkähne, die die Bevölkerung nicht nur mit Gurken aus dem Spreewald sondern auch mit Kohle aus dem Lausitzer Tagebau versorgt haben.

Die Politik der Markgrafen von Brandenburg fördert Handel und Gewerbe in der Stadt. Die preußischen Könige üben sich traditionell in religiöser Toleranz, weil die Religion nach den Katastrophen des 30jährigen Krieges an Bedeutung verloren hat.

Kurfürst Friedrich Wilhelm verspricht als Calvinist den im katholischen Frankreich verfolgten Protestanten Zuflucht, freies Gewerbe und Steuerfreiheit. Nach dem Edikt von Potsdam 1685 entsteht nördlich von Berlin in Buchholz eine Kolonie, in der französische Familien das durch den langen Krieg verwüstete Gebiet kultivieren. Sie bauen Gemüse aus ihrer Heimat an, die die Berliner bis dahin nicht kennen: Spargel, Blumenkohl, Kopfsalat, Auberginen, Erbsen, Bohnen und schmackhafte Kräuter. Auch Tabak pflanzen die Hugenotten, backen Weißbrot und bringen neue Rezepte mit, die bald zur typischen regionalen Küche gehören: *Bouletten, Omelette, Püree, Kompott, Rouladen, Frikassée* – alles französische Kreationen, die die Berliner nur zu gern übernehmen. Sie pilgern am Sonntag hinaus nach Französisch Buchholz, um für ihren Speiseplan der kommenden Woche einzukaufen.

Auch der Zuzug von jüdischen Händlern, die seit der Reformation in weiten Gebieten des Reiches verfolgt, in Preußen aber toleriert werden, bringt neues Leben in die Stadt. Aus ihrer Sprache haben die Berliner ebenfalls Begriffe übernommen: *Mischpoke, Chuzpe, Tacheles, Techtelmechtel, meschugge, Schickse, Tinnef* u.a.

Aber stärker wirkt die Aufnahme von verfolgten Franzosen auf das Berliner Wirtschaftsleben. Nicht nur als Bauern und Gärtner sondern auch als Handwerker und Textilarbeiter tragen Hugenotten maßgebend zur Entwicklung der Stadt und des Landes bei. Der König propagiert den Anbau von Maulbeerbäumen; denn Neuankömmlinge aus Lyon bringen die Kunst der Seidenverarbeitung nach Preußen. Der Französische Dom am Gendarmenmarkt und die Französische Straße zeugen noch heute von der protestantischen Zuwanderungswelle aus Frankreich. Wörter wie *Jalousie, Jacquard, Trottoir* sowie Verbalhornisierungen wie *Bredulje (Bredouille), Fete, Muckefuck (mocca foux* aus gerösteten Gerstenkörnern oder auch Zichorie), *blümerant (bleue mourante)* und viele andere sind in den Sprachschatz der Berliner Bevölkerung eingegangen.

Am Preußischen Hof spricht man besser Französisch als Deutsch.

Zu beiden Seiten der Spree entstehen im Laufe der Zeit Marktplätze und Speicher, Kirchen und Vergnügungsstätten, Paläste und stattliche Bürgerhäuser.

Die Salons gebildeter Frauen wie Rahel Varnhagen von Ense und Bettina von Arnim ziehen die Elite der literarischen Welt und das emanzipierte Bürgertum an. Schöngeistige Frauen finden ihren Platz an der Seite geistreicher Männer. Sie verbreiten Aufklärung und diskutieren die Ideen der Französischen Revolution.

Goethe kommt als Begleiter des Herzogs von Weimar in die Stadt und ist enttäuscht: *In Berlin lebt ein so verwegener Menschenschlag beisammen, daß man mit der Delikatesse nicht weit reicht, sondern daß man Haare auf den Zähnen haben und mitunter etwas grob sein muss, um sich über Wasser zu halten.* So zitiert sein Sekretär Eckermann den Dichter aus der Provinz mit Eintrag vom 4. Dezember 1823. Seine Worte treffen bis heute auf die berühmt-berüchtigte „Berliner Schnauze" zu. Die beschauliche Epoche des Biedermeiers geht zu Ende.

Landflucht führt in den Städten zu beengten Wohnverhältnissen und sozialen Missständen. Bettina von Arnim schildert den Zustand der „Armengesellschaft" in Berlin: Die sogenannten Familienhäuser *„sind in viele kleine Stuben abgeteilt, von welchen jede einer Familie zum Erwerb, zum Schlafen und Küche dient. In vierhundert Gemächern wohnen zweitausendfünfhundert Menschen."* 1843 veröffentlicht sie ihre sozialkritischen Beobachtungen unter dem Titel: *„Dies Buch gehört dem König".*

Aus allen Himmelsrichtungen des rückständigen Landes drängen nach der Reichsgründung von 1871 ehrgeizige junge Leute in die wachsende Metropole Deutschlands, um aus landwirtschaftlicher Fron und provinzieller Mittellosigkeit herauszukommen. Unternehmensfreudige Männer aus den verschiedensten Branchen investieren Kapital oder auch nur Mut und Schaffenskraft, um ihr Glück zu machen. Sie alle wollen an der wirtschaftlichen Entwicklung des Reiches teilhaben.

Fabriken entstehen vor den Toren der Stadt, deren Befestigungswälle bald schon zu eng sind für den Zustrom der Menschen und die Bautätigkeit des Wirtschaftslebens. Dicht an dicht stehen die schnell hochgezogenen Mauern und lassen wenig Licht in die Höfe. Von jeder Etage dringt das Rattern der Maschinen, das Getöse der Arbeit. In den neuen Wohnquartieren drängen sich die Familien mit ihren zahlreichen Kindern auf engstem Raum im düsteren Hinterhof. Kaum reicht der Schein der Gaslaternen in die hintersten Ecken.

Handwerksbetriebe und Geschäfte vieler kleiner und großer Händler bilden die sprudelnde Quelle für das rastlose Treiben der immer schneller wachsenden Bevölkerung.

Die Atmosphäre dieser Zeit hat der Maler Heinrich Zille mit drastischem Realismus in seinen Zeichnungen eingefangen.

Pferde-Droschken befördern Menschen und Güter durch die Gassen und über die noch ungepflasterten Wege. Für die Ärmeren unter den geschäftigen Berlinern, die oft im Souterrain ihrem unterirdischen Treiben nachgehen, müssen Hunde die Handwagen ziehen, auf denen allerlei Habseligkeiten transportiert werden. Die ärmsten Bürger ziehen die Wagen selbst.

Einziges Vergnügen für Groß und Klein bieten die monotonen Klänge aus dem Leierkasten, die bald zum Berliner Milieu gehören. Die Kinder hopsen um den Leierkastenmann, während aus den Fenstern mitleidig oder dankbar ein paar Groschen fallen. Hier legen sich die Mütter und großen Schwestern ein Kissen auf den harten Sims und verschaffen sich am Anblick der spielenden Kinder Erholung von den erschöpfenden Tagesmühen nach dem Motto: „Kann ja kieken – kost ja nischt."

Wer schon wirtschaftlich etwas reussiert, fährt am Sonntag mit der Familie ins Grüne an den Stadtrand oder auf eine Landpartie in die märkische Umgebung.

Die Mentalität des Berliners ist eine eigene: fix, wortgewandt, unsentimental und schnippisch, witzige Schlagfertigkeit und spottlustige Überheblichkeit – nicht jedem liegt das, aber es lässt „jeden nach seiner Fasson selig" werden. Bis heute ist Berlin eine tolerante Stadt. Die liberale Geisteshaltung seiner Bewohner bietet jedem die Möglichkeit, seiner Wege zu gehen, ohne sich einem gesellschaftlichen Zwang unterordnen zu müssen.

3. 1876 Carl Schulz zieht nach Berlin

Berlin, hör ich den Namen bloß,
da muss vergnügt ich lachen.
Wie kann man da mit wenig Moos
den dicken Wilhelm machen!
Warum lässt man am Strand der Spree
gern alle Puppen tanzen?
Warum gedeih`n nur hier, nu nee,
die echt Berliner Pflanzen?
Berlin-Hymne „Das ist die Berliner Luft" von Paul Lincke

Von der Entwicklung in Berlin erfährt man in der pommerschen Provinz wenig. Über Plathe hört Christian Wienke in Pinnow wohl manchmal etwas aus der Hauptstadt, gefiltert durch den Blick der Gutsherrschaft. Der eine oder andere verlässt das Dorf, aber über sein weiteres Schicksal dringt nur wenig an die Ohren der Zurückbleibenden in Hinterpommern.

In Bromberg sieht die Witwe Charlotte Schulz, geb. Wienke, für sich und ihre vier Kinder Dorothea, Wilhelm, Carl und Helene keine Zukunft in der preußischen Provinz. Berlin lockt mit neuen Möglichkeiten, auch für die Töchter. Für Weißnäherei lässt sich in der Großstadt mit Sicherheit neue Kundschaft auftun und besseren Verdienst finden als im ländlichen Pommern.

Mit Einverständnis der Mutter verlässt Dorothea, ihre älteste Tochter, mit 21 Jahren die Familie, um in der Obhut von Freunden mit Nähen ihren Lebensunterhalt in der Hauptstadt zu finden. Mutter Wienke bleibt mit den jüngeren Geschwistern Wilhelm, Carl und Helene vorläufig zurück.

Doch mit dem Tage seiner Konfirmation eröffnet sich 1876 auch für den erst 14 Jahre alten Carl Schulz die Möglichkeit, an den wirtschaftlichen Auswirkungen der preußischen Siege beteiligt zu werden. Und er sollte sie zu nutzen wissen!

Carl Schulz erinnert sich im Alter an den Aufbruch aus der Enge der Provinz in die weltoffene Weite der Reichshauptstadt: (aus den Erinnerungen von Carl Schulz und seiner Tochter Hildegard Thomas)
Die Reise selbst habe ich sicher allein gemacht, habe aber keine Erinnerung daran. Ich weiß also nicht, ob ich froh war oder traurig, ich weiß nicht mal, ob meine Schwester mich vom Bahnhof abgeholt, wie ich mich zunächst in Berlin zurecht gefunden habe. Sicher ist nur, daß ich Kupferschmied werden sollte und zwar bei der Firma Alisch & Co. in der Kommandantenstraße, Ecke Oranienstraße. Freunde meiner Schwester Dorchen, Wilhelm Bothe und Frau und Adolf und Frau nahmen sich meiner an, und sollte ich nun unter der Leitung genannter Herren die Lehre durchmachen. Ich war auf Veranlassung meiner Schwester nach Berlin gekommen und hielt es für selbstverständlich, dass ich etwas lernen und werden musste, was sie wollte. Aber wohl eine Woche war mir jeder Tag eine Qual, und wollte ich armer Junge rein verzweifeln, hatte ich doch Angst vor der mir unklaren Zukunft in dieser großen Stadt.
Berlin hatte eine unvorstellbare Entwicklung genommen. Vor dem Schönhauser Tor im Norden hatten sich die Brauereien niedergelassen, die mit dem guten Berliner Wasser ein noch besseres Getränk herstellten. Vor dem Oranienburger Tor im Westen liegt ein zweites Birmingham, wo Borsigs Maschinenfabrik und zahlreiche Eisengießereien mit ihrem hämmernden Lärm und dem Ruß des Kohlenqualms für die Unabhängigkeit Deutschlands von englischen Industrieprodukten sorgen. 1500 Arbeiter sind in den siebziger Jahren des 19. Jh. bei Borsig beschäftigt. Hier werden die Lokomotiven gebaut, die bald das Deutsche Reich in alle Himmelsrichtungen durchstampfen und darüber hinaus auch ins Ausland geliefert werden.
Die neue Börse in der Burgstraße, prächtig mit Säulen und Saal, vibriert vom Geschäftssinn und vom Gewinnstreben der Spekulanten. Hier spielt man auf Kredit und kauft sowie verkauft Dinge, die niemals existiert haben. Schon seinerzeit sichern sich die Börsianer ihren Einfluss auf die Politik, machen Scheingeschäfte und streuen Gerüchte,

um ihre Gewinne zu sichern. Die Klasse der Gründer entspricht dem heutigen Stand der Investoren. Beide zeichnet die Fähigkeit aus, Versprechungen zu machen und Hoffnungen zu wecken. Das Volk ist wehrlos. Carl Schulz ist es unheimlich in der neuen Umgebung.

In seinen schriftlichen Zeugnissen beschreibt er die gesellschaftlichen, politischen, wirtschaftlichen und kulturellen Veränderungen in Berlin zu seiner Zeit. *Der Zug nach Berlin war damals ein ganz besonders großer. Es waren die viel besprochenen Gründerjahre. Berlin wuchs an jedem Tag, ganze Straßenzüge wurden mit einem Mal neu erbaut, alte Häuser abgerissen, schönere neu gebaut, Straßen erweitert, verlängert und Pferdebahnen geschaffen.*

Naunynstraße

Ich bat meine Schwester, mich anderweitig unterzubringen. Ich wollte Kaufmann werden, und bat immerfort, mich von Alisch & Co. freizumachen. Nach einigen Tagen wurde ich dann durch Herrn Hermann Reissner, Cigarrengeschäft in der Königstraße, welcher durch Dorchen von den vorliegenden Verhältnissen wusste, in eine für mich gut passende Lehre, und zwar mit Beköstigung und Bekleidung, untergebracht bei Wilhelm Messow, ein junger Mann, Naunynstraße 24. Eine Colonialwaren – Handlung, ein kleines nettes Geschäft, der Chef und ich bildeten den ganzen Betrieb. So begann meine kaufmännische Ausbildung." Ich hatte es sehr schwer. Es gab keinerlei Schutz, ich musste früh um 6 Uhr aufstehen und bis 10 oder ½ 11 Uhr abends im Geschäft tätig sein, Sonntag und Alltag und Festtag, es gab keine Ausnahme. Ich war aber zufrieden, es war mir auch klar, daß ich gar keine großen Ansprüche stellen konnte. Ich wurde gut verpflegt, wir bekamen alle das gleiche Essen, jahrelang aus dem Restaurant "Zum türkischen Zelt", neben Kuchen-Kaiser, an der Ecke, am Wasser, Luisen-Ufer oder aus einem Privat-Haushalt im gleichen Hause Naunynstraße 24 parterre, von Frau Wedel. Alle anderen Mahlzeiten richteten wir selbst her, der Chef war Junggeselle und erst 24 Jahre alt.

Zur Unterhaltung der Junggesellen, die in der Überzahl sind, wird ganz besonders viel geboten in Berlin: Weinstuben, Varietées…Kutscherstuben, vor denen die Pferde der Droschken ausgewechselt werden und in denen sich dralle Mädchen vom Lande aushalten lassen. Carl aber lässt sich nicht ablenken. Er ist ehrgeizig und hat ein Ziel vor Augen. *Mein Chef hatte eine besonders gute Erziehung genossen, war Primaner eines Gymnasiums gewesen, hatte die kaufmännische Lehre bei einem älteren Bruder beendet und sich früh selbständig gemacht und war sehr darauf bedacht, daß ich meine mangelhafte Schulweisheit ergänzte. Er stellte mir Aufgaben, und ich musste in stillen Geschäftsstunden fleißig lernen, schreiben, rechnen und bestimmte Bücher lesen.*

Ich habe dem Schicksal zu danken, daß ich in gute Hände gekommen war und habe als älterer Mann oft Gelegenheit gehabt, mit meinem damaligen Lehrherrn später im gleichen Verein „Verein der Kaufleute der Kolonialwaren Branche" gesellschaftlich zusammen zu treffen und freundschaftlich zu begrüßen. Im zweiten Lehrjahr bekam ich Heimweh und wurde beurlaubt auf vierzehn Tage nach Bromberg zu reisen und war meine Freude sehr groß, meine Mutter, meinen Bruder Wilhelm, welcher damals Buchdruckereimaschinenmeister in der Bromberger Zeitung war und meine Schwester Lenchen wiederzusehen und auch Schulfreunde zu besuchen. Besonders kann ich mich auf den Besuch bei meinem Freund Meyer besinnen, welcher auf dem Gut Wibranowo die Landwirtschaft erlernte, wo ich von der Gutsbesitzerfamilie sogleich auf einige Tage herzlichst eingeladen wurde. Die vierzehn Tage waren bald vorbei, und ich reiste gerne wieder nach Berlin zurück.

Ich freute mich auch wieder auf die Berliner Verhältnisse, welche mir doch besser gefielen als die in Bromberg, obwohl ich ja auch während meines Urlaubes dort angenehme Tage verlebt habe. Auch freute ich mich, wieder mit meiner zehn Jahre älteren Schwester Dorchen zusammen zu kommen und besonders darauf, die Neuigkeit zu übermitteln, daß unser Bruder Wilhelm in den nächsten Wochen nach Berlin kommen würde, um sich besser ausbilden zu können.

Dorothea Schulz ist jetzt in der Blüte ihrer Jugend, 25 Jahre alt und in ihren Kreisen respektiert, aber wohl nicht als Braut näher in Erwägung gezogen. Sie ist gewissenhaft, arbeitsam, hoch geschätzt, weil immer hilfreich zur Stelle. Doch sie ist nicht schön, ihr Gesicht hat strenge Züge und ihre Figur ist hager.

Wilhelm kam und nahm Stellung in Charlottenburg. Jetzt freute ich mich noch mehr auf meine freien Nachmittage, alle zwei bis drei Wochen von 14 bis 22 Uhr. Ich hatte nun eine Menge Familien, bei welchen ich gern gesehen wurde, wenigstens hatte ich das Empfinden, waren doch alle bemüht, mich zu verpflegen und dafür zu sorgen, daß ich abends pünktlich zu Hause war. Oft bekam ich auch Besuch im Geschäft, und die Besucher wurden immer vom Chef gut angesehen.

Blumenthalstraße

Um diese Zeit wurde vom Chef ein größeres Geschäft im neu erstandenen Westen von Berlin, Blumenthalstraße 10, Ecke der Bülowstraße errichtet, und ich musste mit übersiedeln. Das alte Geschäft wurde als Filiale aber weitergeführt, und ich musste häufig, wenn die jungen Leute ihren freien Nachmittag hatten, die Verwaltung übernehmen und dort warten, bis der junge Mann nach Hause kam, um dann selbst ebenfalls nach Hause zu fahren. Das bedeutete für mich eine Auszeichnung, war aber auch anstrengend – aber auch interessant.

Im dritten Jahr meiner Lehrzeit habe ich auch noch ab und zu flüchtige Familienbekanntschaften gemacht und wurde öfter von ständigen Kunden aufgefordert, sie an freien Tagen zu besuchen. Oft wurde der Chef gebeten, mir freie Zeit zu geben, um Landpartien, wie sie damals so sehr gern gemacht wurden, mitmachen zu können. Nun, das waren dann sehr schöne Stunden im festlich geschmückten Kremser und im Kreise festlich geschmückter, mir sehr reich und vornehm erscheinender Menschen, irgendwohin zu fahren und bis in die Nacht hinein fortzubleiben und immer auf Kosten irgendeiner Familie, welche mich dann immer noch bat, sie später zu besuchen.

In alten Berliner Schlagern werden die Ausflüge in die Umgebung besungen: „In Rixdorf is Musike", „Im Grunewald ist Holzauktion".

In dieser Zeit verlobte sich mein Bruder, und auch das war für mich ein Ereignis. Im vierten Lehrjahr veränderte sich mein ganzes Dasein ganz besonders. Mein Chef machte Hochzeit. Er heiratete die Schwester seines Freundes, welcher ein großes Geschäft in Charlottenburg in der Bismarck-straße an einer Ecke, ich glaube Krummestraße, hatte. Schön war die Frau nicht, aber sie sorgte für mich, besonders achtete sie auf richtiges Betragen bei Tisch, weil ich immer gleichzeitig am Tisch mitessen musste, selbst wenn Gäste da waren. Da musste ich vorsichtig auf Form und Haltung der Anwesenden achten, um es ihnen gleich zu tun. Nach einigen Monaten schon musste ich die Leitung der sehr heruntergewirtschafteten Filiale übernehmen.

1880 Helene und Mutter Schulz kommen in die Hauptstadt

Im Jahr 1880 entschließt sich Charlotte Wienke, nun auch mit ihrer jüngsten Tochter nach Berlin zu ziehen. Helene ist jetzt 17 Jahre alt und hat von der Mutter nähen gelernt und gemeinsam mit ihr schon in Bromberg an der Aussteuerwäsche für höhere Töchter gearbeitet. Kunstreiche Stickereien mit den Initialen der Braut an Kopfkissen und Bettbezügen, Knopflöcher, Biesen und Spitzeneinsätze – das sind für Helene inzwischen Fertigkeiten, die sie als Weißnäherin in Berlin anbieten will. Außerdem träumt sie von einem unterhaltsamen Leben in der großen Stadt – ihre Brüder haben ihr so einiges davon erzählt, und sie möchte endlich daran teilhaben.

Carl Schulz erinnert sich an das ereignisreiche Jahr:

In diesem Jahr übersiedelte meine Mutter mit Schwester Helene nach Berlin. Mein Bruder Wilhelm wurde krank und starb kurz darauf. Ich weiß nicht mehr, wo wir ihn beerdigt haben.

Ich hatte in diesem letzten Lehrjahr meine beste Zeit. Ich war gesund, konnte frei im Geschäft wirtschaften, hatte die Zufriedenheit meines Chefs,

weil der Geschäftsgang gut war und die monatliche Inventur wunschgemä-
ßen Überschuß brachte. Aber der Tod meines Bruders traf mich hart, und
habe ich damaligen Freunden zu danken, dass ich darüber fort kam.

Dieses Jahr als Geschäftsführer in der Naunynstraße wird mir wohl immer
im Gedächtnis bleiben. Es waren sorglose und glückliche Jugendjahre! Was
haben wir alles in harmlosester Weise angestellt, jede freie Stunde wurde
fröhlich verbracht. Abends kamen immer mehrere der Freunde zu mir, oft
natürlich noch nach 10 Uhr, nach Geschäftsschluß. Im Sommer wurde
nun schon Sonntagnachmittag 2 Uhr nach getroffenen Vereinbarungen
geschlossen, sodaß wir ausgehen konnten, oft mit Familien, sehr oft aber
- und auch lieber - wir allein.

Nun dehnte sich dieser Verkehr auch auf meine Mutter und Schwester
Lenchen aus. Sie wohnten damals in der Görlitzer Straße, später Branden-
burgische Straße 7.

In dieser Zeit empfand ich es auch als ein Glück und ein Segen, daß ich fast
nur mit gut gebildeten, verständigen Familien und Menschen zusammen
kam und mich selbst dadurch fortbilden konnte, aber immerhin so viel
lernte, dass ich mich überall gut behaupten konnte. Nachdem ich meine
Lehrzeit glücklich überstanden hatte, blieb ich noch sechs Monate im gleichen Geschäft als Leiter tätig.

1881 Reise nach Pommern

In diesem Jahr reiste ich mit meiner Mutter nach Bromberg, nach Preetz
und Filehne und alleine nach Jastrow. In Bromberg wurden alle Freunde
besucht und der Hügel meines Vaters, dann zum Amtsrat Palm auf Gut
Piroch für einige Tage und einen Tag nach Filehne und einen Tag nach
Pinnow. Dann ich allein nach Jastrow zu den Großeltern, Gustav Schulz
und Frau. Ich wurde dort mit Liebe aufgenommen und habe gern an die
alten lieben Menschen in späteren Jahren gedacht. Die schriftliche Verbindung zwischen uns war eine sehr geringe, der einzige Brief von meinem
Großvater befindet sich in meines Sohnes Hand. Er war der Glückwunsch
meines Großvaters zu meiner Verlobung. Ich begreife es heute kaum, daß

unsere Verbindung eine so leichte war, begreife mich nicht, daß ich nicht mehr bemüht war, mit den Großeltern im Verkehr zu bleiben, da ich so fremd denen geblieben bin, welche mir doch so nahe standen. Die Entfernung allein ist es nicht gewesen. Ich weiß nicht, wo die größere Schuld lag, mußte ich mich um die Großeltern kümmern oder die Großeltern um den Enkelsohn. Heute ist es zu spät. Längst ruhen beide im Grabe unter Hügeln, welche ich nie gesehen habe, und es ist doch meine Schuld allein, ich musste mich erkundigen!

Cigarren in der Kurstraße

Nach meiner Rückkehr nach Berlin nahm ich wieder die gleiche Stellung ein, aber nicht mehr lange. Ich wurde krank und ging auf ein paar Wochen nach Grünau, um dort wieder gesund zu werden. Die Ausspannung hat mir gute Dienste geleistet, ich war wieder gesund und arbeitete freudig und fand eine Stellung als Verkäufer bei Hellmut Kiesow, Seydelstr. 12, welcher noch unverheiratet war und einige Zeit bei meiner Mutter mit mir und meiner Schwester Helene und mit allen Freunden verkehrte, bis er eines Tages eine Familie, ich glaube Otto, kennenlernte und in kurzer Zeit sich dort verlobte und noch während des ersten Jahres sich verheiratete.

Diesen lakonischen Bericht über den Herrn Kiesow könnte man dahingehend deuten, dass die Familie sich wohl Hoffnung gemachte hatte, dass Hellmut und Helene ein Paar werden.

Aber das scheint aus unbekannten Gründen nicht geklappt zu haben.

Alle meine Freunde sind mir treu geblieben und freuten sich mit mir, als ich ihnen mitteilte, dass ich, obwohl erst 20jährig, mich am 1.4.1882 mit einem Cigarren-Geschäft in der Kurstraße 50 etablieren würde! Ich hatte nur ein paar hundert Mark, aber ich hatte auch noch ein unangetastetes und wohl gehütetes Kapital, allerdings nicht in gemünztem Gold, aber ebenso wertvoll und beweglich und umsetzbar wie Gold: es waren die geschlossenen Freundschaften.

Der Laden war nett eingerichtet, und hinter dem Laden hatte ich ein Zimmer, also genug für mich. Ich kam gut voran, da ich nicht nur das Ladengeschäft pflegte, sondern auch Kundschaft außer dem Hause besuchte und fand.

Wahrscheinlich übernahm seine Schwester während seiner Abwesenheit tagsüber den Verkauf von Tabak und Cigarren; denn wir wissen, dass Helene bei Carl im Geschäft mitarbeitete. Allerdings war sie auch weiter mit der Weißnäherei beschäftigt. Sie hatte Beziehungen zu dem berühmten Kaufhaus Israel in der Spandauer Straße aufgebaut und erhielt von dort lohnende Aufträge, die sie gemeinsam mit ihrer Mutter abarbeitete. Es waren die prunkvollen Trousseaus für die guten Partien der aufstrebenden Mittelschicht, an denen mit viel Geduld in Heimarbeit gestichelt wurde. Die Familie Israel hatte sich schon unter Friedrich dem Großen als sog. „Schutzjuden" in Berlin niedergelassen und im 19. Jh. ein Gebäude in der Spandauer Straße gegenüber dem Roten Rathaus gekauft, das zu einem der größten Kaufhäuser Berlins wurde.

In dieser Zeit verlobte sich Paul Schwenn, Mitinhaber der Firma Kühnert & Schwenn in der Brandenburgischen Straße 7, Engrosgeschäft für Holzwolle, Perlen, Knöpfe und Christbaumschmuck, mit meiner Schwester Helene und hatten bald darauf 1884 auch ihre Hochzeit. Nun zogen wir nach Steglitz in die Fichtestraße, weil auch Schwenn nach dort zog.

Sehr emotionslos erfahren wir von Carl etwas über die Schwester, d.h. über ganz entscheidende Vorgänge: Verlobung und Hochzeit. Aber über den Verlobten erfahren wir wenig. Auch über Helenes Gefühlsregungen spricht Carl nicht.

Wie haben sich die beiden kennengelernt? Wer war Paul Schwenn? Woher kam er?

Versuchen wir, uns die Ereignisse auszumalen.

Das Kaufhaus Nathan Israel am Alexanderplatz gegenüber dem Roten Rathaus gehörte im Berlin des Kaiserreiches zu den größten Warenhäusern der Stadt und machte mit qualitativ hochstehenden Produkten sogar dem Londoner Kaufhaus „Harrods" Konkurrenz.

42

4. 1880 Familie Schulz in Berlin

Glühwürmchen, Glühwürmchen flimmre,
Glühwürmchen, Glühwürmchen, schimmre.
Gib uns schützend dein Geleit
zur Liebesseligkeit.
Paul Lincke

Am Abend eines warmen Frühlingstages – die Sonne war schon untergegangen und das Dämmerlicht der Maienzeit ließ die Düfte der ersten Blüten intensiv sich entfalten – steigt eine junge Frau an der Schönhauser Allee aus der Ringbahn, gerade als die Laternen angezündet werden. Ihr Licht verbreitet sich zögernd über den rötlich schimmernden Abendhimmel. Die Straßen sind aufgerissen für den Bahnbau. Überall häufen sich Sand, Steine und Schienen. Zwischen Regenpfützen und Sandbergen suchen sich die Fußgänger ihren beschwerlichen Weg zwischen all den Baustellen.

Helene hat noch eine ganze Strecke zu Fuß zurückzulegen und biegt in die Buchholzer Straße ein, wo im Hinterhaus der Nr. 1 erst vor einigen Jahren der Italiener Chiaro Frati eine Drehorgel – Fabrik gegründet hat, aus der immer wieder fröhliche Melodien erklingen. Überhaupt ist die Gegend stark von den zugewanderten Italienern geprägt, die mit Weinstuben und mediterraner Küche für südländische Stimmung sorgen und damit Künstler und anderes lebenslustiges Volk anlocken.

Helene lässt sich von der vorsommerlichen Heiterkeit anstecken, beantwortet die gepfiffenen Schmeicheleien der Italiener mit einem Lächeln und umgeht mit zielstrebigem Schritt die Hindernisse. Sie kennt den Weg und kommt trotz des großen Pakets, das sie unter dem Arm trägt, zügig voran.

Schon von weitem erkannte sie ihre Mutter, die am geöffneten Fenster im 2. Stock eines vierstöckigen Hauses stand, das die Berliner Gemeinnützige Baugesellschaft Mitte des 19. Jahrhunderts in dem Quartier zwischen Schönhauser Allee, Buchholzer Straße und

Pappelallee ohne Hinterhaus und Kellerwohnung errichtet hatte und ein Mehrfaches an Hygiene und gesunder Luft bot als die enge Bebauung in anderen Teilen der Stadt. Die Mutter hatte das kleine Bauer mit dem Stieglitzpärchen hereingeholt, in dem es den ganzen Tag über vergnügt gezwitschert hatte. Nun am Abend wollte sie die zierlichen Vögel aber vor spätem Frost schützen.

Als Helene die mit Milchglas ausgefüllte Wohnungstür hinter sich geschlossen hatte, legte sie das Paket auf einen Stuhl an der Garderobe, streifte die Zwirnhandschuhe ab und zog die Hutnadel aus dem hochgesteckten Haar, um vorsichtig den breitkrempigen Strohhut abzunehmen, den ihr die Mutter erst im letzten Sommer neu aufgeputzt hatte. Nach dem langen Winter hatte sie ihn heute zum ersten Mal getragen und damit die Vorahnung auf einen heiteren, sonnenwarmen Sommer genossen.

„Es war ein herrlicher Tag, Mamá. Ganz Berlin scheint auf den Beinen. Unter den Linden war ein Gedränge – und die Garderoben! Auch im Geschäft war viel los. Carl wird so bald nicht kommen. Und wer weiß, ob er nicht noch auf einen Schoppen zu Anthieny geht."

Sie trat an den Vogelbauer, hob das dunkle Tuch hoch und spitzte die Lippen. Sie wollte die kleinen Hausgenossen noch einmal zum Singen locken: „Hänschen, piepe mal." „Setz dich doch erstmal, Lenchen, und iss deine Schnitten", drängte die Mutter fürsorglich.

Die Frauen nahmen an einem kleinen runden Tisch Platz, der an dem Fenster zur Straße stand, durch welches noch der letzte Schimmer des Abendrots fiel. Ein Nähkorb aus Bast, der vom vielen Gebrauch recht ausgefranst war, stand daneben auf dem Boden, und weiße Damastbezüge waren fein säuberlich gefaltet darüber gelegt.

Charlotte Schulz war eine zierliche, damenhafte Erscheinung mit streng gescheiteltem Haar, das von einigem Grau durchzogen war. Die Augen blickten wach und gütig, die Lippen bildeten eine sehr schmale Linie in dem feinen sanften Gesicht. Die Hände ruhten jetzt in ihrem Schoß, nachdem sie den Tag über mit Näharbeiten beschäftigt gewesen war. Sie wirkten blass auf dem schwarzen Kleid, eine Farbe, die sie bevorzugt trug, seitdem sie schon mit 33 Jahren Witwe geworden war.

„Bist du heute bei Israel vorbei gewesen?" „Ach ja, Mamá, das Paket liegt draußen. Ein halbes Dutzend Moltontücher haben sie mitgegeben. Das gehört noch zum Trousseau der Comtesse Wedel. Es hat keine Eile. Aber sie haben nach den Knopflöchern gefragt. Wenn du noch viel dran zu machen hast, kann ich dir morgen helfen. Am Montag soll ich`s bringen." „Ach, immer dieses Drängen – der Mensch hat doch nur zwei Hände. Sie wissen gar nicht, wie viel Arbeit in so einem Knopfloch steckt. Man will es ja auch akkurat machen. Hier in Berlin geht alles auf die Schnelle. Die Madame Rastenburg wusste, wie viel Zeit in einer guten Handarbeit steckt. Sie würde mich nie gedrängt haben. Sie hat den Herrschaften, die die Sachen bei ihr in Auftrag gegeben haben, immer gesagt: "Gut Ding will Weile haben. Wenn sie`s schnell brauchen, gehen sie lieber zu Mittelstaedt. Da machen ihnen die Mädchen das im Handumdrehen – das sieht dann hinterher aber auch danach aus."

„Ach Mamá, jetzt sind wir schon sechs Jahre weg aus Bromberg, und Tante Rastenburg ist schon über fünf Jahre tot – und du sprichst immer noch von ihr, als sei`s gestern gewesen." „Ja, mein Kind, weil wir ihr viel zu verdanken haben. Es war doch gut, dass sie all die Jahre treu zu mir gehalten hat und mir immer wieder die besten Aufträge besorgt hat. Was wäre ohne sie aus uns geworden? Der Ernst hat ja auch geholfen, aber so ganz wollte ich mich von ihm nicht abhängig machen." Die kleine Frau machte einen tiefen Seufzer in Erinnerung an all die Jahre, in denen sie allein für ihre vier Kinder hatte sorgen müssen.

„Ich habe es ja auch gern gehabt, das Paten-Tantchen", erwiderte die Tochter, nun ihrerseits mit von Erinnerung bewegtem Lächeln, „vor allem ihr schummriges Boudoir, in dem es so köstlich nach allerhand Sachen roch, mal nach französischem Parfum, mal nach

Anis-Plätzchen, dann wieder nach Naphtalin – und um Weihnachten immer nach Punsch." „Ja, die Madame Rastenburg wusste zu leben. Jedes Mal, wenn sie aus Paris zurückkam mit neuem Putz für die nächste Saison, brachte sie mir ein Fläschchen Eau de Lavande und irgendeinen Liqueur mit. Ich habe ja immer nur an so was genippt – aber es hat mir wohlgetan, dass jemand an mich gedacht hatte in einer Stadt wie Paris." „Paris kann nicht schöner sein als Berlin, Mamá, ich bin hier glücklicher als irgendwo sonst auf der Welt." Die Mutter horchte auf und sah ihre Tochter an, aber es war schon so dunkel geworden, dass sie den Glanz in deren Augen nicht wahrnehmen konnte. Es blieb ihr nur, die Bewegtheit in ihrer Stimme zu deuten.

Ohne sich ihre Ahnung anmerken zu lassen, nahm die Mutter das Gespräch wieder auf: „Wenn es mir gar zu schwer wurde, konnte ich ihr meine Not klagen, und sie hatte immer ein tröstendes Wort und einen klugen Ratschlag. Manchmal habe ich mich auch mit Kreisschreiber Zühlke besprochen – aber schon wegen der Leute ging das ja nicht so oft."

„Ach ja, die Leute – die werden wohl schlimmer gewesen sein als die Not und die Arbeit zusammen. Da geht es uns hier in Berlin doch besser. In so einer großen Stadt weiß keiner was vom anderen und kümmert sich auch nicht um die Wurst, die Nachbars Hund frisst."
„Wer ein gutes Gewissen hat, braucht die Leute nicht zu fürchten. Aber es ist doch lästig, wenn sie immer so tuscheln und dir vieldeutig zulächeln." „Sie haben wohl auch gern über Vater getratscht. Dorchen sagte mir, es wäre der bloße Neid gewesen, weil er ja erst von Jastrow angekommen war und gleich in Bromberg so viel Kundschaft hatte, dass er das Haus am Kanalswerder kaufen konnte." „Ja, dein Vater war ein tüchtiger Mann – aber immer voller Unruhe, im Geist und in den Beinen. So ist er dann nach der Schule gleich weg von zu Haus. Er wollte auf Wanderschaft. Sieben Jahre hat er ganz Pommern abgegrast, immer hin und her zwischen Rega, Netze und Weichsel. Da gab es keine Bahn, höchstens mal ein Fuhrwerk, das ihn ein Stück

mitgenommen hat. Er ist auf Schusters Rappen gelaufen, darauf war er stolz. Darum ist er auch Schuhmacher geworden, erst Lehrjunge, dann Geselle, bis er mich gefunden hat. In Neu-Stettin auf der Bank am See…" Versonnen gab sie sich der Erinnerung hin, bis Lenchen sie unterbrach in ihren Träumen: "Wie alt warst du da eigentlich, Mama?" „Gerade mal zwanzig und er ja auch nicht viel älter. Aber er wollte wohl zur Ruhe kommen. Es hat ihm gefallen, dass ich aus Pinnow war. Das war doch schon fast Heimat für ihn."

„Ich glaube, ich mache noch ein paar Knopflöcher", sagte die Tochter und bückte sich nach dem Nähkorb mit den Kissenbezügen. Lenchen ergriff ein Kopfkissen und stichelte mit der Nadel an den Löchern.

„Wie seid ihr denn in Bromberg gelandet?" ermunterte sie die Mutter, weiterzuerzählen..

„Papa ist dann weg von dem Meister in Deutsch Krone und mit mir nach Konitz, wo Dorothea zur Welt kam. Aber lange hielt es ihn nicht. Er wollte nach Haus, nach Jastrow. Großvater Schulz hatte damals als Tuchmachermeister eine Weberei und ist auch heute noch als Waisenvater gut angesehen – aber er ist doch sehr klapprig jetzt mit seinen 80, ach nein, mehr…Warte mal, im April hat er doch Geburtstag. Ja, er ist dies Jahr 83 geworden. Na, damals hat er deinem Vater eine Werkstatt auf dem Hof eingerichtet, weil die Tuchmacherei bei uns schlecht ging und die Webstühle still standen. Er konnte sich keine Maschinen leisten, wie sie damals in England aufkamen. Auch in Deutschland, in Bielefeld und im Bergischen, hatten sie schon Maschinen, weil die viel mehr Geld hatten als wir kleinen Leute in Pommern.

Aber es war eine schöne Zeit in Jastrow. Willi ist geboren und Michel, den hast du ja nicht mehr gesehen, der ist so klein gestorben, genau wie Bernhard in Bromberg – das war eine schlimme Zeit: am ersten Geburtstag von Michel wurde mein kleiner Bernhard geboren. Und ein paar Wochen später war Michel tot. Er hatte so schöne blaue Augen. Unser Bernhard wollte nie so richtig werden, ich hatte wohl keine Kraft mehr für ihn. Der Umzug, die vier Kinder – das war alles zu viel."

Die alte Dame legte die Handarbeit in den Schoß und sann traurig zurück in die alte schwere Zeit. „Nun ist Willi auch tot, mit noch nicht 25. Von meinen Jungs ist mir nur unser Carl geblieben." Frau Schulz seufzte und blickte zum Fenster hinaus, wo sie den Sohn im Licht der Gaslaternen erwarten konnte.

Die Tochter war den Erinnerungen der Mutter gefolgt, sie hörte gern von den Jahren ihrer Kindheit, besonders von ihrem Vater, den sie kaum kannte, weil er starb, als sie gerade zwei Jahre alt war. Helene war das jüngste der sechs Kinder, die Charlotte Schulz zur Welt gebracht hatte. Mit ihrer Schwester Dorothea hatte sie schon oft über den Vater gesprochen, weil Dorchen bis zum 12. Lebensjahr unter der intensiven Obhut des Vaters groß geworden war. Er hatte sie unterrichtet, und gemeinsam sangen sie zur Laute all die Studentenlieder und Vagantenverse, die er von seiner Wanderschaft mitgebracht hatte:
Die Gedanken sind frei,
wer kann sie erraten.

Dorchen hörte von ihm, dass der Heilige Crispinianus alle Schuhmacher beschützt; denn obwohl evangelisch und auch das nicht gerade streng, hatte Gustav Schulz dem Bild des Heiligen in der Bromberger Werkstatt einen Ehrenplatz neben seinem Meisterbrief gegeben.

Ebenso hörte Dorothea von seinem großen Zunftbruder Hans Sachs, wie der vor 300 Jahren lustige Geschichten in Reime gebracht hatte. Und manchmal, wenn Dorchen den Vater aus dem Wirtshaus holte, trug er ihr aus seinem reichen Schatz eine Reihe jener Knittelverse vor, die den Hans Sachs berühmt gemacht hatten.

All das wusste Helene von ihrer Schwester, sprach darüber aber nicht mit der Mutter, weil diese immer sehr traurig wurde, wenn die Sprache auf Singen, Spielen und die Gasthäuser kam. Denn das war die ganz schlimme Sache in ihrer Ehe gewesen, dass ihr Mann so leichtfertig mit seinem erworbenen Gut umging und auch mit seiner Gesundheit.

„Der Vater könnte heute noch leben", seufzte sie hin und wieder, „wenn er mehr auf sich gehalten hätte." Und nicht ohne Vorwurf setzte sie hinzu, besonders wenn ihr Sohn Carl in Hörweite war: „Wie kann man nur so mir nichts dir nichts 100 Mark an einem Abend vergeuden!" Aber es hatte da keine Not. Carl Schulz war aus anderem Holz geschnitzt. Zuverlässig und ehrgeizig hatte er sich in Berlin eine Existenz aufgebaut, die half, Mutter und Schwestern zu unterstützen. Die Mutter war plötzlich aufgestanden und ans Fenster getreten. Da die Gaslaternen ihr Licht jetzt voll entfaltet hatten, konnte sie nun deutlich den Sohn die Straße heraufkommen sehen und war froh, ihre beiden Kinder um sich zu wissen. Dorothea war für das Wochenende nach Bromberg gefahren, wo eine ihrer Schulfreundinnen Hochzeit hatte. Als Carl beim Abendessen saß, ging die Plauderei über Themen, die gewöhnlich der männlichen Interessensphäre zugerechnet wurden: das Geschäft, die Kundschaft, die Lieferanten, die Preise. Carl führte seit dem Tod des älteren Bruders das Tabakgeschäft Willi Schulz & Co. allein. Seine Schwester Helene stand ihm als Verkäuferin zur Seite und hatte durchaus an seinem Erfolg teil, wenn es darum ging, Kundschaft anzuziehen und auch einen Stamm in Treue an sich zu binden; denn Helene bediente nicht nur gewandt und mit natürlicher Freundlichkeit, sie war auch durchaus von ansprechendem Äußeren: schlank und zierlich wie ihre Mutter, aber dabei anmutig rundlich. Das Gesicht hatte weichere Linien als das der Mutter, was der noch nicht mit Leid beschwerten Jugend geschuldet war.
Lenchens kleine Nase verwies auf ihre Herkunft aus dem Osten des Reiches. Hier sind die typischen Nasen zu Haus, die wir „Schwenn"sche Knollennasen" nannten, die aber eher ein Erbe der Schulzens aus Hinterpommern waren.
Helene hatte in Bromberg die Volksschule zum Abschluss gebracht und zeigte sich in der Großstadt interessiert und aufgeschlossen für das Geschehen, das sie weniger erschreckte als ihren Bruder Carl. Vielmehr ging sie neugierig um mit all den Eindrücken, die sie jetzt

aufnahm. Ihr Geist war beweglich, ihre Entschlusskraft praktisch, und so war auch bei ihr keine Gefahr, dass sie den leichtsinnigen Neigungen ihres Vaters anheimfiel. Helene war heiter und gar nicht grüblerisch. Vor allem jetzt in den ersten Frühlingstagen wirkte sie eher ausgelassen und beschwingt.

Als der Bruder nach dem Essen unter der Petroleumlampe, deren flackerndes Licht sich über dem großen Esstisch verbreitete, die Stahlschatulle aufschloss, um mit der Mutter gemeinsam die Tageseinnahmen zu zählen, stichelte Helene weiter an den Knopflöchern und plauderte über dies und das, nicht darauf achtend, ob man ihr zuhörte, und nicht darauf wartend, dass man ihr antwortete.

„Der Herr Apotheker hat heute eine Kiste mit 25 Havannas gekauft und mir eine Mark extra in die Hand gesteckt. Das ist doch eine ganz andere Art als immer die Tätscheleien von dem alten Roßschlächter Kühne! Ich hau ihm demnächst noch auf die Finger. Carl, du musst es ihm mal sagen. Soll er doch seine Schindmähren betatschen. Was er sich nur denkt, ein anständiges Mädchen zu belästigen, und das vor allen Leuten im Laden. Paul Lincke macht mir den Hof – und dieser feiste Kerl wagt es, mich anzufassen." Leise summte sie die Melodie von Linckes Lied „Glühwürmchen, Glühwürmchen, flimmre…"

Dass Paul Lincke ihr den Hof gemacht hat, erzählte Helene bis ins hohe Alter. Der junge Musiker, der mit der Operette „Frau Luna" berühmt wurde, lebte zur gleichen Zeit wie sie in Berlin, und es ist sehr wahrscheinlich, dass sich ihre Wege kreuzten. Lincke hatte 1884 ein Engagement im Central–Theater in der Alten Jakobstraße und später als Kapellmeister im Parodie–Theater in der Oranienstraße, Adressen, die auch Helene frequentiert haben mag. Von ihrem Bruder Carl wissen wir, dass er gern ins Central-Theater ging, wo vor allem Lustspiele gegeben wurden. Da Paul Lincke fast auf den Tag drei Jahre jünger war als Helene, dürfte es aber lediglich ein kleiner Flirt gewesen sein. Lincke galt als schnell entflammbar und heiratete später eine Soubrette, die erst 17 Jahre alt war.

Bei Helenes letzten Worten hatte Carl mit dem Zählen innegehalten und wandte sich der Schwester zu. „Lenchen, dass ich`s nicht vergesse: Paul Schwenn war gegen Abend noch da. Er hat gefragt, ob wir morgen wieder nach Köpenick fahren." „Und was hast du gesagt?" fragte Helene wie elektrisiert. Helene hatte so lebhaft reagiert, dass auch die Mutter im Zählen innehielt und über die Brille hinweg zu ihrer Tochter hinüber sah, die noch am Fenster saß, wo jetzt die dunklen Samtvorhänge zugezogen waren. „Ich wusste ja nicht, was Mamá und du dazu sagen würden und habe es offen gelassen." „Ach, Mamá, der Paul ist so ein flotter Tänzer, wenn der kommt, möchte ich auch wieder hin. Am Morgen machen wir die Knopflöcher fertig, ja, Mamá?" „Wer ist denn dieser Herr Paul, von dem ihr da sprecht?", wollte Frau Schulz wissen. „Das ist ein Kunde von uns, ein junger Mann, ein Kofmich wie ich, Mutter – aber er ist hübsch, und unser Lenchen hat ein Auge auf ihn geworfen." „Was, ich? Er hat ein Auge auf mich geworfen!" protestierte die Schwester. „Woher kommt er denn?" fragte die Mutter, um der Erregung ihrer Tochter eine sachliche Wendung zu geben.

Diese Frage war in jenen Tagen besonders gerechtfertigt, da seit der Reichsgründung die vorher eher verschlafene Residenz der Preußenkönige, deren Straßen und Plätze vornehmlich vom Klang der Stiefel der Infanterie und vom Donnern der Hufe der Cavallerie erfüllt waren, eine große Anziehungskraft auf Menschen aus allen Provinzen des Reiches ausübte. Die Mechanisierung der Produktion und die Anhäufung des Kapitals in wenigen Händen hatte zu Arbeitslosigkeit und Verarmung des eigenständigen Handwerks in den Kleinstädten geführt. Handwerker verließen nun mehr und mehr ihre angestammten Regionen, um ihr Glück in den industrialisierten Unternehmen der Großstadt zu suchen. Carl versuchte, der Mutter Auskunft zu geben. „Kommt er nicht aus Sommerfeld, Lenchen?" „Nein, aus Kremmen. Sein Vater hat bei den Ulanen gedient und ist jetzt königlich-preußischer Futtermeister im Remonte-Depot Klein Ziethen." [4] „Eiderdaus", entfuhr es dem Bruder. „Du hast dich aber genau informiert!" Helenes Gesicht überflog eine leichte Röte, aber sie setzte unbeirrt ihre Erklärungen fort: „Er ist vor kurzem nach Berlin gekommen und wohnt bei seinem Bruder Otto und dessen Frau Clara." „Otto ist sein Bruder?" wunderte sich Carl. „Ich denke, das ist der Inhaber von dem Handelsunternehmen, wo der Paul ist," warf Karl ein. „Ja, die haben das zusammen, den Handel mit Böhmen. Sie holen da Schmucksteine, ich glaube die roten, Mamá, wie heißen die?" „Meinst du Rubine oder Granat, die es jetzt so viele gibt?" „Ja, der Granatschmuck ist es. Paul hat mir erzählt, dass sie gute Geschäfte machen mit der neuen Mode. Jede Berlinerin aus der besseren Gesellschaft will eine Halskette mit Granat oder wenigstens eine Brosche." Frau Schulz hatte mit Interesse zugehört und sich dann von ihrem Stuhl erhoben mit den Worten: "Da fällt mir was ein. Komm mal mit." Frau Schulz ging hinüber ins Schlafzimmer, und Helene lief hinter ihr her. „Ich habe doch ein Granat - Collier von meiner Mutter geerbt und auch Ohrringe dazu. Du kennst es wohl nicht, weil ich es ja seit Vaters Tod gar nicht mehr ummache" „Wo hast du denn den Schmuck versteckt, Mamá? Ist doch schade, wenn er nur so rumliegt." Aus der hintersten Ecke ihres Wäscheschranks holte Charlotte Schulz zwischen Gazesäckchen voller Lavendelblüten ein Etui hervor. Die Frauen setzten sich nebeneinander auf die Bettkante, und die Mutter öffnete das einst mit grünem, jetzt ins Gelbliche verschossenem Atlas bezogene Kästchen, dem sie ein fein ziseliertes Gold-Collier mit üppiger Granatrosette entnahm. Während Helene andächtig den Schmuck durch die Finger gleiten ließ, richtete die Mutter nun wie beiläufig eine Frage an sie, die sie den ganzen Abend lang schon beschäftigte: „Sag mal, Lenchen, wie lange kennst du den Herrn Paul denn schon, dass du so gut im Bilde bist?" „Ach, Mamá, kennen tun wir ihn schon eine ganze Weile. Er kommt doch ins Geschäft, holt seine Zigarren – immer von der besten Sorte - und plaudert dann

<hr>

[4] Die Remonte-Depots haben den Zweck, die für die Armee angekauften jungen Pferde bis zu deren Abgabe an die Truppe zur Vervollkommnung ihrer körperlichen Entwicklung und Ausbildung in Wartung und Verpflegung zu nehmen. (Instruktionen für die Königliche Remonte-Depot-Administration 1867, zit. nach der Ortschronik Bärenklau 2000)

noch ein bisschen." „Und wann hast du mit ihm getanzt?" „Das war an Kaisers Geburtstag." „Wie alt ist er eigentlich, dieser Herr Paul?" „So wie Carl ungefähr." „Ach, das ist doch nichts für dich!" Die Mutter wurde lebhaft: „Der ist ja kaum aus den Kinderschuhen raus. Und überhaupt: der Vater Futtermeister? Wen futtert er denn?" „Er hat die Pferde unter sich, die für den Armeedienst vorbereitet werden. Da hat er viel Verantwortung."

Das Gespräch begann, Helene unangenehm zu werden. Sie beschäftigte sich lieber wieder mit dem Schmuck, den ihr die Mutter um den Hals gelegt hatte, und trat vor den hohen Spiegel am Kleiderschrank. Die Steine leuchteten tiefrot wie schwerer Wein. Sie hängte sich auch die Ohrringe an, die mit den tropfenförmig geschliffenen Granatsteinen wie Pendel herunterhingen „Woher hatte Oma Wienke so einen schönen Schmuck", versuchte sie die Mutter abzulenken, was ihr für den Augenblick auch gelang. „Das Collier hat sie zur Hochzeit vom Gutsherrn bekommen. Der hielt ja große Stücke auf meinen Vater." „Welcher Gutsherr", fragte Helene zerstreut. „Ach, du hast aber auch

alles vergessen, seitdem du hier in der Großstadt bist. Erinnerst du dich nicht an Pinnow, wo Großvater Wienke gelebt hat? Wir waren doch mal im Sommer bei ihm, und Du hast mit der kleinen Comtesse gespielt, die in den Ferien auch in Pinnow war und denen das Gut ja gehörte. Eigentlich lebte die Familie aber in Plathe. Der Großvater ist mit uns im Kutschwagen durch den Kastanienwald gefahren, weißt du das gar nicht mehr?" „Nein, ich erinnere mich nicht an Pinnow. Ihr habt nur immer davon erzählt." „Naja, du warst eben noch klein. Als dein Großvater meine Mutter heiratete, kam auch Herr von der Osten in die Kirche, aber seine Frau und die jungen Leute sind nicht gekommen.

Und als der alte Herr von der Osten gestorben ist, gab es Ärger mit dem jungen Grafen. Na, ich kann das nicht beurteilen. Meine Mutter hat mir mal davon erzählt. So richtig werden wir das nie erfahren, was da gewesen ist. Aber die Leute im Dorf haben immer davon gesprochen. Später hat sich der junge Graf ja auch wieder mit meinem Vater vertragen, und Großvater ist bis zu seinem Tod auf Pinnow geblieben, wo er ja auch wieder geheiratet hat, nachdem meine Mutter tot war."

Helene ging über die dunklen Andeutungen hinweg, wendete den schmalen Hals nach links und rechts, um die Wirkung des ungewohnten Glanzes in dem dämmrigen Licht zu genießen. „Und das darf ich tragen, Mamachen? Gleich morgen beim Tanzen?" „Nein, mein gutes Kind, das ginge dann doch zu weit! In einem Gartenlokal mit meinem Granatschmuck! Wenn wir mal in die Oper gehen oder groß eingeladen sind, aber nicht einfach so!"

Helene sah enttäuscht in den Spiegel und wollte sich nicht so leicht trennen von den schönen Stücken. „Aber dem Paul würde ich sie doch gern zeigen, die Steine. Vielleicht sagt er mir, woher sie kommen." „Unsinn, was geht mich der Paul an." Damit hielt Frau Schulz das Gespräch für beendet, streckte die Hand aus und forderte die Schmuckstücke resolut zurück, um sie wieder in das Etui und das Versteck im Wäscheschrank zu legen. Helene ging schmollend in die Stube hinüber und schmiedete mit ihrem Bruder Pläne für den Sonntag.

5. 1884 Paul Schwenn

Du hast Glück bei den Frau`n, Bel Ami!
So viel Glück bei den Frau`n, Bel Ami!
Bist nicht schön, doch charmant,
bist nicht klug – doch sehr galant!
Bist kein Held,
nur ein Mann, der gefällt.
Schlager von Theo Mackeben

Paul Schwenn gehörte zu jenen Männern, die ihrem äußeren Erschei-
nungsbild ausdauernde und mit großer Geduld vollzogene Fürsorge
angedeihen lassen, weil sie in eben diesem Bild ihr wesentliches
Kapital erkannt haben, mit dessen wohl dosiertem Einsatz sich eine
Existenz aufbauen lässt, die ihnen für die Jahre ihrer Blüte Aufnahme
in höhere gesellschaftliche Kreise und für die Zeit danach ausrei-
chende Verzinsung gewährt, welche für die Lebensführung eines

unbescholtenen Bürgers not-
wendig erscheint. Da die Lebens-
erwartung jener Zeit unter der
heutigen lag, war das Risiko, dass
die Zinsen sich vor dem Ende ver-
brauchten, nicht allzu groß, zumal
einige auserlesene Utensilien als
Basis genügten.
Diese Einsicht zum Prinzip seines Lebens erhebend, würde sich
Paul Schwenn eines Tages lieber
Schuhwichse ins Haar schmieren
als zugeben, dass auch an ihm der
Zahn der Zeit Gelegenheit hätte
zu nagen.

1884 Paul Schwenn

Aber noch stand er am Beginn seiner Mannesjahre. Die weichen blonden Haare fielen ihm des morgens voll in die Stirn, und es kostete ihn den Hauptteil seiner Toilette, um das von Natur gelockte Haupthaar in einen strengen Scheitel zu zwingen, der beinahe über die Mitte seines gut geschnittenen Kopfes verlief. Dazu beträufelte er die Haare gründlich mit „Eau de Quinine", einem Haarwasser des Hauses Pinaud, das ein Geschäftsfreund seines Bruders ihm von einer Reise nach Paris mitgebracht hatte. Mit den Spitzen seiner sorgfältig manikürten Finger massierte er über einige Minuten die Kopfhaut, um jenen abstoßenden, auf schwarzem Tuch sichtbar werdenden „pellicules" erst gar keine Chance zu geben. Sodann kämmte er die Haare vom Hinterkopf nach vorn in die Stirn, um sie anschließend mit kraftvollen Strichen zurück zu bürsten, solange bis sie gezähmt und absolut glatt und glänzend anlagen. Jetzt zog er den Scheitel, von dem aus er die Haare rechts und links schräg nach hinten zirkelte. Er liebte den würzig frischen Duft des Wassers und machte ihn zu seinem täglichen Begleiter. Die Rasierseife, mit deren Hilfe er die Wangen glatt und unbehaart hielt, harmonisierte aufs beste damit. Nachdem der Pinsel aus weichen Borsten Schaum in der kleinen Steingut-Schüssel entwickelt hatte, seifte Paul sich die Haut üppig mit dem sahnigen Weiß ein und setzte behutsam das Solinger Messer an, um die Barthaare abzuschaben.

Während der Rasur pfiff er leise vor sich hin, meist den neuesten Schlager, den er in einer der Polka-Kneipen gehört haben mochte. Die Zeremonie abschließend, nahm er mit Wohlgefallen sein Spiegelbild in sich auf und gewann hieraus Kraft für den ganzen Tag, ja, es stärkte sein Gemüt dermaßen, dass er bis in die frühen Abendstunden hinein Charme und Esprit verströmte, wohin er auch kam. Nach Sonnenuntergang bezog er seinen Witz dann aus einem Schoppen Wein oder aus einem Seidel Bier in fröhlicher Runde junger Zecher.

Nach dem Abschluss seiner Morgentoilette ging Paul hinüber in die Wohnstube, wo der Frühstückstisch im Wintergarten noch für ihn gedeckt war. Auf dem halbdunklen Flur begegnete ihm das Dienstmädchen, das er vor wenigen Wochen erst ins Haus geholt hatte. Die Kleine mit den traurigen Augen war ihm aufgefallen, als ihn sein abendlicher Weg am Schauspielhaus vorbeiführte, wo sich auf den Stufen im Licht der Gaslaternen die Mädchen versammelten, die erst frisch aus den ländlichen Provinzen in die Hauptstadt gekommen waren. Paul hatte der Klagen seiner Schwägerin gedacht, dass die treue Mamsell inzwischen zu alt für all die häusliche Arbeit sei. So hatte Paul das Kind (es konnte nicht älter als 14 Jahre sein) kurzerhand angesprochen. Mit erschreckten Augen hatte es zu ihm aufgeblickt, den Zettel, auf dem er die Adresse seiner Wohnung aufgeschrieben hatte, entgegengenommen und ihn hastig in die Tasche ihres dunkel gestreiften Kattunkleides gesteckt.

Es war März gewesen und die Nächte noch voller Frost. Paul hatte bei der Berührung ihrer Hand bemerkt, dass das Kind fror und seine Nase von der Kälte tropfte.. „Geh jetzt nach Haus und komm morgen früh um 10 Uhr, dann werde ich dich dem Familienvorstand präsentieren." Das Mädchen hatte geknickst und war im diffusen Licht der späten Stunde verschwunden. Zurück war ein Haufen schnatternder junger Dinger geblieben, die Paul herausfordernd ansahen. "Na, uns wollnse woll nich. Sind woll schon zu alt für den Herrn.?" Paul hatte ihnen nachsichtig zugelächelt und war – den Stock mit dem silbernen Knauf schwingend – seines Weges gegangen.

Das Mädchen zeigte sich fleißig, und Paul erntete ein Lob vonseiten seines Bruders und dessen Frau Clara. Jolande war nicht nur ausgezeichnet im Kuchenbacken, sondern auch sehr wendig, wenn es galt, den Staub von den gedrechselten Tischbeinen zu wischen oder hinter die Standuhr zu kriechen.

Jetzt streichelte er dem Kind anerkennend über die Wange, als es seinen Weg kreuzte: "Du kannst mein Zimmer machen, Jolande." „Sogleich, Herr Paul, wenn ich die Tassen gespült habe."

Im Wintergarten hob Paul die Kelimmütze von der Kanne und freute sich, dass der Kaffee noch dampfte. Von den frischen Schrippen, die schon morgens um 6 Uhr im Leinensack mit dem aufgestickten Familiennamen an der Wohnungstür hingen, aß Paul zwei: eine mit Quittengelee, einer Spezialität seiner Mutter aus dem Garten in Klein-Ziethen, und eine mit frischem Kochkäse, den Ottos Frau so unübertrefflich zuzubereiten verstand.

Er warf einen Blick in die Vossische Zeitung, die sein Bruder flüchtig gefaltet auf dem Korbstuhl zurückgelassen hatte. Es war die Ausgabe vom 20. Mai 1884; noch immer ging es um die Lage des Arbeiterstandes, um die Auswirkung der gesetzlichen Krankenversicherung, mit der der Kanzler im Vorjahr einen Versuch gemacht hatte, die „soziale Frage" von Staats wegen in den Griff zu bekommen. Allgemein war man sich einig, dass eine solche einzelne Maßnahme nicht ausreichend war, und die Blätter diskutierten vehement, dass bei der immer weiter fortschreitenden Mechanisierung der verschiedensten Arbeitsweisen auch eine Unfallversicherung für Fabrikarbeiter vonnöten sei. Paul fühlte sich nicht berührt und legte das Blatt gelangweilt aus der Hand. Er entnahm aus der auf dem Tisch zurückgebliebenen Zigarrenkiste seines Bruders eine leichte Sumatra, kappte das Mundstück, zündete sie an einem Ende an, vom anderen zog er genüsslich die Außenluft ein, um sie am Glimmen zu halten. Die Verbrennungsstoffe legten sich angenehm auf Mund und Lunge.

„Kein Vergnügen ohne Zigarre" befand Paul mit Wilhelm Raabe, der die Weisheit „Kein Vergnügen ohne die Damen" abgewandelt und die Zigarre als große Trostspenderin des 19. Jahrhunderts ausgemacht hatte. Man musste ja kein Weiberfeind sein, aber man zog „die nicht so anspruchsvolle Zigarre vor, die für uns glüht ohne das gleiche zu verlangen". So beschreibt es Wilhelm Raabe in der „Sperlinggasse", und so sieht es auch Paul.

In diesem Augenblick trat seine Schwägerin in die Stube. Paul erhob sich, legte ihr den Arm brüderlich um die Schulter und sah ihr keck ins Gesicht. „Na, Clärchen, fühlst du den Frühling? Sieh nur, wie alles treibt und sprießt: der Oleander hat pralle Knospen, das Zyperngras tausend Triebe – und was hast du für mich?" Clara hielt einen Brief in der Hand. "Post aus Klein-Ziethen. Ich hoffe nur, dass Eure Mutter sich darin nicht für einen Pfingstbesuch ankündigt. Mein Frühjahrsputz hat sich dieses Jahr um etwas verzögert. Ich würde ihrem Argus-Blick nicht standhalten können." „Ach was, Clärchen, mach dir man keine Sorgen. Nichts wird so heiß gegessen, wie Mama es kocht. Sie ist doch nur eifersüchtig, weil du ihren Kronsohn gekriegt hast. Hättste mich genommen – ich gelte als schwarzes Schaf. Alle wären froh, wenn ich unter der Haube wär!" Damit zog er sie mit leisem Druck an sich, küsste ihr Haar und hauchte zärtlich: "Adé, mein Schatz!" Damit war er auch schon aus der Tür, ergriff Stock und Hut und ließ die Wohnungstür schwungvoll ins Schloss fallen.

Mit federnder Eleganz schritt er die Straße hinunter bis zum nächsten Droschkenstand, froh gelaunt das Stöckchen schwingend und jeder Spaziergängerin aufmunternd entgegenblickend.

6. 1884 Helene ist verliebt

Vater und Mutter machen 'ne Landpartie,
Und es regnet wie noch nie.
Vater sprach zu Mutter:
Hebe hoch dein'n Rock
Mutter springt gleich wie ein Ziegenbock.
Hule, hule, hule – was hab'n wir da gesehn?
Die Hose hat 'nen Schlitz!

(Diesen Gassenhauer hat mir meine Großmutter in Kindheitstagen vorgeträllert und damit meine Vorstellung von einer Berliner Landpartie geprägt.)

Nachdem Paul am Morgen dem glanzvollen Schauspiel der Parade aller kaiserlichen Garde-Regimenter Unter den Linden zugesehen hatte und anschließend in den häuslichen vier Wänden seines Bruders mit großem Appetit Claras Sonntagsbraten verzehrt hatte, rauchte er gemeinsam mit Bruder Otto noch eine von dessen Zigarren, bevor er in der Ecke des mit grünem Plüsch bezogenen Sofas ein kurzes Nickerchen hielt.

So gestärkt machte er sich auf den Weg nach Köpenick. Die Terrassen am Müggelsee sind ein beliebtes Ausflugsziel für die Berliner. Köpenick ist 1884 gut mit der Eisenbahn Richtung Frankfurt/Oder zu erreichen. Für die Strecke vom Bahnhof zum Stadtkern steht die Pferdebahn zur Verfügung. Der Ausflug bietet neben der frischen Luft und dem klaren See am Wochenende Belustigungen für Jung und Alt. Kutschfahrten, Musikkapellen, Pfänderspiele und Bratwürste sorgen für eine unterhaltsame Abwechslung zum harten Tagewerk während der Woche. Am Sonntag Nachmittag geben sich hier die Familien ein Stelldichein, bunt gemischt nach Stand und Profession, Geldbeutel und Gewerk.

Die Obstbäume stehen in Blüte, in den Bauerngärten prangen Doronicum und Zwerghyazinthen, Maiglöckchen verströmen ihren süßen Duft. Von weitem hört man das aufgeregte Gackern der Hühner.

Schwalben schweben im Tiefflug vorüber, und Spatzen sitzen zu Hunderten im Sandmeer auf den Haufen, die die Pferde ihnen hinterlassen haben. Kinder mühen sich, Maikäfer in Pappkartons zu sperren. Im Wirtsgarten sind die Tische mit buntem Karo bedeckt, auf dem die Mollen stehen, die den Durst löschen sollen. Darüber blühen die Kastanien.

Carl und Helene Schulz sind längst unterwegs im Grünen, mit Geschäftsfreunden. Carl hat die Zigarrenbranche aufgegeben und ist jetzt alleiniger Inhaber der Firma Carl Schulz Steglitz, Engros-Geschäft für Schreibwaren. Er besucht Kolonialwaren-Handlungen und Papiergeschäfte in ganz Berlin und stellt ihnen sein Sortiment vor: Papier, Tinte, Siegellack, Bleistifte, Gummi, Stahlfedern, Schulhefte, Schiefertafeln, Griffel, Murmeln, Flaschen, Staniolpapier, Kapseln, Korken, Putzpomade u.ä. Die Geschäfte kommen gut voran, aber die Geldsorgen lassen ihn nie los, weil er den Hausstand, den er zusammen mit seiner Mutter und den Schwestern führt, zum großen Teil allein zu erhalten hat.

Die Geschwister kommen gemeinsam mit Carls Freund Max Riegel und den anderen gerade von einer Spazierfahrt mit dem Kremser vor den Terrassen an, als Paul sie auf dem Wagen erkennt, wo Helene zwischen dem frischen Birkengrün ihm zuwinkt. Die ganze Anmut eines Maientages liegt über der Landschaft und spiegelt sich in Helenes jungem Gesicht. Sie trägt einen hell gestreiften Rock mit breitem Volant, den sie erst neulich mit der Mutter genäht hat. Dazu eine weiße Bluse mit hohem Kragen, die mit zierlichen Rüschen und dichten Biesen verziert ist, ein Weihnachtsgeschenk des Hauses Israel, das sich damit Fräulein Schulz gegenüber erkenntlich hatte zeigen wollen; denn Helene hält die Verbindung zwischen ihrer Mutter und dem renommierten Kaufhaus an der Spandauer Straße gewissenhaft aufrecht. Um ihre Taille liegt ein leuchtend rotes Samtband, das im Rücken zu einer Rosette geformt ist. Als sie Paul die Hand mit den weißen Handschuhen reicht, errötet sie nur leicht unter ihrem Strohhut und lacht ihn dann unbekümmert an.

Helene ist es wohlig warm, nicht allein von der Sonne! Denn so sehr sie sich vom Leben in der Großstadt angezogen fühlt, so sehr hat sie sich auch den Sinn für Natur und ein einfaches Leben bewahrt, in dem sie aufgewachsen ist. Sie findet keinen Geschmack am prätentiösen Gehabe gewisser Kreise und liebt eine offene und ungekünstelte Sprache. Sie fühlt sich gut in Pauls Gesellschaft und kann nun den Tag erst recht genießen

„Hast du an mich gedacht?" flüstert sie Paul zu, während ihr Bruder nach einem freien Tisch für die kleine Gesellschaft Ausschau hält, den er im Schatten einer blühenden Kastanie nicht weit von der Bühne mit der Musik findet. Helene sorgt dafür, dass sie zwischen Carl und Paul sitzen kann und fängt gleich an, Paul leise von dem prächtigen Schmuck zu berichten, den ihr die Mutter gestern gezeigt hat. "Leider durfte ich ihn heute nicht tragen", seufzte sie. „Das ist doch nichts für den Müggelsee, Lenchen", versucht Paul sie zu trösten. „Aber ich wollte ihn Dir doch vorführen." „Na, wenn wir mal in die Oper gehen."

Sie werden unterbrochen von einem allgemeinen „Aaaah" am Tisch, als die Kellnerin mit einem großen Bunzlauer Krug kommt, in dem die Maibowle prickelnd kalt nach Waldmeister duftet. „Na, dann woll`n wir mal." Paul greift schwungvoll nach dem Krug und beginnt reihum die Gläser zu füllen. Man stößt an, bringt einen Toast auf den Mai und den Müggelsee aus und trinkt in vollen Zügen; denn in der frühsommerlichen Luft lechzt jeder nach Erfrischung.

Angeregt von der steigenden Stimmung, schlägt Paul übermütig einen offiziellen Ton an und wendet sich formell an Helene: „Gnädiges Fräulein haben gestern gekniffen. Der Herr Bruder waren ganz auf seine eigenen beschränkten Möglichkeiten angewiesen. An einem so schönen Maienabend so früh schon ins Nest zu kriechen – welch ein Verlust!"

Pauls Rede war ganz im Stil der jungen Gardeleutnants, die die Atmosphäre in der Stadt bestimmten und den der Sohn des Futtermeisters den Kavalleristen in Klein – Ziethen abgelauscht hatte.

Im Sommer wurden die Remontepferde gemustert. Es kamen Offiziere aus allen berittenen Regimentern zur Musterung: Husaren, Dragoner, Ulanen, Train, Artellerie, ein buntes Bild, das sich auf der Reitbahn und davor besonders entfaltete.

Allein die Tatsache, dass er auf dem Remonte - Depot groß geworden war, gab ihm den Mut, sich wie einer von ihnen zu fühlen.

Helene war Pauls Rede peinlich, und sie wartete darauf, dass die übrige Gesellschaft miteinander ins Gespräch kam, was auch bald geschah, sodass sie sich nun in etwas vertraulicherem Ton an ihren Tischnachbarn wenden konnte: „Ein Jammer, dass wir uns gestern verpasst haben. Ich hätte dich so gern allein gesprochen." Paul sah sie fragend an, und sie fuhr leise fort: „Denkst du noch an Kaisers Geburtstag?" Paul griff heimlich unter dem Tisch nach ihrer Hand, die sie in den Schoß gelegt hatte. Er drückte sie fest und blickte ihr dabei ebenso fest in die Augen. Helene seufzte leise und sah verschämt hinüber zu ihrem Bruder – aber niemand am Tisch schien auf die beiden zu achten.

„Fräulein Helene, wollen wir tanzen?" Paul hatte das betont laut gesagt, um sich aus der eigenen Verwirrung zu lösen. Freudig stand Helene auf und folgte ihm zur Tanzfläche. Er hielt sie sehr eng, und sie ließ es sich gern gefallen. Als der erste Tanz zu Ende war, spielte die Kapelle eine wilde Polka – und die beiden waren in ihrem Element. Helene trällerte die Melodie mit, und Paul unterstützte sie: „In Rixdorf ist Musike, da tanzt die schöne Rieke mit ihrem schmucken Bräutigam…"

Als sie einander atemlos gegenüber stehen, fragt Helene lachend: „Sag mal, bist du eigentlich mein Bräutigam?" Paul legt ihr den Arm um die Schulter, und – anstatt zu antworten – fragt er: „Möchtest du denn, dass ich dein Bräutigam bin?" „Paul", flüstert Helene eindringlich:

„du musst mich heiraten." Paul stutzt: „Liebst du mich denn so sehr, Lenchen?" „Ach, Paul, ich denke den ganzen Tag an dich, und nachts träume ich von dir und von der Laube und vom Orion. Es war eine so schöne Nacht – ich vergesse dich nie mehr." Paul sah sie zärtlich an, nahm sie bei der Hand und führte sie zurück zu den anderen.

Die Herren am Tisch hatten sich inzwischen in ein angeregtes Gespräch über Schutzzölle und Handelsschranken, Rohstoffe und Überseehandel vertieft. „Natürlich ist uns England um einiges voraus, wir können das ja nie mehr aufholen. Einen Salisbury brauchten wir, der unter der Neutralität eines Landes versteht, dass keiner dort stärkeren Einfluss haben darf als England. Bismarck, der Krautjunker, hat doch gar kein Verständnis für Handelsgeschäfte mit Übersee. Der raucht gut seine zehn Zigarren am Tag, fragt aber gar nicht, wie die auf seinen Tisch kommen." Es war Carl Schulz, der sich so ereiferte. Aber Paul Schwenn mischte sich sogleich ein, denn auch die Schwennschen Importe von Edelsteinen aus englischen und französischen Besitzungen litten unter der Abhängigkeit von überkommenen Handelsschranken. „Mit welcher Eleganz die Engländer die halbe Welt an sich bringen, hat man ja vor zwei Jahren in Ägypten gesehen: da meutern ein paar eingeborene Offiziere – und schon schickt die Krone ihre Flotte ins Mittelmeer, nimmt Alexandria unter Beschuss und besetzt das Land mit dem Argument, man müsse sich den Seeweg nach Indien sichern."

„Damit gehören nun auch die Schätze der Pharaonen den Briten, obwohl wir es waren, die sie vom Sand der Jahrtausende freigeschaufelt haben. Ohne den Professor Lepsius wüsste die Welt doch heute noch nicht, was sie von all den kolossalen Bauten halten soll", stimmte ihm Carl Schulz zu. Und Max Riegel unterstützte die beiden: "Wenn unsere Herren in den Orient fahren, so wird das nur eine romantische Reise ins Morgenland, die das Staatssäckel mit 100.000 Talern belastet, und am Ende hat man nichts als einen wissenschaftlichen Exkurs in Händen, wie der Brugsch ihn jetzt von der Visite des Prinzen vorgelegt hat." Helene langweilt das Gespräch. Ihr steht der Sinn nach ganz etwas Anderem. Brüsk steht sie auf und erklärt, sie wolle auf der Wiese Veilchen pflücken.

Kurz bevor Helene aus der Sichtweite der anderen entschwindet, erhebt sich Paul entschlossen, entschuldigt sich und folgt ihr ins Wäldchen am Seeufer. Als sie ihn kommen sieht, läuft Helene ein paar Schritte schneller, als wolle sie fliehen – aber Paul hat sie mit wenigen Sätzen eingeholt, greift sie um die Taille und drückt sie an sich. Helene sträubt sich, aber er zieht sie ins Gras und will sie küssen. Sie aber bangt um ihren Hut, denkt an Grasflecken in der Bluse und entwindet sich geschickt aus seinen Armen. „Paul, lass doch, mir wird ja ganz Angst. Man kann uns ja sehen." „Ach, Lenchen, keiner sieht uns, wir sind allein auf der Welt, nur du und ich." Helene widersetzt sich mit aller Kraft und hockt schließlich auf den Knien vor ihm im Gras, in welcher Position sie sich einigermaßen sicher fühlt. „Aber Lenchen, ich glaubte, du liebst mich." In Pauls Stimme schwingt Enttäuschung und Vorwurf. „Ja, Paul, gerade darum will ich mit dir reden. Ich muss dir ja etwas sagen, es ist etwas Wichtiges, was unsere Zukunft bestimmt: ich bin in der Hoffnung." Paul sah sie mit leerem Blick an. Er verstand nicht. „Weißt du, was das heißt? Wir bekommen ein Kind." Paul schüttelt energisch den Kopf. „Was du da redest! Doch nicht von dem einen Mal!" „Doch, an Kaisers Geburtstag, in der Laube, da muss es passiert sein. Es war aber auch so ein schöner Vollmond…" Helene wollte sich verträumt an ihn schmiegen, aber jetzt war es Paul, der von ihr abrückte. „Unsinn, das bildest du dir ein. Woher willst du das denn wissen?" „Aber das weiß man doch! Es sind jetzt vier Monate. Willst du, dass ich zum Arzt gehe?" „Natürlich musst du zum Arzt, wenn da was nicht in Ordnung ist. Oder sprich erstmal mit Clara, die wird sich da auskennen, die ist ja schließlich verheiratet." „Dazu muss man nicht verheiratet sein, um sich da auszukennen, kleiner Paul. Ich weiß schon, was da los ist. So alt bin ich schließlich."

Paul legte die Stirn in Falten. „Aber wir können doch jetzt nicht heiraten." „Warum denn nicht?" wollte Helene wissen. „Schließlich haben wir uns lieb und sind beide erwachsen." „Erwachsen schon, aber von was wollen wir denn leben und eine Wohnung bezahlen? Ich bin ja noch nicht einmal Teilhaber bei meinem Bruder und habe nur das bisschen Lohn von ihm, was kaum für mich alleine reicht. Und ich gebe nicht mal für das Zimmer was ab – nur ein bisschen Kostgeld. Ne, da sehe ich schwarz, Lenchen, da wird wohl nichts drauß."

Pauls Worte fielen wie schwere, kalte Regentropfen auf das sonnige Gemüt des jungen Mädchens. Für sie war alles so einfach gewesen, so klar, eine Fügung Gottes. Sie hatte sich ihrer und seiner sicher gefühlt. Sie wollte ihm ja helfen, wollte arbeiten, was brauchte man schon, wenn man jung und glücklich ist. Sie wagte nicht, ihm ihre Gedanken mitzuteilen; denn sie zweifelte plötzlich an seiner Zuneigung. Er saß fremd und abweisend neben ihr im Gras. War das der Paul von Kaisers Geburtstag?

Als Paul ihre Hand streichelte, erschrak sie ein wenig; sie löste sich nur langsam aus ihren Erinnerungen und versuchte, zurückzukehren auf die Waldwiese am Müggelsee.

„Sei mir nicht böse, Helene. Du musst das verstehen. Es ist ein großer Schritt, wenn man eine Familie gründen will. Ich muss erst mit Otto reden und vor allem mit meinen Eltern. Du hast es gut, du hast keinen Vater, vor dem du Angst haben musst. Hast du es denn schon jemandem erzählt?" „Noch nicht, aber meine Mutter heult sich die Augen aus, wenn sie erfährt, dass du mich mit einem Kind sitzen lässt." „Brauchst es ihr ja noch nicht zu sagen, hat ja noch Zeit. Wir müssen uns das gut durch den Kopf gehen lassen.."

Helene brauchte sich nichts durch den Kopf gehen zu lassen, schließlich hatte sie alles im Bauch, die Tatsache, mit der sie nun scheinbar allein fertig werden musste. Sie stand auf, die Sonne war gesunken und die Luft noch frisch in dieser Jahreszeit. Langsam und wie schleppend an der Last auf ihrer Seele ging sie zu den Terrassen zurück.

66

Paul folgte und versuchte den ganzen Weg über, ihr die Schwere seiner Situation zu verdeutlichen.

Für Helene folgten kummervolle Wochen, die sich zu Monaten türmten. Am liebsten hätte sie sich versteckt, in Pinnow vielleicht. Aber da war ihr Vater mit seiner neuen Frau und all den kleinen Kindern. Helene hätte wohl die Dienstmagd spielen müssen. Und Bromberg? Ihre Patentante, Frau Rastenburg, war tot. Sie könnte zu ihrer Schwester auf das Rittergut gehen, aber mit dem Amtsrat würde das nicht gehen. Er hält auf seinen Stand und die Ehre der Familie. Sie war ratlos, und die Zeit lief weiter.

Paul kam einige Male im Geschäft vorbei, aber die Gespräche blieben nichtssagend. Eines Tages kündigte er an, er werde nach Klein-Ziethen fahren, um mit seinem Vater zu sprechen. Otto habe ihm versprochen, ihn zum Teilhaber zu machen, sobald er 22 Jahre alt wäre und einen Teil des Geschäftskapitals übernehmen könnte. Nun wollte er seinen Vater bitten, ihm sein Erbe auszuzahlen.

Zu Hause hatte sich Helene zuerst ihrer Schwester Dorothea anvertraut, die es übernahm, die Mutter vorsichtig auf die Veränderungen im Hause Schulz vorzubereiten. Dorothea, dreißigjährig und unverheiratet, war eine ruhige, ernste junge Frau, die sich im Temperament sehr von der um neun Jahre jüngeren Schwester unterschied. Schon früh hatte sie durch den Tod des Vaters Verantwortung für die Familie mitgetragen, hatte der Mutter helfen müssen, die kleinen Geschwister und den Haushalt zu versorgen, wenn diese Kopf und Hände voller Näharbeit hatte.

Die Heimarbeit der Mutter war ein mühsamer Broterwerb, aber es gab schließlich keine andere Möglichkeit für eine ehrenhafte Frau in jener Zeit. Der Druck der untereinander konkurrierenden Frauen und Mädchen in diesem Erwerbszweig war groß; denn auch Töchter aus besser gestellten Bürgerhäusern waren bereit, durch Stickereien und andere Handarbeiten eine kleine materielle Freiheit von der häuslichen Abhängigkeit zu erringen.

Der Lohn für solche Arbeiten war niedrig genug. Fabrikarbeiterinnen und Tagelöhnerinnen auf dem Lande erhielten mehr, wurden aber auch stärker strapaziert und arbeiteten meist unter unhygienischen und ungesunden Bedingungen.

Frau Schulz hatte selbst die Veränderungen an ihrer jüngsten Tochter wahrgenommen: die Trauer, die sich auf ihre Züge gelegt hatte, die Scheu, mit der sie den Augen der Mutter auswich, das Lachen, das nicht mehr erklang und die Lieder, die zu singen sie vergaß. Helene war nicht mehr die alte, sie kam jetzt nach Geschäftsschluss immer früh nach Haus und fuhr auch sonntags nicht mehr mit Carl ins Grüne. Der Sommer kam, aber Helenes Gemüt blieb winterlich erstarrt.

Charlotte Schulz machte ihrer Tochter keine Vorwürfe, aber sie war ratlos, ja verzweifelt. Nicht die moralische Not allein, ihre Tochter als „gefallenes Mädchen" von der Familie und der missgünstigen Umgebung angeklagt zu sehen, sondern auch die materielle Not lastete schwer. Sie konnten nicht alle von Carls Geschäft leben, so lukrativ war es nun nicht. Und wahrscheinlich wollte Carl selbst eines Tages eine Familie haben.

Die frühen Sommerabende lang saß man bei geschlossenen Fenstern, um die Nachbarn nicht einzuweihen, und überlegte und beriet sich, was zu tun sei. Immer wieder kam man darauf zurück, dass Paul ja schließlich mit an der Verantwortung zu tragen hätte und Carl ihm das mal in allem Ernst klarmachen müsste. Aber Paul war ein unsicherer Kandidat, und ehe er nicht aus Klein-Ziethen zurück wäre, würde man gar nichts wissen. So drehte man sich im Kreise, bis Paul endlich aus der Provinz kam und den Besuch seiner Mutter ankündigte. Aus seinen etwas verlegen vorgebrachten Äußerungen konnte man entnehmen, dass es der Gattin des Futtermeisters darum ging, herauszufinden, ob das Mädchen, das vorgab in der Hoffnung zu sein, auch würdig war, von ihrem Sohn in den Heiligen Stand der Ehe erhoben zu werden. Als Helene das merkte, empörte sich ihr Stolz von neuem aufs äußerste, und sie erklärte energisch, dass ihre Mutter diese dünkelhafte Frau niemals empfangen dürfe.

„Mein liebes Kind!" besänftigte sie die Mutter, „das ist doch selbstverständlich, das hätte doch dein Vater auch getan, wenn er noch lebte. Der hätte sich den Paul längst vorgenommen und ihn auf Herz und Nieren geprüft. Schließlich spielt das eine große Rolle, in welcher Umgebung man groß geworden ist, aus welchem Stall einer kommt – so würde man wohl auf dem Remonte- Depot sagen. Aber wir brauchen uns da nicht zu verstecken. Wir werden der Prüfung der Frau Schwenn schon standhalten." „Sie wird staunen, Mamá, wenn sie hört, dass wir vom Grafen abstammen ", warf Dorothea eifrig ein. „Ach, die Geschichte lass man beiseite, Dorchen. Das ist ja man nur so 'ne Vermutung, die wir nicht beweisen können. Die Tatsachen reichen ganz aus." Frau Schulz blieb gelassen, denn die Schwenns waren ursprünglich auch in Pommern zu Haus, und sie hatte schon einige Erkundungen eingeholt: „Pauls Vater hat seine Kindheit auf der Domäne Neuhof bei Treptow an der Rega in Hinterpommern verbracht, wo sein Vater die Meierei bewirtschaftete. Dann wurde er Soldat und tat 12 Jahre lang Dienst bei den Ulanen in Demmin in Vorpommern. Sein Sohn Otto ist 1854 in Hohensalza in Posen geboren. Einige Jahre darauf wurde der Vater dann als Königlicher Futtermeister ins Osthavelland versetzt, wo Paul 1862 zur Welt kam."

Wilhelm Schwenn war pflichtbewusst, sehr dienstfeifrig und mit Leib und Seele Soldat. Ihm unterstanden etwa 90 bis 120 Pferde. Man erzählt von ihm, dass er während eines Gewitters stets auf dem Hofe stand, um die Pferde zu beruhigen oder einen Brand zu löschen, falls es einschlagen sollte. Aus den Erkundungen, die mein Onkel Horst, der jüngste Sohn von Georg und Charlotte, einholte, geht hervor, dass Wilhelm Schwenn sich seiner großen Verantwortung gegenüber der preußischen Armee bewusst war. Schließlich lag das Wohlergehen der Pferde in seiner Hand.

Die jungen Pferde wurden im Alter von etwa drei Jahren zumeist in Ostpreußen von einer Remonte - Kommission angekauft, die dem Kriegsministerium unterstand. Bevor sie zur Truppe kamen, wurden die Tiere ein Jahr lang in den 18 preußischen Depots für den Militärdienst vorbereitet. In täglichem straffem Training mussten sie an scharfe Kommandos, das Schwenken der Fahnen, an Trommelwirbel und Kriegslärm der Kavallerie gewöhnt werden, um Gebrüll und Geschützsalven im Kampfgetümmel auszuhalten.

Wir können annehmen, dass Vater Schwenn durch und durch königstreu war, denn es ist überliefert, dass er einen Bart trug, der dem seines Namensvetters Wilhelm I., König von Preußen, glich.

Mutter Wilhelmine stammte auch aus Pommern und galt als sehr fleißige und sparsame Hausfrau. Sie bewirtschaftete in Klein Ziethen einen Garten hinter dem Haus, in dem sie Beeren, frisches Gemüse, Kartoffeln und Salat zog. Auf der Streuobstwiese wachte unter Apfel- und Pflaumenbäumen ein stolzer Italiener - Hahn über seinen Harem aus fleißigen Legehennen, die reichlich Eier lieferten, mit denen Frau Schwenn bei jeder Gelegenheit ihre Kinder in der etwa 50 km entfernten Stadt versorgte. Überhaupt war Wilhelmine sehr auf das Wohl besonders ihrer Söhne bedacht, die sie eifersüchtig von Klein-Ziethen aus gegen den Einfluss durch ihre Schwiegertöchter beschützte. Dadurch lag sie in dauerndem Streit mit diesen, was auch Helene sehr bald zu spüren bekam.

Am letzten Sonntag im Juli kam Paul in Begleitung seiner Mutter morgens zur offiziellen Besuchszeit in die Buchholzer Straße. Er gab artig einen Blumenstrauß für die Dame des Hauses ab und überreichte Helene feierlich ein kleines Schmuckkästchen aus blauem Velour, das sie mit ungläubigem Blick öffnete. Als sie den breiten goldenen Reif mit drei verschiedenfarbigen Edelsteinen erblickte, war es wie Balsam auf die tiefe Wunde, die er ihr zugefügt hatte, und sie wurde versöhnlicher gestimmt. Endlich konnte sie sich als verlobt betrachten. Sie kredenzte den Gästen einen allzu süßen Portwein und Kekse, die sie selbst gebacken hatte und die von ihrer zukünftigen Schwiegermutter hoch gelobt wurden. Frau Schwenn war in großer Toilette mit ausladendem Florentiner Hut erschienen. Sie hatte sich damit wohl wappnen wollen für die Auseinandersetzung, die sie erwartet hatte; doch die von Natur aus feine Art der Witwe Schulz brachte auch Frau Schwenn bald auf einen natürlichen Ton: „Ja, mein Kind, mir wäre es ja lieber gewesen, wenn ihr beide noch etwas gewartet hättet und die schickliche Reihenfolge eingehalten hättet", wandte sie sich an Helene, „aber da Gott es nun einmal so gefügt hat, wollen mein Mann und ich Eurem Glück auch nicht im Wege stehen. Paul hat dich gern, und sobald er seinen 22. Geburtstag hat, zahlen wir ihm seine Einlage ins Geschäft ein…". Es folgten die sachlichen Erörterungen, die bei einer Eheschließung nun einmal unvermeidlich sind.

Der Tag der Hochzeit wurde für Mitte September festgesetzt, gleich nach Pauls Geburtstag am 13. 9. 1884. In den sechs Wochen, die bis dahin noch blieben, sollte sich Paul nach einer Wohnung umsehen und Helene mit Hilfe ihrer Mutter und ihrer Schwester an der Aussteuer arbeiten. Man trennte sich in allgemeinem Einvernehmen.

7. 1884 Hochzeit in St. Petri

Auf einer Bank im Grunewald
zu zweit im Regen sitzen
ist blöd. Mut, Mädchen! Schreibe bald!
Dein Paul
Joachim Ringelnatz

Obgleich ihr ein großer Stein vom Herzen gefallen war, gelang es
Helene nicht, die strahlende Braut zu spielen. Dorothea schien am
glücklichsten über die Wende, die die Dinge genommen hatten.
Eifrig begann sie zu planen und zu zählen: die Gäste, die Gläser, die
Wäschestücke, die Kinder, die Helene haben würde… „Hör bloß auf,
Dorchen. Das eine ist schon zu viel und hat mir Kummer gebracht,
ehe es auf der Welt ist." „So musst du nicht reden, Lenchen. Guck
mal, ich werde nie Kinder haben, da freue ich mich, wenn ich deine
Bälger schaukeln kann. Ich habe auch schon ein Hochzeitsgeschenk
für dich. Du bekommst meine Aussteuer, ich hab´s mit Mamá bespo-
chen. Ich brauche sie ja doch nicht, und sie läge nur rum und würde
gelb." Helene war gerührt und umarmte die Schwester mit Tränen in
den Augen.
Nun braucht ein Mädchen wie Helene Schulz, die einen „Kofmich"
aus der Provinz ehelicht, nicht unbedingt zwei Dutzend von jedem
Wäschestück. Aber durch Dorchens Großzügigkeit und die Unterstützung des Hauses Israel gelingt es, jeweils ein Dutzend Tischtücher,
Servietten, Laken, Überzüge, Kopfkissen, Leinentücher und Geschirr-
tücher zusammenzustellen. Die Handtücher sind aus Halbleinen
mit Chrysanthemen-Muster, Helenes einziger Wunsch nach Luxus.

Der Sommer geht vorbei, die Kornfelder sind abgeerntet, die Äpfel
hängen prall und rot an den Bäumen. Die Müggel - Terrassen haben
eine erfolgreiche Saison hinter sich, auch wenn Paul und Helene nicht
mehr dabei sind.

Paul findet eine Wohnung in der Neuen Grünstraße 20 zwischen Spittelmarkt und Fischerinsel, die zu den ältesten Straßen Berlins zählt und ihren Namen nach den grünen Wiesen erhielt, die sich am Ufer der Spree langzogen. Heute stehen dort schmucke Neubauten.
Helene näht mit der Mutter gemeinsam ein Hochzeitskleid, das den sich zeigenden Rundungen ihres Körpers Rechnung trägt und dafür Garantie bietet, dass sich den Gästen in der Kirche eben nichts zeigt. Das kostbare Material aus Berliner Seidenfabrikation hatte Helene mit Unterstützung ihres Petersburger Onkels im Kaufhaus Israel günstig erstanden.

Auf der ersten Hochzeit der Schulz-Kinder ist am 18. September 1884 die Familie zahlreich in der Berliner St.Petrikirche ganz in der Nähe des Schlosses vertreten. St. Petri war das Zentrum des mittelalterlichen Cölln und damit eine Keimzelle Berlins, der Nachbarstadt am gegenüberliegenden Ufer der Spree. Auf den Fundamenten befindet sich heute ein Archäologisches Besucherzentrum.
Onkel Ernst aus St. Petersburg übernimmt die Rolle des Brautvaters und führt die strahlend schöne Helene dem schmuck herausgeputzten Paul Schwenn zu, nicht ohne das feierliche Ereignis mit dem Kalauer „So wichtig wie die Braut zur Trauung ist Bullrichsalz für die Verdauung" zu kommentieren.
Helenes Tante Berta ist mit ihrem Gatten, dem Amtsrat Palm, aus Pommern angereist und bildet zu ihrem Bruder Ernst das Gegengewicht mit standesgemäßer Haltung nach Gutsherrinnen-Art. Trauzeugen sind Helenes Bruder Carl und sein Freund Max Riegel
Nach der Trauung streuen die Riegel–Kinder Blumen für den Brautzug. Dem glücklichen Brautpaar folgt die Brautmutter am Arm ihres Bruders Ernst, dann Wilhelmine und Wilhelm Schwenn aus der Brandenburgischen Provinz. Während Paul stattlich und hoch gewachsen ist, sind seine Eltern eher untersetzt. Vater Schwenn wirkt im festlichen Bratenrock und aufrecht ernster Haltung dennoch

würdevoll und schreitet hinter dem jungen Paar feierlich einher. Auch Pauls Bruder Otto Schwenn und seine Frau Clara machen eine gute Figur. Ihnen folgt Carl Schulz, in den sich seine Schwester Dorothea eingehakt hat, alle in festlicher Garderobe, wenn auch mit geringen Mitteln selbst fabriziert.

Der lange Brautzug verteilt sich auf die wartenden Droschken, um in den Festräumen von Oswald Nier, einem renommierten Weinlokal in der Wallstraße den Festtagsschmaus zu halten.

Da Helene nach der Hochzeit gleich in ihre Wohnung in der Neuen Grünstraße einzieht, haben die Nachbarn der Familie Schulz in der Buchholzer Straße fürs erste nichts zu tuscheln. Und selbst, als am Tag vor dem Heiligen Abend 1884 die kleine Käthe geboren wird, erfährt es niemand in der Buchholzer Straße, da Frau Schulz zu ihrer Jüngsten zieht, um dieser im Wochenbett beizustehen.

Paul hat sich Mühe gegeben und die Wohnung mit viel Pomp eingerichtet, vor allem den Salon mit schweren Portieren, großen Spiegeln, weichen Sesseln und dekorativen Palmen bestückt. Auch das Mädchen Jolande bringt er mit in die Ehe ein, weil es durch eine besonders ihm geltende Aufmerksamkeit und eine gewisse filigrane Anmut unentbehrlich für ihn geworden ist.

Helene genießt diese Entlastung und kann sich ganz ihren Mutterpflichten widmen. Für die Bewältigung der Wäsche bestellt man eine Wäscherin, die einmal in der Woche im Gemeinschaftskeller des Hauses Betttücher, Handtücher, Tischwäsche und Windeln für Stunden im großen Kessel einweicht und ihn dann tüchtig bis zum Kochen einheizt, anschließend mit Waschbrett, Soda und Chlor bearbeitet und die großen Stücke dann in der Kälte im Hof aufhängt, wo sie bald steif gefroren sind wie ein Brett.

8. 1885 Carl Schulz auf Freiersfüßen

Wie der Wind in Trauerweiden
Tönt des frommen Sängers Lied,
Wenn er auf die Lasterfreuden
in den großen Städten sieht.
Wilhelm Busch

Jetzt, da Carl seine Schwester versorgt weiß, geht auch er auf Braut-
schau und findet in der Tochter seines Geschäftspartners Carl Göldner, Besitzer einer Tintenfabrik, bald schon die passende Partie.
Neben Tinten hatte Carl Göldner eine Produktion von Siegellack und
Fischleim, *„so hieß das damals, was man heute von UHU hat, das ganze*
Klebezeug. Da hatte man früher so Flaschen mit Fischleim, den hatte man
für den Haushaltsgebrauch, und dann eben Tinte und Siegellack. Der wurde
früher sehr viel verwendet, vor allem von der Post.“ (aus den Erinnerungen von Hildegard Thomas, der ältesten Tochter von Carl Schulz).
Die Firma Carl Göldner war für die Post Hauptlieferant, und das war
ein einträgliches Geschäft, weil damals alle Wertpakete sorgfältig ver-
siegelt wurden. Auch privat verschloss man seine Briefe mit Siegellack, der über einer Kerze heiß gemacht wurde und flüssig auf die
Rückseite des Umschlags tropfte. In den warmen Lack presste man
mithilfe eines sogenannten Petschafts, einem Stempel z.B. aus ver-
ziertem Silber, seine Initialen oder auch das Familienwappen, so man
denn eines hatte. *„Als Zeichen, dass man eben Kultur hatte“*, so Tante
Hildegard; denn sie hatte Kultur. *„Mein Vater hatte wunderbare Doku-*
mente mit Familienwappen, aber das ist ja nun alles weg, … im Krieg
alles weggekommen.“
Für Carl und Ida scheint es Liebe auf den ersten Blick gewesen zu
sein. Carl schreibt in seinen Erinnerungen, er habe Ida schon nach
einer Stunde gemeinsamer Plauderei im Geschäft der Eltern zu einem
Frühstück am nächsten Sonntag in die Weinstube Oswald Nier in der
Jerusalemer Straße eingeladen.

„Bei diesem Zusammensein und bei dem am gleichen Tag folgenden Besuch war die gegenseitige Zuneigung so groß und so sicher, dass wir unsere Verlobung als selbstverständlich hielten und dafür den 27. September 1885 festsetzten. Nun war ich täglicher Gast der Familie Göldner, meine Braut musste mich doch erst recht kennenlernen, ich war keinen Augenblick im Zweifel an der richtigen Wahl meinerseits. Meine Schwiegereltern dagegen waren nicht so sehr überzeugt, jedenfalls musste ich vor meiner Verheiratung meinem Schwiegervater erst ein Gesundheitsattest beibringen, was ich prompt gemacht habe. Ich musste auch von meinem Vormund aus Bromberg eine Heiratserlaubnis haben, da ich noch vor meinem 24sten Geburtstag heiraten wollte.

Carl hatte sein Geschäft in Steglitz in der Fichtestraße, wo auch Paul Schwenn sich niedergelassen hatte.

„Die Verlobung wurde in Steglitz gefeiert, und ich war glücklicher Bräutigam, aber nur sechs Wochen, dann wurde ich am 12.11. 1885 Ehemann, Vormittag im Standesamt mit anschließendem Frühstück in der Waldemarstraße und Nachmittag kirchliche Trauung in der Thomas Kirche auf dem Mariannenplatz, wo meine Frau am 20. März 1882 durch Pfarrer Stieglitz auch konfirmiert wurde, mit anschließender Feier in den Festräumen von Oswald Nier in der Wallstraße.

Mein Hochzeitstag war ein Tag der Freude für mich, ich war glücklich und auch meine Frau war glücklich. Der Tag verlief fröhlich und harmonisch im Kreise der Familie und der Freunde. Unsere Hochzeitsreise war kurz und ging in einem schönen Kutschwagen von Berlin Wallstraße bis Steglitz Fichtestraße. Am Montag nach meiner Hochzeit nahm ich meine geschäftliche Tätigkeit wieder auf und weiß mich gut zu erinnern, wie dieser erste Tag besonders reich ausgefallen ist. Fast jeder Kunde hat, um mich zu erfreuen, mir auf irgendeinen Artikel einen Auftrag erteilt, sodass ich stolz erklären konnte, wenn es so bleibt, brauche ich keine Sorgen zu haben, auch wenn wir unsere Familie wachsen sehen würden.“

Tatsächlich brauchte Carl sich wenig Sorgen zu machen, denn er wurde ein äußerst angesehener und erfolgreicher Geschäftsmann. Schon bald nach seiner Hochzeit zog er aus Steglitz weg in das Haus seines Schwiegervaters, in die Britzer Straße 40.

Mit der räumlichen Entfernung einher ging auch eine innere Entfremdung von seiner Mutter und seinen Geschwistern, denn die Familie seiner Frau hielt Distanz zu der Witwe Schulz und ihren Töchtern.

Das Jahr 1892 brachte mich in den Mittelpunkt einer Wirtschaftsbewegung von einschneidender Bedeutung. Ich war damals ein ganz guter Redner und begriff auch die Erfodernisse der Zeit, sodass mich ganz Berlin kannte, meine Vorträge über die damalige Arbeitszeit hören wollte, natürlich nur, soweit die Kolonialwarenbranche betroffen wurde, mich sogar auch nun nach Leipzig zum gleichen Zweck führte und schließlich seinen Ausgangspunkt zu einer Petition an den Reichstag fand. Mein Antrag hatte dann auch den verlangten Erfolg, es wurde Gesetz, was ich erstrebt und bearbeitet habe. Die Möglichkeit, Personal für beliebige kurze Zeit einzustellen und beliebig zu entlassen, wurde durch Gesetz unmöglich gemacht, und als kürzeste Kündigungsfrist die vierwöchige festgelegt und zwar vom Ersten zum Ersten des folgenden Monats.

Carl Schulz jun. als Kaufmann in Berlin

9. 1885-1890 Familienfreuden und Kindersegen

In der Kneipe „Zum Südwester"
sitzt der Bruder mit der Schwester Hand in Hand.
Zwar der Bruder ist kein Bruder.
Doch die Schwester ist ein Luder!
Joachim Ringelnatz

Im Hause Schwenn feiert die kleine Käthe Weihnachten 1885 ihren ersten Geburtstag. Helene ist da schon wieder hoch schwanger und wird im Januar darauf von einer zweiten Tochter, Elfriede, entbunden. Paul ist enttäuscht. Er wartet sehnsüchtig auf den Stammhalter und lässt nicht gelten, wenn Helene während der Stillzeit um Zurückhaltung bittet. Sie möchte sich erholen und die Zeit mit dem Säugling in Ruhe verbringen. Aber bereits wenige Wochen nach der Entbindung ist Helene wieder schwanger. Sie fühlt sich müde und abgespannt, leidet am Morgen unter Übelkeit, wirkt elend und wird mager. Die Milch versiegt, sodass sie für Elfriede eine Amme bestellen muss. Der Sommer 1886 vergeht, ohne dass die Frauen hinaus ins Grüne kommen. Helene ist mit ihren kleinen Töchtern an die Wohnung gefesselt, während Paul die Sonntage zu Kremserfahrten mit Freunden nutzt.

Knapp zehn Monate nach Elfriedes Geburt wird in die ersten grauen Nebeltage hinein Helenes Tochter Charlotte am 1. November 1886 geboren, meine Großmutter. Jetzt haben die Schwenns drei kleine Mädchen, die ihnen Freude und Sorgen zugleich bereiten. Elfriede macht ihre ersten selbständigen Schritte, als sie im März 1887 mit gut einem Jahr an einer schweren Lungenentzündung erkrankt, die der kleine Körper nicht verkraftet. Helene wacht die Nächte an ihrem Bett, aber der Doktor macht ihr wenig Hoffnung. Elfriede stirbt, und Helene geht den schweren Gang zum Friedhof. Käthe vermisst ihre kleine Schwester und spielt nun traurig allein. Helene fürchtet um die Gesundheit ihrer Töchter und will sie aus der kleinen Wohnung in die Sonne bringen. In den ersten warmen Frühlingstagen spaziert die Mutter mit den Mädchen über den Gendarmenmarkt in die Wilhelmstraße bis zum Tiergarten, wo sie auf den Wiesen im frischen Grün herumlaufen können. Den Frühling spürt auch Paul, und bald ist Helene wieder in der Hoffnung. Im Februar 1888 wird dem Ehepaar Schwenn ein viertes Kind geboren. Der erste Sohn, Kurt, ist von zarter Gesundheit und wird die kalten Wintertage nicht überleben. Wieder legt Helene ihr Kind in ein kühles Grab. Paul Schwenn trauert um seinen Kronprinzen, auf den er große Hoffnung gesetzt hat. Er sollte einmal ein schneidiger Gardeoffizier werden und auf den rassigen Trakehnern des Remonte–Gestüts von Klein–Ziethen reiten.

Paul hofft auf den nächsten Sohn, während Helene nun zwei Gräber zu pflegen hat. Pauls Wunsch geht in Erfüllung, tatsächlich ist Helene bald wieder schwanger und wird an Käthes fünftem Geburtstag, am 23. 12. 1889, wieder von einem Sohn entbunden. Aber auch Alfred verlässt die Familie schon nach wenigen Tagen. So hat Helene in den fünf Jahren ihrer Ehe fünf Kinder zur Welt gebracht, von denen nur die beiden Töchter Käthe und Charlotte am Leben bleiben.

Für Helene war es ein Martyrium. Sie war hin und her geeilt zwischen Wochenbett, Krankenbett und Friedhof. Wenn sie glaubte, etwas Atem schöpfen zu können und die Ruhe oder ihre Kinder genießen wollte, meldete Paul seine ehelichen Ansprüche an. Regelmäßig am Sonnabend kommt der Gatte strahlend und erwartungsfroh nach Hause, umfängt seine Frau zärtlich, wo immer sie sich gerade zu schaffen macht, und flüstert: "Komm, Lenchen, baden", worauf er die zierliche Gestalt übermütig hochhebt und dem Luxus einer Zinkwanne in der Küche entgegen trägt. Helene ergreift zunehmend Angst vor den Feierabenden und den Wochenenden, weil sie Pauls Absicht kennt: „Er braucht mich ja nur anzugucken – und schon bin ich wieder in der Hoffnung!" Die Geschichten über Helenes Ehe sind vor allem von Gertraude, der Ehefrau von Reimer, überliefert. Ihr vertraute sich Helene im Alter an, als sie alle zusammen im Hopfengarten wohnten. Zu ihrer Tochter Charlotte und der Enkelin Hildegard war das Verhältnis distanziert.

Carl und Ida

In der Ehe von Ida und Carl Schulz geht es ruhiger zu. Es dauert ein-einhalb Jahre, bis sie die erste Tochter Erna im März 1887 bekommen. In seinen Erinnerungen schreibt Carl: *Wir waren glücklich und bauten Luftschlösser für unsere Zukunft. Richtiger wäre es gewesen, ich hätte alle mir gebotenen Gelegenheiten benutzt und mir ein Haus, da es ein Schloss nicht gleich zu sein brauchte, zu bauen. Ich wollte aber nun immer einen glatten Tisch haben und traute keinen unsicheren Zahlen. Die folgenden Tage, Wochen und Monate waren nunmehr erfüllt von den Wünschen für unsere Zukunft und von eifriger Arbeit für die Zukunft, allerdings auch von der Teilnahme an Vergnügungen aller Art.*
Eine zweite Tochter muss auch Ida begraben, bevor sie ein Jahr alt ist. Aber bald darauf wird 1890 eine weitere Tochter, Hildegard, geboren. Schließlich folgt im Februar 1892 endlich der lang ersehnte Stamm-halter Egon. Ein kleiner Nachkömmling, der sieben Jahre später das Licht der Welt erblickt, überlebt leider keine drei Monate. Von der Tochter Hildegard haben wir einen sehr anschaulichen Bericht über das Leben in der Familie von Carl Schulz:
„Mein Vater hatte als Lebensmittelkaufmann gelernt. Zum Drucken ist er dann dadurch gekommen, dass die Kaufleute ja Himbeersaft und Essig und solche Sachen in Fässern bezogen und nicht in Flaschen mit Etikett. Sie füllten selbst in die Flaschen ab, und da brauchten sie Etiketten, die hat mein Vater hergestellt. Als das Druckereigeschäft gut lief, sind wir mit Wohnung und Geschäft in die Alexandrinenstraße gezogen. Es wurden bunte Etiketten von irgendwoher fertig gekauft und dann mit dem Namen des Kaufmanns bedruckt, der die Flaschen abfüllte, also die ersten Anfänge der Reklame. Mein Vater hat bald noch eine große Schnellpresse gekauft, die kam dann ins Hinterhaus, das war schön gekachelt; denn es war das

Laboratorium einer Apotheke gewesen. Wir wohnten schön, richtig mitten in der Stadt und doch mit einem Garten. Rechts war eine Rasenfläche und ein Springbrunnen und eine große Kastanie, es gab auch noch einen Ahorn und eine Linde, mindestens vier richtig große Bäume. Dort habe ich mit meinen Eltern gelebt, bis ich geheiratet habe. Am Anfang gehörte bei uns auch noch ein Dienstmädchen zur Familie, aber als wir etwas größer waren,, dann nicht mehr. Meine Mutter mochte sich nicht so binden. Meine Mutter wollte ihre Freiheit haben.

In der Alexandrinenstraße war ein Milchgeschäft. Die hatten keine Butter, nur Milch und Quark. Den machten sie selbst, jeden Tag frisch. Das machte er auf einem Kuchenblech, das einen Rand hatte. Da wurde abends nach Ladenschluss die restliche Milch auf Bleche getan, es kam wohl auch etwas Ferment dazu, und bis zum Morgen wurde das dann sauer und dick und war weißer Käse. Den konnte man richtig im Stück verkaufen. Da stand im Laden eine offene Schüssel, und daraus wurde der Quark verkauft, lose in ein Stück Papier gewickelt.

Und im nächsten Haus war der Kaufmann, der einzige Kaufmann für die nächsten zwei Straßenkarrees, ein gutes altes Geschäft. Bei dem Kaufmann kauften wir eigentlich alles. An der Ecke war dann noch das Buttergeschäft von Manns. Da kauften wir Butter und Käse. Die hatten auch Holzformen, um einem die Butter schön zu formen. Wenn wir Besuch bekamen, bestellten wir die Butter immer in der Weintraubenform. Dann gab es auch noch Teebutter, die war ungesalzen und teurer. Sonst hatte Manns nur noch Käse.

Ich wurde eigentlich nicht zum Einkaufen geschickt, nur zum Schlachter. Da kann ich mich besinnen, dass ich manchmal ein oder zwei Aufschnittplatten bestellen musste, wenn abends Besuch kam. So richtig mit einem Zettel zum Einkaufen wurde ich wohl nicht geschickt, höchstens mal schnell etwas Einzelnes zu holen, was gerade fehlte. Weiter in den Straßen sind wir als Kinder eigentlich nicht herumgelaufen, auch nicht mit meinen Eltern. Wir Kinder waren oft allein.

Meine Eltern hatten abends auch häufig Besuch, keine feierlichen Einladungen, eben Bekannte oder langjährige Geschäftsfreunde. Und dann hatte es mein Vater immer schon geliebt, junge Leute um sich zu haben. Da wurde dann kein Riesenfestessen gemacht, aber etwas kompletter zusammen Abendbrot gegessen. Als warmes Essen machte meine Mutter gern richtig schönes Frikassee. Dafür hatte sie extra einen besonders großen flachen Topf, damit man gut umrühren konnte.

Aber auch Carl hat die Tage nicht etwa in Pantoffeln an der Seite seiner Ida verbracht. Seine Tochter Hildegard berichtet:

Mein Vater ging jeden Dienstag und jeden Freitag vormittags zu Kretschmer & Zingler. Das war eine bekannte Weinhandlung, die hatten eine Probierstube, und da hatte mein Vater seinen Kaffeeklatsch. Da verkehrten vor allem sehr viele Schauspieler. Da ging mein Vater so zwischen 10 und 11 Uhr hin und kam so vor zwei Uhr zurück, manchmal ganz schön angeheitert, und dann war der übrige Tag eben der Ruhe gewidmet.

Carl Schulz beteiligt sich an der Gründung eines Vereins „Germania", der den Gehilfen der Kolonialwaren-Branche Unterstützung bietet.

„Als Vorsitzender hatte ich auch die Pflicht für gesellige Zusammenkünfte in kleinem Rahmen wie auch für glanzvolle Feste Sorge zu tragen, so dass ich Gelegenheit hatte, mit meiner Frau zu prunken und zu glänzen, hielt ich sie doch immer für die schönste aller Damen auf den veranstalteten Festen und war auch der glänzendste Rahmen mir nicht zu prunkvoll für meine Frau.

Damit nährte er den Standesdünkel, der Ida in der Familie nachgesagt wurde. Jedes Jahr fuhr sie mit ihren Kindern in die Sommerfrische, was für die Schwenns nicht erschwinglich war. Carls Mutter blieb mit ihrer immer wieder schwangeren Tochter Helene und den Enkelinnen in der heißen Großstadt zurück.

Während Carl sich, neben seinen Geschäften und seiner Rolle als Ehemann und Familienvater, auch in dem von ihm mit gegründeten Verein „Germania", in der Berliner Liedertafel und auf sozialpolitischem Gebiet engagiert, ist von Paul die Rolle des Schürzenjägers überliefert.

10. 1890 Das Ende einer Ehe

Oh, Theophil, oh, Theophil, du warst mir alles auf der Welt!
Oh, Theophil, oh Theophil, warum hast du mich kaltgestellt?
Berliner Gassenhauer

Helene hat seit Kaisers Geburtstag keine Freude mehr an der Liebe.
Zu schwer musste sie büßen für das Glück, das sie damals empfun-
den hatte. Paul beschwert sich immer öfter: „Lenchen, du bist wie
ein Stock." Wie kann man als Frau lustvoll sein, wenn man an die
nächste Schwangerschaft, die Geburt und den möglichen Verlust des
kleinen Wesens denkt?

Auch Paul verliert unter diesen Umständen die Freude an seiner
Ehe und sucht immer öfter, sich anderswo schadlos zu halten. Mal
greift er sich Jolande in der Wäschekammer, wo ein kurzer Rausch
ihm Erleichterung verschafft, mal führt er eine Schöne aus der Polka-
Kneipe in die Laube, die er seit seinen Jünglingstagen als stilles Plätzchen für lauschige Schäferstündchen unterhält.
Als Helene eines Sommerabends in der Dämmerung ganz zufällig an
jener Laube vorüberkommt und in wehmütiger Erinnerung genauer
hinsieht, gewahrt sie dort ihren Paul und in seinen Armen eine junge
Dame. Helene zögert nicht, unter lauten Verwünschungen mithilfe
ihres mit Rüschen verzierten Sonnenschirms auf die freche Fremde
und ihren Galan einzudreschen.
Helene ist das zu viel. Sie verlangt die Scheidung. Ein unerhörtes
Ansinnen; denn die zivilrechtliche Trennung einer ehelichen Verbindung ist in Preußen erst seit 1875 überhaupt möglich und selbst
für Männer verbunden mit einer gesellschaftlichen Ächtung. Umso
ungewöhnlicher ist Helenes Entschluss, vor dem sie auch nicht
zurückschreckt, als ihr Bruder Carl ihr die Folgen einer sozialen Iso-
lation vorhält. Sie will sich lieber allein durchs Leben schlagen, als
Enttäuschungen und Erniedrigungen noch länger zu ertragen.

Als Paul von der Absicht seiner Frau erfährt, bekommt er einen Schreck, versucht eine Versöhnung, schwört Besserung und verspricht ihr indische Juwelen, wie sonst nur ein Maharadscha sie verschenke. Helene, die während seiner Treueschwüre in der Küche mit dem Abendbrot für die Töchter beschäftigt ist, wehrt seine Zärtlichkeiten barsch ab. Als er sie weiter mit seinen Umarmungen verfolgt, schlägt sie ihm kurzerhand die Bratpfanne auf den Kopf. Das ist auch für Paul das Ende seiner Ehe. Die Liebe zwischen ihm und Helene ist endgültig zerbrochen. Paul willigt in die Scheidung, nimmt alle Schuld auf sich und verspricht, für Käthe und Charlotte monatlich zu sorgen. Die Nachwelt berichtete dem Familienforscher folgendes über seinen Großvater:

Er führte einen ziemlich lockeren Lebenswandel und verkehrte viel mit anderen Frauen. Dies musste zur Scheidung der Ehe führen, die am 21. Mai 1890 ausgesprochen wurde. Er wurde für allein schuldig erklärt; die beiden noch überlebenden Kinder kamen zur Mutter. Am 22.2.1894 heiratete Paul Schwenn zum zweiten Mal und zwar die überaus reiche Helene Hillmann. Aus dieser Ehe stammen zwei weitere Kinder.

Nach einem reichlich ausgekosteten Leben starb Paul Schwenn im Jahr 1912 in Berlin.

Mit der Scheidung seiner Schwester zeichnet sich die Trennung der Lebenswege der Geschwister Schulz ab: in einen gesellschaftlich aufsteigenden Zweig, der unternehmerisch und sozialpolitisch in der Berliner Kaufmannswelt reussiert, und in die Gruppe der alleinstehenden Frauen: seine früh verwitwete Mutter Charlotte, seine unverheiratete Schwester Dorothea und seine geschiedene Schwester Helene. Obwohl Carl die auf seinem Erfolgswege zurückgebliebenen Frauen nach Kräften unterstützt, wird der Umgang immer oberflächlicher. In seinen Erinnerungen erwähnt er die Frauen nun nicht mehr. Mit seiner eigenen Familie und seinen Kindern haben die gesellschaftlich abseitsstehenden Frauen wenig Kontakt.

Carl macht die Besuche bei seiner Mutter und seinen Schwestern allein, ohne seine Frau. Für diese hält er die glanzvolle Seite des Lebens bereit: *Ich habe trotz aller Sparsamkeit für Theater und Konzerte im damaligen vornehmsten Konzerthaus Bilse, wo jetzt Tietz steht, Geld ausgegeben, weil ich es für nötig hielt und Bekannten gegenüber nicht zurückstehen wollte.*

Heinrich Zille, *In einer Berliner Kellerwohnung.* (Kohle, Feder, Deckweiß)

11. 1890 Helene als alleinerziehende Mutter

Helene denkt: „Das will ich nun
Auch ganz gewiss nicht wieder tun!"
Wilhelm Busch

Für Helene beginnt mit 26 Jahren ein neuer Lebensabschnitt. In stolzer Resignation lässt sie den Traum vom trauten Heim hinter sich. Aus dem traditionellen Muster eines Frauenlebens bricht sie früh aus mit dem Ziel, unabhängig und allein für sich und ihre Töchter zu sorgen. Käthe ist fünf Jahre alt, Charlotte drei Jahre. Ihr zur Seite stehen die Geschwister Carl und Dorothea, und auch ihre Mutter fügt sich in die Rolle, für die Enkelinnen Mutterpflichten zu übernehmen. Eine Aufgabe, die auch in den kommenden Generationen den Großmüttern unserer Familie immer wieder gestellt wird.

Carl Schulz lebt der Schwester vor, wie aufgeklärtes Denken in dieser Zeit der sozialen Umbrüche alle Schichten durchdringt.

Taufe von Margit Berger in der Villa Lankwitz

Helene geht den Weg, der ihr Selbständigkeit und Unabhängigkeit ermöglicht, sie aber auch aus der „besseren Gesellschaft" ausschließt, in der sich ihr Bruder bewegt. Carls Töchter und der Sohn Egon bleiben ihr Leben lang in Berlin. Hildegard heiratet den Geschäftsmann

Alexander Thomas und lebt in einer pompösen Villa in Lankwitz, Corneliusstraße 9. Für den Kauf seines Familiensitzes hatte sich Herr Thomas in der Familie Geld geliehen. Georg Winkelvoss stellte ihm einen Wechsel aus, den Alexander platzen ließ. [5]
Auch von Ernst Berger, dem Ehemann von Erna Schulz, lieh sich Alexander Geld, das er nie zurückzahlte. Ernst Berger musste es verkraften. Er war ein heiterer Mensch und wollte eigentlich Opernsänger werden, betrieb aber ganz seriös eine Druckerei und wohnte im Gässnerweg.

Helene spricht wieder im Kaufhaus Israel vor und holt sich Aufträge für Weißnäherei in Heimarbeit. Tag und Nacht sitzt sie an der Nähmaschine, um die Arbeiten für die kostbare Aussteuer der höheren Töchter termingerecht abzuliefern.
Ihre Mutter sorgt nicht nur für den Haushalt sondern auch für die Kleidung ihrer Töchter, die bald selbst tatkräftig mithelfen, wenn sie eine neue Schulschürze oder Bänder für ihre Strohhüte brauchen. Einen zaghaften Versuch zu neuer Liebe macht Helene, als sie von einem der Geschäftspartner ihres Bruders bedrängt wird. Man fährt gemeinsam ins Grüne. Der Herr lädt Helene zur Kremserfahrt ein und zeigt sich auch sonst spendabel. Als Helene ihn endlich zu sich nach Hause bittet, bringt er den Kindern Kuchenstücke mit.
Aber die Mädchen essen die süßen Sachen nicht so gern und bitten die Mutter verschämt um ein Butterbrot. Helene geht in die Küche. Der noble Herr nutzt die Gelegenheit, den Mädchen anzukündigen: "Na, wartet! Wenn ich erst Euer Vater bin, werde ich euch den Brotkorb höher hängen!"
Der Kavalier ward nie mehr in Helenes Gesellschaft gesehen. Sie geht ihren Weg allein weiter. Fleißig und unnahbar kämpft sie um ihre Existenz und die ihrer Töchter. Im Haus Israel ist man aufgeschlossen für ihre Situation. Die Besitzer folgen einem zeitgemäßen Betriebsethos, das sich den Mitarbeitern mit sozialer Verantwortung, ihrer

[5] Faksimile eines Briefes von Georg an seinen Sohn Reimer von 1929 am Ende des Buches

Fortbildung und sogar ihrer Altersversorgung in Form einer Betriebs-rente widmet.

Auch Carl Schulz folgt den Forderungen der Zeit. In seiner Branche schafft er Institutionen, die für Arbeitnehmer und Arbeitgeber glei-chermaßen segensreich sind. Er gründet eine Schule zur Fortbildung von Lehrlingen und für ausgelernte Handlungsgehilfen, sozusagen eine Berufsschule, *„was die Eifersucht des Chef-Vereins auf den Plan rief. Ich rief noch eine weitere Einrichtung ins Leben und zwar Zeugnisbücher, welche den Zweck haben sollten, eine erzieherische Wirkung auszulösen. Und alle guten Elemente der Angestellten kamen begeistert zu mir, aber auch die Prinzipale erkannten den Wert und meinen Willen, der ganzen Branche zu nützen, endlich voll an. Auch wurde ich gebeten, obwohl ich doch in erster Linie für die Angestellten wirkte und ein selbständiger Kolo-nialwarenhändler war, trotzdem Mitglied des Vereins „Berliner Kaufleute der Kolonialwarenbranche Berlin" zu werden."*

Seine Schwester Helene bekommt einen festen Arbeitsvertrag vom Hause Nathan Israel. Sie nimmt an einem Kurs für Englisch teil und liest in der hauseigenen Bibliothek die Tageszeitung

Zu Haus in der Buchholzer Straße verlässt sie sich ganz auf ihre Mut-ter, die sich liebevoll um ihre Töchter kümmert. Die Mädchen nennen die Großmutter zärtlich„Großchen" und wirken auf den Fotos dieser Tage brav und adrett in stets gleichen Kleidern und mit den gleichen Frisuren. Was an konsequenter Strenge nötig wird, bringt Helene in die Frauenwirtschaft ein. Vom Haus Israel wird sie für ihren treuen Fleiß belohnt und erhält sehr bald den Posten einer Direktrice in der Fertigungsabteilung.

12. 1898 Dar es Salaam-New York-Kapstadt

Wem Gott will rechte Gunst erweisen.,
Den schickt er in die weite Welt,
Dem will er seine Wunder weisen
In Berg und Wald und Strom und Feld.
Joseph von Eichendorff

Es sind die Jahre, in denen das Deutsche Reich seinen Platz an der Sonne sucht. So berichten die Zeitungen täglich über Handelsfaktoreien an den Küsten des Schwarzen Kontinents, die Schutz von der Regierung erwarten, damit sie den lokalen Konkurrenzkämpfen mit den Briten und den Überfällen der Eingeborenen nicht wehrlos ausgesetzt sind. Der Bremer Kaufmann Lüderitz importiert Palmöl aus Westafrika. Er sucht die Küste entlang nach einem Flecken, der noch nicht unter englischer Kontrolle steht. In Südwestafrika findet er den in der öden Bucht von Angra Pequena, die nach ihm benannt wird und in der am 7. August 1884 die deutsche Flagge gehisst wird.
Carl Peters erlebt in London die imperiale Kolonialbegeisterung der Briten. Mit seinem ererbten Vermögen erwirbt er Gebiete in Ostafrika. Die deutsch-britischen Verhandlungen über die endgültige Grenzziehung in Ost–Afrika, wo seit 1885 die von Carl Peters besetzten Gebiete unter dem Schutz des Deutschen Reiches stehen, sind endlich beendet und werden im Helgoland–Sansibar–Vertrag am 1. Juli 1890 besiegelt. Am 1. Januar 1891 wird an der ostafrikanischen Küste die deutsche Kriegsflagge gehisst und damit die Herrschaft des Deutschen Reiches proklamiert.
Eines Tages liest Helene am Schwarzen Brett bei Israel eine Anzeige, in der eine deutsche Direktrice für eine englische Textilfabrik in Ost-Afrika gesucht wird. Sie soll die Produktion von deutschen Fahnen leiten. Als hätte sie nur darauf gewartet, meldet sich die tatkräftige Frau Schwenn und bereitet schon bald ihre Reise nach Afrika vor. Sie weiß ziemlich genau, was sie erwartet und kann allen Unkenrufen vonseiten ihrer Familie mit guten Argumenten begegnen.

Sie näht sich ein paar luftige Kleider für die tropischen Temperaturen, erwirbt einige elegante Hüte als Sonnenschutz und nimmt Abschied von ihren Kindern, die sie ihrer Mutter anvertraut.

Helene Schwenn (rechts) vor der Abreise nach Dar es Salaam

1898 schifft sie sich mit der Ost-Afrika-Linie der Reederei Woermann
nach Dar es Salaam ein, um einheimische Frauen anzuleiten, Stoff-
bahnen in allen Breiten und Längen aneinander zu nähen.

1891 hatte das Deutsche Reich die Hauptstadt der erst im Vorjahr
gegründeten Kolonie von Bagamoyo nach Dar es Salaam verlegt, weil
dort das Hafenbecken tiefer ist. Die deutsche Mission, die seit 1868
in Bagamoyo aktiv war, zog ebenfalls nach Dar es Salaam, wo neue
Gebäude errichtet werden mussten, die noch heute das Stadtbild
prägen..

Helene wohnt bei den Missionsschwestern und macht mit ihnen einen
Ausflug auf die farbenprächtige und duftreiche Gewürzinsel Sansibar.
Die altorientalischen Häuser des arabischen Sultanats begeistern die
Besucher. Selbst die wenig romantisch veranlagte Helene lässt sich
verzaubern.

Am 26. Februar 1899 berichtet die „Deutsch-Ostafrikanische Zeitung" in ihrer ersten Ausgabe: „Noch vor wenigen Wochen lag eine
fieberhafte Spannung auf der ganzen Kolonie, bis der Telegraph in letzter
Stunde das erlösende: „Er kommt" brachte, und damit war die Sorge,
der Zweifel Aller beseitigt, welche sich darüber klar waren, was für die
Entwicklung unseres Schutzgebietes von der Rückkehr eines Mannes
abhing....."

Weiter heißt es: " Am Vormittag des 20. Februar traf der Gouverneur,
Generalmajor Liebert, begrüßt vom Donner der Kanonen, auf dem Reichspostdampfer „Kanzler" in dem Hafen unserer, in schönstem Festgewande
prangenden Stadt ein. Sämtliche Schiffe hatten ebenso wie der „Kanzler"
über die Toppen geflaggt, und alle Gebäude, auf denen ausnahmslos die
schwarz weiß rote Flagge wehte, waren mit dem freundlichen Grün riesi-
ger Palmenwedel geschmückt. Das Freiparterre vor dem Zollgebäude hatte
sich in einen wahren Fahnenwald verwandelt und von jedem Inderhaus, ja
selbst von der kleinsten Negerhütte wehten die deutschen Fahnen. Vor dem
Kasino hatten sich sämtliche Europäer der Kolonie ...eingefunden."

1998 Gebäude aus der deutschen Kolonialzeit in Dar es Salaam

Helene hat ihren Auftrag offensichtlich erfüllt und das koloniale Großereignis miterlebt. Doch nach eineinhalb Jahren läuft ihre Zeit am Indischen Ozean abrupt aus. In dem feuchten Klima wird sie von einer Mücke gestochen und erkrankt an Malaria. Voller Wehmut nimmt sie Abschied vom Palmenstrand, packt ihre Koffer und wartet auf den Dampfer der Woermann–Linie, um nach Deutschland zurückzukehren.

An Bord weist ihr der Stewart die Kabine an. Helene beginnt, sich häuslich einzurichten, als es an ihre Kabinentür klopft. Sie öffnet, und der Kapitän selbst steht vor ihr: „Ich habe Meldung erhalten, dass Sie an Malaria erkrankt sind. Unter diesen Umständen können wir die Verantwortung nicht übernehmen. Ich muss Sie leider bitten, von Bord zu gehen." Da hat er nicht mit der Entschlusskraft von Helene Schwenn gerechnet. Mit allem Mut baut sie sich vor dem Kapitän auf, kneift die fiebrigen Augen zusammen und erwidert mit fester Stimme:„Sie werden mich nicht von Bord schicken. Sonst springe ich lieber gleich ins Meer." Es hilft dem Kapitän nicht, dass er die Bestimmungen seiner Reederei zitiert. Helene appelliert an sein menschliches Mitgefühl, an seine Zivilcourage, eine einsame junge Frau nicht im wilden Osten Afrikas zurückzulassen. Der Kapitän gibt nach. [6]

Helene kehrt also nach Berlin zurück und lässt sich an der Charité behandeln. Von der Malaria wird sie geheilt, nicht aber von dem Bazillus der Freiheit. Sie hat tropische Luft geatmet, die Weiten der ostafrikanischen Landschaft erlebt und sich vom Rauschen des Ozeans in den Schlaf wiegen lassen. Sie ist endgültig infiziert und wartet auf die nächste Gelegenheit, sich erneut auf das Abenteuer Afrika einzulassen.

Nach Käthes 15. Geburtstag gehen die Schwestern im nächsten Frühjahr gemeinsam zur Konfirmation. Helene hat ihnen Kleider in dunklem Taft genäht. Ihre Haare tragen die Mädchen streng gescheitelt und zu langen Zöpfen geflochten, die sie fest um den Kopf legen. Zu diesem großen Ereignis kommt auch die Familie von Carl und Ida in die Kirche. Ihre drei Kinder Erna, Hildegard und Sohn Egon bestaunen ihre großen Cousinen, die sie kaum kennen. Zur Feier des Tages bringt Paul Schwenn jeder seiner Töchter einen kleinen Strauß Maiglöckchen und Veilchen – ein Duft, mit dem er die Töchter betört. Paul hat sich inzwischen wieder mit einer „guten Partie" versorgt und schwindet mehr und mehr aus Helenes Leben.

Die Mutter bestimmt jetzt, dass die Töchter nach der Grundschule weiter auf die Fröbelschule gehen, was von ihrer aufgeschlossenen, der modernen Entwicklung Rechnung tragenden Denkweise zeugt. Keineswegs erzieht sie die Töchter auf eine schnelle Eheschließung hin, hat sie doch selbst erfahren, wie bald sich die in Aussicht gestellte Versorgungssicherheit in Luft auflösen kann. Sie folgt dem fortschrittlichen Gedankengut und fördert die Emanzipation auch ihrer Töchter.

[6] Im deutschen Krankenhaus der Kolonie hatte Robert Koch 1897 bis 1898 an der Schlafkrankheit geforscht und seine Erkenntnisse zur Malaria erweitert. Ein deutscher Arzt zeigte mir hundert Jahre später bei meinem kurzen Besuch auf den Spuren meiner Urgroßmutter in Dar es Salaam mit Stolz das Mikroskop, an dem Robert Koch gearbeitet hat.

Charlottes Poesiealbum zeigt einige Eintragungen von Lehrern und Mitschülerinnen in den Jahren 1897-1902.
Zwei Dinge lern` geduldig tragen:
Dein eigen Leid, der andern Klagen.
Dieses schrieb Ihnen zum freundlichen Angedenken Ihre Mitschülerin
Johanna Schneider
28./4.1902

Friedrich Fröbel war von Pestalozzi beeinflusst und selbst ein erfolgreicher Reformpädagoge, der in der ersten Hälfte des 19. Jh. die Notwendigkeit erkannte, Kleinkinder aus den kirchlichen Bewahranstalten zu befreien und ihnen eine liebevolle Zuwendung in öffentlichen Einrichtungen zukommen zu lassen, weil die Mütter mehr und mehr in den Produktionsprozess eingespannt wurden. In dieser angesehenen Institution für Frauenbildung erhalten die Schwenn-Mädchen eine Ausbildung zur Erzieherin. Sie lernen, wie sie Kinder mit Liedern, Spielen, Malen und Bastelarbeiten beschäftigen und zu einer freien Entfaltung ihrer Anlagen führen können. Als Enkelin erinnere ich mich an ein noch in Magdeburg sorgsam gehütetes Schulheft meiner Großmutter, in das viele Faltarbeiten aus buntem Papier eingeklebt waren, die das Heft dick und geheimnisvoll machten. Auf diese Weise kam auch ich in der Mitte des 20. Jh. noch in den Genuss der Reformpädagogik aus dem 19. Jahrhundert.
Die damals in Deutschland ausgebildeten Erzieherinnen verbreiten die Idee moderner Kindergärten auch im Ausland, indem sie in aller Herren Länder auswandern und als Gouvernanten neben Engländerinnen und Französinnen treten. Das Wort „Kindergarden" hat sich international mit der Institution erhalten. Als Frau Schwenn eines Tages von ihrem Chef Berthold Israel in sein Büro bestellt wird, rechnet Helene mit einer Lohnerhöhung; denn sie ist sich ihrer guten Arbeit bewusst. Aber der Chef hat ein ganz anderes Angebot für sie. Ein Freund von ihm, der Weinhändler Kramer, will mt seiner Familie

eine Reise nach Amerika und dann nach Afrika machen, um aus Kapstadt Weine zu importieren. Für diese Weltreise sucht er eine Kinderfrau für die kleine Tochter Gwendoline. Helene hat zwar von ihren Töchtern etwas über Froebels revolutionierende Ideen zur Kindererziehung gehört, aber so ganz viel pädagogische Erfahrung kann sie nicht anbieten – es sei denn ihre wohlgeratenen Töchter. Der Familie Kramer geht es nicht um eine Lehrerin; denn Gwendoline ist erst drei Jahre alt. Vielmehr braucht sie Unterstützung, wenn sich die Familie auf Reisen befindet. Dafür sucht man eine zuverlässige Begleitung, die sich eine Weltreise zutraut. Berthold Israel schätzt die energische Frau Schwenn und hält sie für die Richtige.

Helene erbittet sich Bedenkzeit, um mit ihrer Mutter den Plan zu besprechen. Sie fragt auch ihren Bruder Carl um Rat. Am Ende fasst sie den Entschluss, das Angebot anzunehmen. Sie sieht es als Chance, aus dem täglichen Existenzkampf herauszukommen und freut sich darauf, weitere Teile von Afrika zu sehen. In das Poesiealbum ihrer Tochter Charlotte schreibt sie am 3.Mai 1900:

Zwar scheid ich früh, doch ohne Klagen.
Ich kann ja mit der Hoffnung geh´n,
dass wir in nicht zu vielen Tagen
uns froh und glücklich wiederseh`n.
Behalt mich stets im Angedenken,
wie ich`s, geliebte Tochter, tu.
Und bis zum Wiederseh`n mag schenken
der liebe Gott uns Glück und Ruh.

Also begleitet Helene die jüdische Familie Kramer, die als wohlhabende Weinhändler einen gehobenen Lebensstil pflegt, auf ihren Reisen in europäische Badeorte und auf Schiffsreisen bis nach Amerika und Afrika.

Stolz erzählte sie ihren Urenkeln später, dass sie vier Kontinente gesehen habe, und konnte ihnen noch am Ende ihres Lebens Postkarten

und kleine Andenken an diese
Reisen zeigen. Besonders stolz
war sie auf ein silbernes Zigarettenetui mit einer Widmung zur
Erinnerung an Gwendoline, was
als Indiz dafür gelten kann, dass
Helene rauchte.

Die Familie Kramer reist mit
dem Kinderfräulein Helene in
der 1. Klasse nach New York,

Zigarettenetui: *From Baby Gwendoline to H. S.*

dann wieder zurück nach Europa. Später durch den Suez–Kanal mit
Blick nach Asien und vorbei an Deutsch-Ostafrika weiter nach Kapstadt, wo der Weinhändler einkauft für seine Kunden in Berlin.

Das schön gelegene Kapstadt gefällt Helene. Es lebt sich gut am Fuße
des Tafelbergs. Eine internationale Gesellschaft von Unternehmern
und Abenteurern findet ihr Glück in der aufstrebenden britischen
Kolonie. Als die Kramers wieder zurück nach Deutschland reisen,
bleibt Helene in Kapstadt und beschließt, ihre Töchter nachkommen
zu lassen. Die deutsche Regierung unterstützt die Auswanderung von
Frauen im heiratsfähigen Alter, um in den Kolonien gesittete Verhältnisse zu wahren.

Käthe hat die Fröbelschule beendet, Charlotte macht die letzten
Prüfungen. 1904 erhalten die Mädchen einen Scheck von der Mut-
ter, um sich für die Überfahrt einzukleiden und die Schiffspassage zu
bezahlen. Aber die Kleider – nach neuester Mode und in erlesenem
Material – verschlingen die ganze Summe, sodass Helene für die
Schiffskarten noch einmal einen Scheck schickt.

Charlottes Poesiealbum zeugt vom Abschiednehmen in Berlin. Die
Großmama Charlotte Wienke, die die Mädchen während der Abwesenheit der Mutter erzogen hat, schreibt am 22.Febuar 1904:

Auf des Lebens kurze Reise   *Sei uns Mut das Losungswort.*
Nur durch Mut gelangt der Weise   *zu dem Stürme sichern Port.*

Auch Carl Schulz als Onkel und seine Schwester „Tante Dorchen"
sowie die Cousinen Erna und Hildegard Schulz sind hier verewigt.
Anfang März 1904 besteigen Käthe und Charlotte Schwenn in Bre-
merhaven den Reichspostdampfer „Kurfürst" des Norddeutschen
Lloyd. Die Mädchen, Käthe 19 Jahre, Charlotte 17 Jahre alt, scheinen
eine unterhaltsame Reise gehabt zu haben; denn die Eintragungen
im Poesiealbum reichen vom IV. bis zum I. Offizier, hin zu mehreren
männlichen „Reisebekanntschaften". Es ist viel von Liebe, Treue und
Gott die Rede.
Besonders markant ist die Schrift des II. Offiziers in schwarzer Tinte
und dazu die markigen Worte:
L`honneur pour moi!
Ma vie au roi!
Mon ceour aux dames!
À Dieu mon ame!

Amüsant äußert sich Carl Haupt am 15.3.1904:
Wenn alle Esel lernen Flöte blasen
und die Schnecken laufen wie die Hasen,
wenn die Frösche fröhlich schrein, dann hör` auf,
meine Freundin zu sein.
Am Ende der Reise schreibt einer mit sehr viel Herzblut:
Gunst, die kehrt sich nach dem Glücke;
Geld und Reichtum, das zerstäubt;
Schönheit läßt uns bald zurücke;
Ein getreues Herze bleibt.
Mein liebes kleines Mägdelein
Die Reis`ist nun dahin,
Im sich`ren Hafen bringe ein
Ich, der so gut dir bin.
Zur herzlichen Erinnerung an Otto Weiß, Maschinist.
a.B.R.P.D. „Kurfürst" Auf See, den 20.März 1904.

13. 1900 GEORG WINKELVOSS

Knipp und Grünkohl
an der Weser hellem Strande.
Bremer Spezialitäten

Im Kontor der Fa. Johann Karl Vietor im Bremer Afrikahaus arbeitet im Jahr 1900 der junge Georg Winkelvoss. Er teilt sich das Großraumbüro mit 10-12 Angestellten, die damit beschäftigt sind, die Importe aus den afrikanischen Faktoreien der Vietors an der Goldküste, in Togo, Kamerun und Lagos zu überprüfen und in die Geschäftsbücher einzutragen. Sie verbuchen Gewinne und Verluste und verzeichnen auch die Exporte, die auf den Seglern der Vietors entlang der Schlachte in die entlegenen Niederlassungen des schwarzen Kontinents gelangen. Es sind vor allem Branntweinfässer (30 % des gesamten Exports), Tabak und Waffen, die von den Häuptlingen der Stämme geordert werden. Als Importe kommen Palmöl und Palmkerne sowie andere agrarische Produkte nach Bremen.

Nach Büroschluss geht Winkelvoss an einem späten Februar Abend mit hochgeschlagenem Mantelkragen und tief in die Stirn gedrücktem Hut am nebligen Weserufer die Schlachte entlang in Richtung Ostertor. Auf der Weser liegen kleinere Boote, die die Kontorflagge der Vietors tragen. Winkelvoss grüßt die Lagerarbeiter, die die exotische Fracht löschen.

Ein Seemann wird von Sanitätern von Bord getragen. Winkelvoss erkundigt sich bei den Arbeitern, was denn passiert sei. „Malaria" ist die kurze Antwort. Winkelvoss verwickelt die Arbeiter noch in ein kurzes Gespräch über die dunkel lockende Welt da draußen. Auf der Höhe Steintor biegt Winkelvoss ab und erreicht seine Wohnung.

Am Sonntag geht Georg durch die Contrescarpe zum Bremer Markt, am Roland vorbei in den Schütting. Auf beiden ist der Doppeladler des alten Heiligen Römischen Reiches zu sehen.

In der Bibliothek des Schütting lässt er sich die Bücher von Gerhard Rohlfs und Gustav Nachtigal geben. Er ist vertieft in die Lektüre, als Heinrich Vogelsang dazukommt, ihm über die Schulter schaut und ihn in ein Gespräch verwickelt. „Sie interessieren sich für Afrika?" Winkelvoss steht auf und begrüßt sehr korrekt den bekannten Afrika-Reisenden.

„Moin, Herr Konsul. Naja, wenn man täglich die Schiffspapiere und Fakturen in der Hand hat, weckt das die Phantasie." „Ja, Nachtigal und Rohlfs - das waren mutige Männer, die hatten Visionen." „Genau wie Lüderitz, für den Sie ja tätig waren, Herr Vogelsang." „Ja, Lüderitz war ein Abenteurer. Statt sich nach seinen Sturm- und Drangjahren in Mexiko und Lagos in die Familienidylle zurückzuziehen, musste er wieder raus. Es drängte ihn immer wieder zu neuen Ufern, er wollte alle Grenzen sprengen." „Er hat viel erreicht. Nur schade, dass er am Ende an seinem Mitarbeiter gescheitert ist. Der hatte leider nicht Ihr Format." „Na, junger Mann, vielleicht haben Sie ja Format. Wann soll`s denn losgehen?" „Ach, nicht dran zu denken. Vorläufig sitze ich noch im Büro und baue nur Luftschlösser." Vogelsang geht an einen Schrank und holt eine Karte, die er vor Winkelvoss ausbreitet.

„Hier haben Sie den Schwarzen Kontinent, der es uns allen angetan hat. Ich war ja schon mit 18 draußen für Vietor am Kap. Und als Lüderitz mich schickte, war ich ungefähr so alt wie Sie: 21."

„Aber warum ausgerechnet Angra Pequena? Das soll doch ein trostloses Stück Land sein, ohne Baum und Strauch, nur Sand, Sand, Sand…"

„Die Frage war: Wo sind die Engländer noch nicht? Wir haben nach einer günstigen Bucht gesucht, in der noch keine englische Flagge wehte. Sehen Sie sich die Karte an. Keine weißen Stellen, weder an der West- noch an der Ostküste. Die besten Buchten rund um den Kontinent von England in Besitz genommen! Auf älteren Karten ist sogar Angra Pequena als englisch eingezeichnet. Glücklicherweise war das falsch."

„Dann war die Auswahl nicht groß."

„Nein, und Lüderitz wollte einen Platz, an dem Deutsche auch leben können, ohne von Malaria heimgesucht zu werden."

„Und die Malariamücke gibt es in der Wüste nicht."

„Eben. Darum war Angra Pequena gar nicht so schlecht. Die Luft ist trocken und durch die Benguela - Strömung auch oft angenehm kühl.."

„Es soll ja manchmal richtig kalt und neblig sein wie hier bei uns."

„Ja, aber ohne Regen, der durch die Meeresströmung ferngehalten wird. Wir haben zwischen dem 26. und dem 29. Breitengrad gesucht und erst die Bucht und später dann die Küste zwischen dem Oranje – Fluss und dem 26. Breitengrad vom Nama-Häuptling Josef Frederick gekauft." „In welcher Währung haben Sie bezahlt?"

„In englischen Pfund: insgesamt 600 Pfund Sterling und 260 Gewehre." „Was haben die Engländer gesagt?"

„Oh, erstmal gar nichts, weil sie nichts gemerkt haben. Das Ganze musste in größter Geheimhaltung passieren. Ich bin auf der „Tilly", die Lüderitz gehörte, voll gepackt mit Waffen und Munition in tiefster Heimlichkeit von Kapstadt losgesegelt und hatte den englischen Behörden beim Ausklarieren einen ganz anderen Bestimmungsort angegeben. Wir hatten einfach Angst, dass die Engländer ein Kriegsschiff schicken würden, wenn sie meine Mission durchschaut hätten. Dann wäre auch in Fort Vogelsang die englische Flagge gehisst worden."

„Fantastisch!"

„Und ehe irgendwas publik wurde, hatte ich einen Kaufvertrag in der Tasche, der wasserdicht war - im Gegensatz zu vielem, was die Engländer vorlegen konnten. Sie beriefen sich immer nur auf den Anspruch, ganz Afrika für sich zu okkupieren."

Winkelvoss guckt auf die Taschenuhr, entschuldigt sich bei Vogelsang: „Leider muss ich die interessante Unterhaltung mit Ihnen unterbrechen – aber ich habe zugesagt, mich mit einigen Freunden im Ratskeller zu treffen. Haben Sie Lust, mit uns zu essen?"

Vogelsang und Winkelvoss gehen über den Bremer Marktplatz zum Rathaus. Im Ratskeller werden sie von einer Gruppe junger Angestellter der Fa. Vietor erwartet. Vogelsang wird ehrerbietig begrüßt – und das Gespräch dreht sich nur um Kolonialpolitik.

„Wie sieht`s aus, Herr Vogelsang? Alles ruhig in Afrika?"

Vogelsang: „Im Augenblick schon."

„Was wollen wir eigentlich da unten? Afrika ist nur was für Abenteurer, die keine Bindung an ihre Heimat haben. Lüderitz hätte doch auch hier glücklich sein können. Warum musste er sich noch einmal mit den Buren einlassen? Jetzt ist seine Frau Witwe und seine Kinder Waisen." „Warum soll Deutschland zurückstehen? Unsere Industrie profitiert stark von den Kolonien. Der Eisenbahnbau bringt enorme Gewinne." „Die Pfaffen stecken dahinter. Die meinen, sie müssten den Naturvölkern unsere Sitten bringen und sie mores lehren."

„Die Missionare haben doch gegen den Sklavenhandel gekämpft und Vietor auch."

Vogelsang:„Die Mission ist schon in Ordnung. Da unten ging`s ja Jahrhunderte lang drunter und drüber." „Der Kaufmann muss vorangehen – gut und schön. Aber wir brauchen mehr Schutz vor den Engländern. Sie lassen uns nicht in Ruhe und fürchten unsere Konkurrenz." „Schon vor 20 Jahren hat sich Frankreich Tunis und England Ägypten angeeignet. Unsere Nachbarn haben ja einen richtigen Wettlauf um jeden Landstrich entfesselt."

„Die beiden waren im Annexionsfieber. Hat man uns gefragt oder gar die Völker, die es betrifft?"

Vogelsang: „Ach, die Schwarzen haben mitgespielt. Die hatten doch manchmal 2 oder 3 unterschiedliche Nationalflaggen. Und je nachdem, wer sich an der Küste zeigte, dessen Fahne wurde hochgehalten."

„Lüderitz` Niederlassung in Lagos ist kaputt gegangen, weil England sich nicht gekümmert hat. Bismarck hat abgewartet und erst gehandelt, als Lüderitz sich in Süd-West eingekauft hatte."

„Es hat lange gedauert, bis der Kanzler endlich die Nase voll hatte von der englischen Arroganz."

Vogelsang: „Besonders die intriganten Winkelzüge des Kolonialministers Derby haben ihn empört." „Bismarck hat aber auch gemeint, dass wir eher von England lernen können als England von uns."

„Na, die haben ja auch die längere Erfahrung." „Inzwischen stellt England Anspruch auf ganz Afrika. Von Kairo bis zum Kap. Warum ist Berlin so zögerlich? Immer nimmt man nur Rücksicht auf die anderen. Unsere Schutztruppe muss verstärkt werden. Sie soll uns nicht vor den Eingeborenen schützen, die treiben gern Handel mit uns. Die Truppe muss den Engländern Respekt einflößen."

Vogelsang erzählt: „Als wir unsere Flagge in Angra Pequena gehisst haben, tauchte tatsächlich ein englisches Kriegsschiff aus dem Nebel vor der Bucht auf. Der Käptn kam an Land und fragte unwirsch, warum wir den Mast mit der englischen Fahne kaputt gemacht hätten. Ich antwortete ganz freundlich, was er denn sagen würde, wenn man in seinem Garten die Fahne einer anderen Nation hissen würde. Er lächelte genauso freundlich zurück, zeigte Verständnis und lud uns alle zum Dinner auf sein Schiff ein."[6] „Na, geht doch."

Winkelvoss: „Ich dachte, Angra Pequena war noch nicht in englischem Besitz?"

„Eben. Auf einer der Inseln vor der Küste lebt aber ein Engländer, Mr. Spence. Der hatte seine Leute alarmiert, als er uns sah. Und auf typisch englische Art wollten sie die Bucht in Besitz nehmen, einfach so. Wir hatten aber unsere Kaufverträge in der Tasche – dagegen waren sie machtlos. Sie haben uns sogar verspottet, dass wir uns eine so erbärmliche Gegend ausgesucht hatten."

An einem Wochenende im Frühling ist Georg mit Freunden beim Tanztee in einem Landgasthaus in Lilienthal. Er tanzt immer wieder mit Dora Voßhage, einer kleinen Blonden, nicht besonders perfekt, aber er gibt sich Mühe und versucht, sie gut zu unterhalten. Schließlich lädt er sie zur Waldmeister-Bowle ein.

Am Abend auf dem Nachhauseweg im Pferdewagen erhebt sich ein kühler Wind. Da Georg nur im hellen Anzug ohne Überzieher ist, wird ihm kalt, obwohl er die junge Dame Dora im Arm hält.

Am Montag steht Winkelvoss am Pult, hustet, niest und friert. Der Kontorvorsteher ist besorgt: „Na, wo haben Sie sich denn rumgetrieben? Legen Sie sich man lieber ins Bett. Sie müssen uns ja nicht alle noch anstecken."

Zu Haus legt sich Winkelvoss aufs Sofa. Seine Wirtin bringt ihm heiße Milch mit Honig und eine weitere Wolldecke.

„Ich habe nach Dr. Kuhn geschickt". Georg wehrt mit heiserer Stimme ab: „Ach, halb so schlimm." Er wird von heftigem Husten unterbrochen. Es klingelt. Die Wirtin lässt den Arzt rein. Dieser untersucht Georg und stellt eine schwere Lungenentzündung fest. Widerwillig erklärt sich der bereit, für einige Wochen zu Haus zu bleiben.

„Sie sollten ein trockeneres Klima aufsuchen.", empfiehlt der Arzt. „Sonst könnten Sie eine Tbc davontragen."

Winkelvoss beginnt während seiner Krankheit, Englisch zu lernen. Vogelsang schickt ihm einen jungen Kaufmann, der gerade aus Kapstadt zurück ist. Mit ihm kann er Konversation üben.

Vogelsang selbst besucht Georg zu Haus und bringt ihm die Schrift „Afrika. Schilderungen und Ratschläge zur Vorbereitung für den Aufenthalt und den Dienst in den deutschen Schutzgebieten" von Herrmann von Wissmann (1895).

„Hier können Sie sehen, was Sie erwartet. Ich höre, Sie haben bei Vietor gekündigt und wollen nach Südafrika auswandern." Winkelvoss bedankt sich und erklärt: " Ich habe eine Anfrage an das Kaiserliche Generalkonsulat in Kapstadt gestellt, ob man Verwendung für mich hat. Auf die Antwort warte ich noch." „Ich wünsche Ihnen Glück und würde am liebsten auch noch mal mitkommen." Im Spätsommer 1900 geht Georg Winkelvoss in Hamburg an Bord der Woermann Linie. In seinem Gepäck hat er ein Empfehlungsschreiben von Heinrich Vogelsang an den deutschen Generalkonsul in Kapstadt.

14. 1900 Sodom und Gomorra in der Kapkolonie

Helene empfängt ihre Töchter im Hafen von Kapstadt. Sie hatte
ihnen Stellungen als Erzieherinnen besorgt und sie bei europäischen
Familien untergebracht.

1904 Charlotte und Käthe Schwenn in Kapstadt

Mehr wissen wir nicht. Es gibt leider keine Briefe in die Heimat aus
dieser Zeit. Aber über die Zustände in der Stadt gibt ein Bericht von
Georg Winkelvoss Auskunft:
*Während des Burenkrieges 1900 bis 1902 war ich in Kapstadt auf dem
Deutschen Generalkonsulat beschäftigt und habe dort viel Interessantes*

erlebt. Kapstadt war zu damaliger Zeit als Haupteinfuhrhafen der aus aller Welt kommenden englischen Truppen und als Hauptstützpunkt der englischen militärischen Operationen gegen die Buren plötzlich ein sehr lebhafter Geschäftsplatz geworden. Überall tauchten neue Geschäfte auf, um die Konjunktur möglichst auszunutzen. In den vielen Bars ging es lebhaft zu von früh bis spät; denn die Soldaten brachten großen Durst mit, der sich hauptsächlich auf Whisky-Soda, Brandy-Soda und dergleichen starke Getränke bezog. Diese Truppen waren größtenteils angeworben, Abenteurer aus aller Welt – eine z.T. sehr tapfere, ja verwegene Soldateska, deren Moral aber nicht sehr hoch stand. Dazu kamen noch die vielen Matrosen von den immer zahlreich im Hafen liegenden Schiffen aller Nationalitäten und die von überall her zuströmenden Einwanderer, die als Händler oder dergleichen die günstige Gelegenheit ausbeuten wollten; unter den letzteren waren viele polnisch-galizische Juden, die damals mit einem Bauchladen sich etablierten und durch Fleiß und Sparsamkeit, natürlich auch durch eine gehörige Portion Geschäftssinn, die anderen Europäern in diesem Maße nicht gegeben ist, den Grund legten zu großen Vermögen, das sie heute an der schönen Tafelbucht als britische Untertanen und angesehene Handelsherren genießen.

Kurzum: Kapstadt gleicht damals Sodom und Gomorra, ein richtiges Sündenbabel! Von „Sachkennern" wurde immer behauptet, dass höchstens San Franzisco an Wildheit mit Kapstadt verglichen werden könne. Unter den zuströmenden Abenteurern waren natürlich auch viele berufsmäßige Verbrecher: Hochstapler, Schwindler, Taschendiebe u. ä., nicht zu vergessen Kuppler, Zuhälter und Mädchenhändler. Auch deren Geschäfte blühten bei der Anhäufung von Tausenden von jungen Männern. Prostituierte aller Rassen und Nationen, aller Farben und Sprachen waren plötzlich da. Ganze Straßen, Haus an Haus: Bordelle! An den Straßenecken, mitten in der Stadt, scheinbar harmlose Tabakwarenläden - in den Hinterzimmern Bordelle! Dazu gab es chinesische Obst- und Gemüseläden, die nur den Eingang zu Opiumhöhlen bildeten. Im Ganzen: ein Hexenkessel, dem die Polizei ziemlich machtlos gegenüberstand, dessen Betrieb sie aber z.T. auch duldete, um die „Tommies" bei guter Laune zu halten und schlimmere Ausschreitungen zu vermeiden. Die Sicherheit in den Straßen, namentlich in den Abend- und Nachtstunden war naturgemäß unter solchen Umständen sehr gefährdet. Überfälle und Beraubungen waren an der Tagesordnung und blieben meist unaufgeklärt.

In diesem Milieu lebte damals eine junge Deutsche, deren Schicksal ich hier erzählen möchte:

Wie ich schon bemerkte, arbeitete ich in jener Zeit auf dem Deutschen Generalkonsulat unter dem so hervorragend patriotisch gesinnten Generalkonsul von Lindequist, der sich eines jeden Deutschen annahm, ob hoch oder niedrig, ob reich oder arm. [7]

Eines Tages erhielt das Konsulat vom Auswärtigen Amt den Auftrag, nach dem Verbleib eines jungen Mädchens zu forschen, dessen Eltern, ehrbare Handwerkmeisterleute im Elsass, das Amt um diese Nachforschungen gebeten hatten mit der Angabe, ihre neunzehnjährige Tochter Salome D. sei von einer Familie in Paris als Kinderfräulein engagiert worden und habe seit ihrer Abreise nichts mehr von sich hören lassen. Private Erkundungen hätten ergeben, dass die junge Frau Mädchenhändlern in die Hände gefallen und wahrscheinlich über Le Havre nach Kapstadt verschleppt worden sei. Briefe der Eltern und Fotografie lagen bei.

Das Konsulat hatte keinerlei eigene Polizeigewalt oder sonstige Möglichkeiten, sich in die Angelegenheit der englischen Verwaltung einzumischen, und konnte in der Sache zunächst nichts weiter tun als die englische Regierung bitten, ihre Behörden mit der Nachforschung zu beauftragen. Wie zu erwarten war, kam nach einigen Wochen das Foto der Salome D. wieder zurück – mit dem höflichen Bedauern, dass es der Polizei trotz eifrigen Nachforschens nicht gelungen sei, eine Spur von der Gesuchten zu finden. Es sei anzunehmen, dass sie niemals nach Kapstadt gekommen sei. Dieser Bericht wurde vom Generalkonsul nach Berlin weitergegeben, womit die Angelegenheit zunächst erledigt war. Briefe der Eltern und die Fotografie des Mädchens bleiben aber bei den Kapstädter Akten.

---

[7] Friedrich von Lindequist (1862 - 1945) seit 1902 Generalkonsul. Von 1905 - 1907 erster ziviler Gouverneur von Deutsch-Südwestafrika.

Georg als Sherlock Holmes

Ich nahm mir vor, die Sache im Auge zu behalten. Das Schicksal des Mädchens interessierte mich. Und außerdem zeigten die Briefe der Eltern eine solche Liebe zur Tochter und Not um deren Geschick, dass man wohl Mitgefühl empfinden konnte. Und dann: Wer hätte sich nicht gern einmal als Sherlock Holmes versucht?

Ich steckte also eines Abends Briefe und Foto in die Brusttasche und besuchte eine Reihe von Bordellen, die als „bessere" galten. Salome D. musste – dem Foto nach – sehr hübsch sein, und es war deshalb anzunehmen, dass sie in ein „anspruchsvolles" Haus verschleppt worden war. Ich musste natürlich sehr vorsichtig sein, damit die Inhaberinnen der Bordelle nicht stutzig wurden und mich als Spitzel nach gehöriger Abreibung an die Luft befördern ließen. Männliche Hilfskräfte für solche Fälle waren stets unsichtbar im Hintergrund verborgen. Ich habe an diesem Abend fünf oder sechs Häuser besucht und – um das Ergebnis gleich vorwegzunehmen – mit der gesuchten Salome D. längere Zeit gesprochen, ohne sie zu erkennen. Sie war für ihren Beruf herausstaffiert: große Frisur, geschminkt und gepudert, d.h. so entstellt, dass es schwer war, sie als die sittsame Elsässerin von der Fotografie wiederzuerkennen. Sie selbst gab sich mir nicht zu erkennen, obgleich ich ihr heimlich ihr Bild zeigte und sie fragte, ob sie das junge Mädchen kenne. Weshalb sie sich so zurückhielt? Aus Furcht vor der Bordellmutter, da ja unser Gespräch im „Salon" stattfand und nur sehr heimlich geführt werden konnte.

Ich hatte also in jenen Etablissements nichts erreicht. Nachdem ich noch einige Häuser vergeblich besucht hatte, gab ich es für diese Nacht auf. Und doch wurde dieser erste Versuch nachträglich ein voller Erfolg: ich brauchte kein weiteres Mal auf die Suche zu gehen. Denn nun wusste ja bewusstes Mädchen Bescheid und versuchte ihrerseits, in den Besitz der Briefe ihrer Eltern zu kommen und mit dem Konsulat Fühlung aufzunehmen. Das war gar nicht so leicht und ungefährlich für sie, weil sie ständig streng überwacht wurde. Allein ausgehen durfte sie nicht, Briefe, vor allem an das Konsulat, wären abgefangen worden. Es blieb ihr kein anderer Weg als abzuwarten, bis einmal ein Vertrauen erweckender deutscher Besucher käme, dem sie ihr Geheimnis mitteilen könnte. Eines Tages erschien denn auch auf dem Konsulat ein junger Deutscher, den ich sogar kannte. Er fragte schüchtern und sichtlich verlegen, ob nicht Briefe eingegangen seien für Herrn Siegfried D. Der Beamte, der die beim Konsulat eingegangene Post ausgab, suchte unter dem Buchstaben D und wiederholte vor sich hin den Namen „Siegfried D.", bis mir plötzlich die Ähnlichkeit mit Salome D. auffiel. Ich sah von meiner Arbeit auf und bemerkte wieder die Unsicherheit des nachfragenden Jünglings. Mir kam ein Gedanke. Und als der Frager – ich will ihn „Herr G" nennen – nach der Auskunft, Briefe für Siegfried G. seien nicht da, den Raum verließ und ohne Erfolg abzog, ging ich ihm nach. Ich stellte ihn kurz mit den Worten: "Sagen Sie mal, Herr G., heißt der Herr, für den sie Briefe suchen, nicht Salome D. und ist eine junge Dame?" Ganz verlegen gab G. jetzt die Wahrheit zu. Ich nötigte ihn nun, mit ins Büro zurückzukommen und machte ihn mit den Nöten der Eltern bekannt und bat ihn dann, mir alles zu erzählen, was er von der Salome D. und ihrem Aufenthalt wisse, vor allem auch, was er von ihrer Moral halte und, ob sie wohl gern zu ihren Eltern zurückginge oder an ihrem jetzigen Leben Gefallen gefunden habe. Ich nahm ein kurzes Protokoll auf und ging damit zu Herrn von Lindequist, den der Fall auch interessierte, und bat um Anweisung, was nun weiter geschehen solle.

Der Fall lag gar nicht so einfach. Eine einzige Unvorsichtigkeit, bevor nicht alles vorbereitet war und der letzte Zugriff geschah, konnte zur Folge haben, dass unser Schützling verschleppt, in ein anderes Haus oder gar nach einem anderen Ort oder Land verkauft würde.

Als erste Schwierigkeit stellte sich heraus, dass das Generalkonsulat für die vorläufige Unterbringung und Heimsendung der D. keine Mittel aus dem Etat zur Verfügung hatte. Da nahm ich auf mich, innerhalb von 24 Stunden die erforderlichen Gelder in Kapstadt durch Sammlung bei deutschen Landsleuten aufzutreiben. Herr von Lindequist setzte sich an die Spitze der Sammlung. Der famose, großdeutsch denkende und allzeit handelnde Pastor W. folgte, dazu noch einige Großkaufleute, Gewerbetreibende usw.

– und meine Sammlung konnte abgebrochen werden: wir hatten genügend Mittel, um die D. bis zum Abgang des nächstens Dampfers irgendwo in gute, sichere Pension zu geben, ihre Überfahrt nach Hamburg und die Weiterfahrt bis Frankfurt sowie alle Nebenkosten zu bezahlen. Ein deutscher Mineralwasserfabrikant war vorurteilslos genug zu versprechen, die D. könne bis zur Abfahrt in seiner Familie Aufnahme finden, wenn sie seiner Frau etwas Arbeit abnehmen möchte.

Die Finanz- und Unterbringungsschwierigkeiten waren also gelöst! Jetzt hieß es, die Hilfe der englischen Behörden zwecks Befreiung in Anspruch zu nehmen. Dabei konnte leicht passieren, dass wenn der ganze Instanzenweg – vom Premierminister bis zur Kriminalpolizei – mit der Sache befasst würde, bei Zugreifen das Vögelchen ausgeflogen war, und wir wieder die höfliche Antwort erhielten, dass „die eingeleiteten Ermittlungen ergeben hätten, dass im Haus 5 Van de L. Street eine Salome D. nicht wohne, auch nie gewohnt habe".

Um ganz sicher über die Absichten der Salome D. zu sein, vor allem um eine unzweideutige Erklärung von ihr zu erhalten, dass sie aus dem Haus befreit werden und zu ihren Eltern zurückkehren wolle, gingen am nächsten Abend Herr G. und ich los, um Salome D. zu sprechen.

Zunächst hielten wir uns, um möglichst nicht aufzufallen, eine Weile im „Salon" auf, tranken einiges, tanzten etwas – wie andere Gäste auch. Dann meldete ich bei der „Hausdame" für mich Salome D. (die übrigens, was ich bemerken muss, im Hause unter anderem „Kriegsnamen" geführt wurde) ein Zimmer an, und wir zogen uns zurück. Kaum hatte ich die Zimmertür geschlossen, als eine überaus dramatische Szene folgte. Salome hatte sich in ihrem Salonkostüm in die Kissen ihres Bettes geworfen und weinte bitterlich. Das ist gar kein Wort dafür! Sie war total aufgelöst und fassungslos, schluchzte wie ein Kind. Ich stand zunächst ratlos. Denken Sie sich in meine Lage: wenn man das Weinen und Schluchzen von draußen gehört und das Öffnen der Tür verlangt hätte! Ich redete auf das weinende Mädchen ein, warnte sie und beschwor sie, doch nur ruhig zu sein, um nicht alles zu verderben. Dann gab ich ihr die Briefe der Eltern, was neues aber stilles Weinen zur Folge hatte. Dann endlich konnten wir uns besprechen. Sie erklärte mir, weshalb sie sich nicht gleich bei meinem ersten Besuch zu erkennen gegeben habe, versicherte, dass sie absolut gegen ihren Willen in diesem Berufe und Hause sei, erzählte mir auch ihre ganze Geschichte von Paris bis heute, in der verschiedene schwere Misshandlungen und sonstige Zwangsmaßnahmen eine Rolle spielten – die wiederzugeben hier zu weit führen würde. Wir verabredeten zum Schluss, dass sie ihre Sachen, soweit sie diese im bürgerlichen Leben gebrauchen könne, packen und sich im Laufe des nächsten Tages zur Abholung bereithalten solle.

Am folgenden Tag ließ sich unser Generalkonsul beim Premierminister melden, trug ihm den Fall vor und bat um schnelles kurzes Handeln sowie um einen Beamten, mit dem gemeinsam ich das Mädchen holen könnte. Aber ganz so schnell ging die Sache nun allerdings doch nicht.

Ich wurde erst an einen anderen Beamten verwiesen, der nach Prüfung der Angelegenheit einen Verhaftungsbefehl ausstellen und dann einen Kriminalbeamten mit der Vollstreckung desselben beauftragen sollte. Dieser Beamte hat mich mindestens zwei Stunden lang vernommen – ein richtiges Kreuzverhör, als ob ich ein angeklagter sei und nicht Kaiserlicher Deutscher Beamter im Dienst! Kurz und gut: es verging der ganze Tag, und ich war froh, als abends mit dem betreffenden Kriminalbeamten, der die befreiende Verhaftung vornehmen sollte, bei Whisky – Soda verabreden konnte, dass wir gleich am nächsten Morgen um acht Uhr vor dem Haus Nr. 5 Van de L.Street vorfahren würden. Ich hatte dem Beamten „sportliches Interesse" an dem Fall beigebracht, und er war nun selbst Feuer und Flamme. Zur Sicherheit besuchte ich abends nochmal das Haus, um die Salome D. wegen der Verzögerung zu beruhigen und sie von allem Nötigen zu unterrichten. Sie sagte mir bei dieser Gelegenheit, dass die „Hausmutter" bereits stutzig geworden sei und irgendwelchen Verdacht zu schöpfen scheine. Vor allem sei sie wütend geworden und habe sie misshandelt, als sie – Salome – sich mit der Ausrede, sie habe Kopfschmerzen, geweigert habe, Herrenbesuche zu empfangen. Aber sie habe ihren Kopf durchgesetzt und werde auch in dieser Nacht niemanden empfangen. Der

alte Beruf sei zu Ende. Pünktlich um 8 Uhr hielt am nächsten Tage unser Wagen vor Nr.5. Der Beamte klopfte, die Alte erschien, nachdem sie durch ihr schwarzes Dienstmädchen geweckt und benachrichtigt worden war, in sehr hässlichem Negligé. Der Haftbefehl wurde ihr gezeigt, sie sah mich – da war sie im Bilde: wie eine Furie fuhr sie auf mich los. Wäre der Kriminalbeamte nicht dazwischengetreten, hätte sie mir zumindest das Gesicht arg zerkratzt. Auf die Frage nach Salome D. antwortete sie stolz, die kenne sie nicht, gäbe es nicht in ihrem Haus. Zum Glück kannte ich ja nun aber den „Kriegsnamen" und hatte ihn wohlweislich in die Urkunde eintragen lassen: Salome D. alias... Als die Alte allerlei Mätzchen und Schwierigkeiten machte, sagte der Engländer zu mir:"Mr. Winkelvoss, welches ist denn das Zimmer der Gesuchten? Gehen Sie, holen Sie sie doch einfach!"
Als ich das Zimmer der D. betrat, lag diese halb angezogen auf ihr Bett geworfen und weinte. Ich wurde ärgerlich, fürchtete ich doch eine aufgekommene Unschlüssigkeit, die im letzten Augenblick alles verderben musste. Aber es war nur die übergroße Spannung der Nacht, ob nun auch alles klappen würde, und die Angst vor vorzeitiger Entdeckung und neuer Verschleppung. Nachdem mit der Hausbesitzerin noch eine Weile über Abrechnungs- und Kleiderfragen gestritten worden war, konnten wir endlich zu dritt unseren Wagen besteigen und beim Magistrat vorfahren. Hier wurde nun die D. einem besonders scharfen Verhör unterzogen – wie am Tage zuvor – am Ende aber freigelassen und mir anvertraut.
Nun bliebe nur noch kurz zu erzählen, dass Salome D. sich so vorzüglich im Haus des erwähnten Fabrikanten betragen hat, dass die Familie sie nur sehr ungern nach Deutschland abfahren ließ. Die Überfahrt nach Hamburg machte sie in der Obhut einer angesehenen deutschen Familie, die später des Lobes voll war über das Betragen der Heimgesandten an Bord. In Hamburg übernahmen auf Veranlassung des erwähnten Pastor W. Diakonie-Schwestern das Mädchen und begleiteten sie bis Frankfurt a.M., wo Vater und Mutter warteten. Die Wiedersehensfreude mag groß gewesen sein!

Gehört habe ich dann noch zweimal von der Salome D. Zunächst bedankte sie sich nach ihrer Ankunft in der Heimat gemeinsam mit den Eltern beim Generalkonsulat. Etwa sechs Monate später lud sie die Familie des Mineralwasserfabrikanten ein – zu ihrer Hochzeit mit einem angesehenen Handwerksmeister des Städtchens.

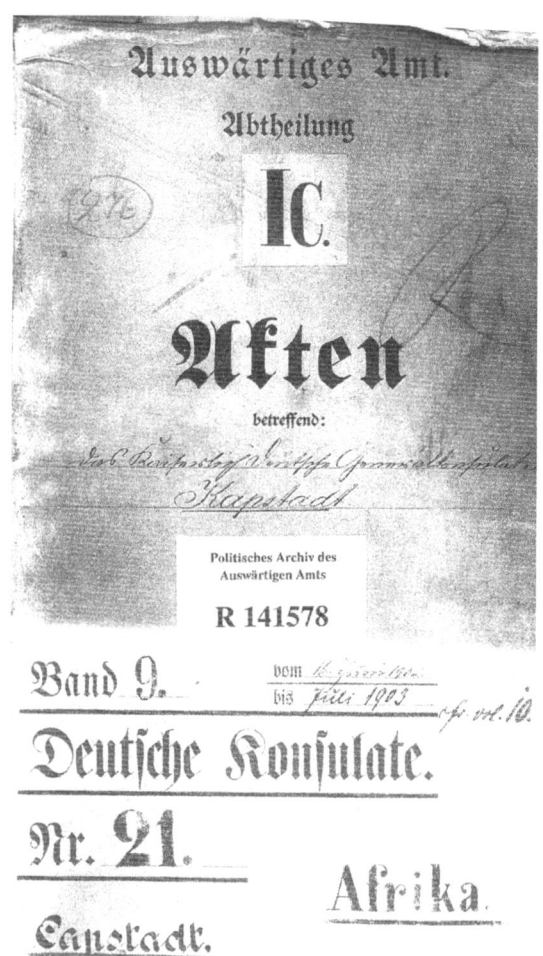

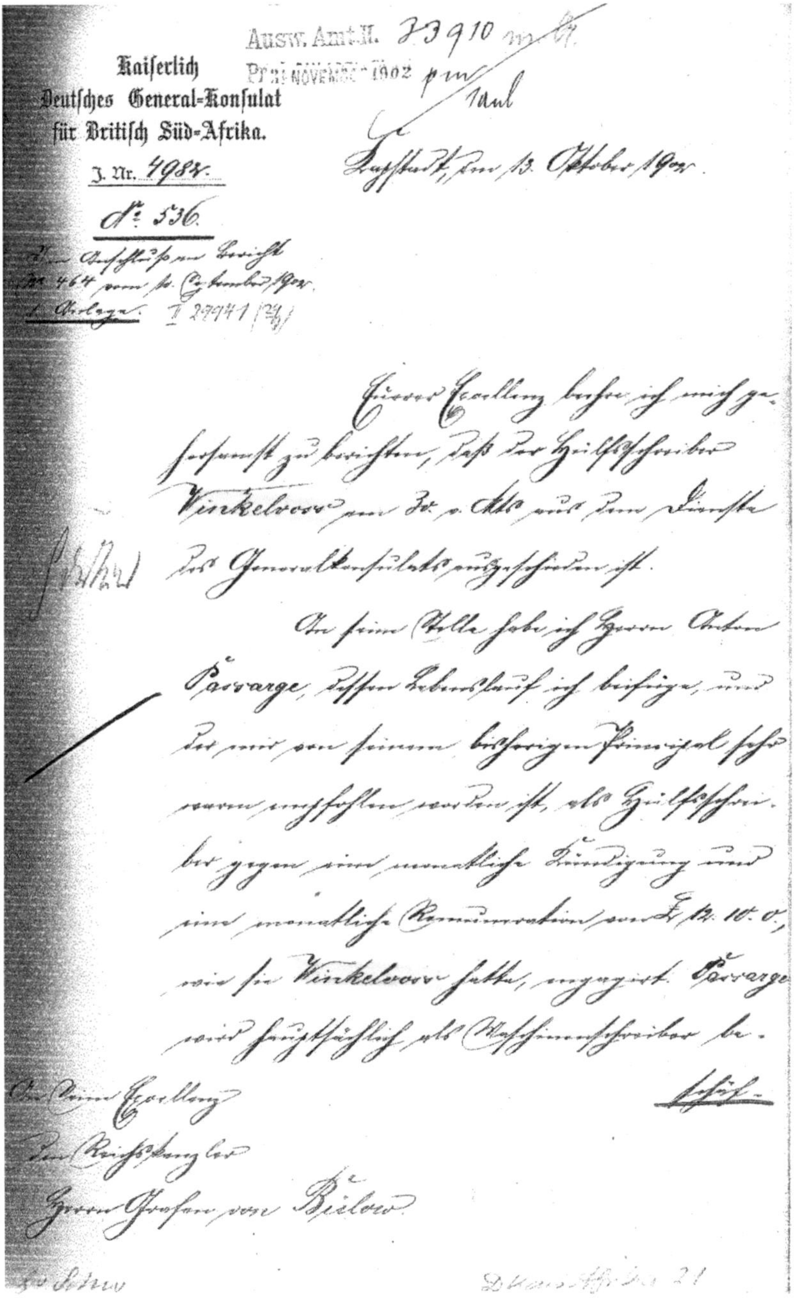

Kaiserlich Deutsches General-Konsulat für Britisch Süd-Afrika.

J. Nr. 4984.

No 536.

Ausw. Amt II. 33910

Kapstadt, den 13. Oktober 1902.

Euerer Exzellenz beehre ich mich gehorsamst zu berichten, daß der Hülfsschreiber Winkelvoss am 30. v. Mts. aus dem Dienste des Generalkonsulats ausgeschieden ist.

An seine Stelle habe ich Herrn Anton Pårarge, dessen Lebenslauf ich beifüge, und der mir von seinem bisherigen Prinzipal sehr warm empfohlen worden ist, als Hülfsschreiber gegen eine monatliche Kündigung und eine monatliche Remuneration von £ 12. 10. 0, wie sie Winkelvoss hatte, engagiert. Pårarge wird hauptsächlich als Maschinenschreiber be-

An Seine Exzellenz den Reichskanzler Herrn Grafen von Bülow

1902 Hülfsschreiber Winkelvoss, verabschiedet mit Schreiben an den Reichskanzler Graf von Bülow

Georg Winkelvoss arbeitete als „Hülfsschreiber" am Deutschen Konsulat, was aus einem Schreiben vom 13. Oktober 1902 an das Auswärtige Amt in Berlin und den Reichskanzler Herrn Graf von Bülow hervorgeht. Ende September 1902 ist er dort aus den Diensten ausgeschieden und wechselte von der britischen in die deutsche Kolonie Südwestafrika. Dort arbeitet er anfangs auf eigene Rechnung, dann für die South African Territories Ltd. in Warmbad (SWA) als Buchhalter, Korrespondent und zeitweise auch als Verkäufer.

Bald ist er Geschäftsführer eines deutschen Handelsunternehmens in Lüderitzbucht, neben Swakopmund bedeutendster Hafen der deutschen Kolonie (660 Einwohner).

15. 1884 Schutzgebiet Deutsch-Südwest

Schäumend wälzt dort seine Brandung
wild heran der Ozean;
Den Zenit durchkreuzt die Sonne,
leuchtend hell, auf steiler Bahn.

Südwestafrikanische Landeshymne

Der portugiesische Seefahrer Bartolomäus Diaz hatte 1487 auf einer Landzunge an der Westküste von Afrika im südlichen Atlantik ein Kreuz errichtet - nahe einer von ihm Angra Pequena (Kleine Bucht) benannten Meeresbucht. Etwa vierhundert Jahre später wurde das natürliche Hafenbecken von dem Bremer Kaufmann Adolf Lüderitz in Besitz genommen, weil die Portugiesen kein Interesse an dem Land gezeigt und eine Kolonie weiter nördlich gegründet hatten, das heutige Angola. Bis jetzt ist die felsige Diazspitze ein Ausflugsziel für Touristen in Namibia. Vorgelagert der Lüderitzbucht liegen die Haifischinsel, die Pinguininsel und die Halifaxinsel, auf welcher zu jener Zeit der Engländer John Spence für die Firma de Paas, Spence & Co. die meterhohen Guano–Ablagerungen der Brillenpinguine abbaute.

Die Lüderitzbucht bot den einzigen guten Hafen zwischen dem Kap und der Kongomündug.
Am 10. April 1883 geht ein junger Bremer, der 21jährige Heinrich Vogelsang, in der Bucht an Land. Im Namen von Adolf Lüderitz schließt er am 1. Mai 1883 einen Vertrag mit dem Nama-Häuptling Kaptein Joseph Frederiks, womit er die Bucht von Angra Pequena und fünf Meilen Land im Umkreis für 100 Englische Pfund Sterling und 200 Gewehre kauft. Der Kaufvertrag wird noch am selben Tag unterschrieben. Anwesend ist der Missionar Bam, der für die Rheinische Mission in Bethanien im Land der Hottentotten tätig ist. Er bittet die Deutschen, keine Spirituosen zu verkaufen, was Vogelsang ihm zusichert. Im August kauft Vogelsang den Küstenstreifen

zwischen dem Oranje-Fluss und dem 26. Breitengrad sowie 20 Meilen ins Landesinnere für 500 Pfund Sterling und 60 Gewehre hinzu. Weil es einen großen Unterschied zwischen englischen Meilen (ca. 1,609 km) und deutschen Meilen (ca.7,532 km) gibt, haben die Deutschen mehr Land von den Eingeborenen erworben, als denen bewusst war.

Im Oktober 1884 schließt das Deutsche Reich den ersten Schutzvertrag mit dem Hottentottenhäuptling Joseph Frederiks ab, der mit seinen Ratsleuten in der Kirche der Missionsstation Bethanien auf die Vertreter des Reiches trifft: Dr. Nachtigall als Kaiserlicher Kommissar, Heinrich Vogelsang und Graf Spee, Unterleutnant zur See. Alle sind in voller Uniform - auch der Hottentottenhäuptling trägt die Ulanenuniform, die Lüderitz ihm geschenkt hatte.[6]

Weil sich keine nennenswerten Erzlager fanden, waren die finanziellen Kapazitäten der Firma Lüderitz bald erschöpft. Nach eigenen Angaben hatte der Hanseat sein Vermögen in Höhe von beinahe 1 Million Mark in Angra Pequena investiert. Jetzt sucht Lüderitz nach einem Käufer, auch in englischen Kreisen. Das schreckt die Deutschen auf. Bismarck hatte lange allen Forderungen, die in Deutschland auf den Erwerb von Kolonialbesitz zielten, widerstanden. Man hatte den britischen Angriff auf Ägypten 1882 noch hingenommen und sich um freundliche Beziehungen zum Königreich bemüht. Doch infolge der neuen imperialistischen Aktionen am Ende des 19.Jahrhunderts wird auch im Reich der Druck stärker. Gewisse Kreise befürchten, den Anschluss im Wettlauf um Gebiete in Übersee zu verlieren.

Der deutsch-amerikanische Historiker Fritz Stern, Sohn jüdischer Eltern, schließt sich in seiner Biografie des Bismarck-Bankiers Gerson Bleichröder der Definition von John Atkinson Hobson von 1902 an: *Für ihn haben die verschiedenen Formen des Imperialismus (direkte, indirekte Beherrschung, wirtschaftliche Durchdringung) ihren Ursprung in dem Verlangen nach materiellem Gewinn. Er wies auf eine spezielle Klasse von Menschen hin, die großen Finanzmänner, die das*

---

[6] So beschreibt Wilhelm Külz das Ereignis in „Deutsch-Südafrika im 25. Jahre Deutscher Schutz-herrschaft", Berlin 1909.

imperialistische Wettrennen dirigierten: „Sie sind in der straffsten Organisation, in ständigen engsten und geschwindesten Kontakten miteinander verbunden, sie sitzen in den Hauptstädten aller Staaten in den Geschäftszentren, die, was Europa angeht, hauptsächlich von Männern einer einzelnen, einer besonderen Rasse beherrscht werden, die viele Jahrhunderte der Erfahrung mit Geld hinter sich hat, sie sind in der einzigartigen Lage, die Politik der Nationen zu manipulieren... Die Finanz beeinflusst und gestaltet die patriotischen Kräfte, die von Politikern, Militärs, Philanthropen und Geschäftsleuten ausgehen. [7]

Das aggressive Vorgehen von Edward Stanley, dem 15. Earl of Derby, britischer Kolonialminister, bringt bei Bismarck das Fass zum Überlaufen. Lord Derby betrieb eine Politik feindseliger Winkelzüge, mit der er den Küstenstreifen vom Kap bis nach Angola unter britischen Einfluss bringen wollte. Der deutsche Kanzler tobte ob der Hinterlist und Rücksichtslosigkeit des Briten und gab schließlich seinen Widerstand gegen die Kreise im Reich auf, welche Schutzmaßnahmen für deutschen Handel in Übersee forderten. Ob er damit auch die innenpolitischen Gegensätze befrieden wollte, die als Klassenkampf zwischen den reaktionären konservativen Befürwortern eines deutschen Kolonialreiches einerseits und der sozialistischen Arbeiterbewegung andererseits herrschten, die eine soziale Gesetzgebung gegen die Not der Industriearbeiter forderte („Zuckerbrot und Peitsche"), ist nicht sicher.

1884 beruft Bismarck eine Konferenz nach Berlin ein, auf der 14 westliche Staaten über die Zukunft Afrikas debattieren. Auf der sogenannten „Kongo-Konferenz" sucht man fünf Monate lang nach Kriterien, mit denen Besitzungen in Übersee völkerrechtlich abgesichert werden sollten. Nach heutigen Maßstäben hatte die Veranstaltung den Charakter einer Eigentümer-Versammlung. Hier wurde Land unter sich aufgeteilt, ohne an die Menschen zu denken, die darin lebten. Man zog die Grenzen einfach mit dem Lineal. Auf

---

[7] Fritz Stern, Gold und Eisen. Bismarck und sein Bankier Bleichröder, Hamburg 1999, S. 549ff.

keinem anderen Kontinent sind die Grenzen zwischen den Staaten so auffallend geradlinig.

Jetzt gründen einflussreiche Herren aus den Reihen des Großkapitals mit Bismarcks Unterstützung die Deutsche Kolonialgesellschaft für Deutsch-Südwestafrika, die den Besitz von Lüderitz erwirbt, eine Fläche von 240.000 Quadratkilometern. Die Einlagen sind bescheiden; denn noch ist man skeptisch, ob sich der Einsatz auch lohne.

England seinerseits hatte ein erklärtes Interesse, seine Kolonie am Kap nach Norden hin auszudehnen und hätte gern selbst das Gebiet erworben. So gründete es 1892 die Southwest Africa Company, die sehr bald unter dem Einfluss von Cecil Rhodes stand. Durch Tochtergesellschaften erweiterte England seine Besitzungen in der deutschen Kolonie und schloss einen Geheimvertrag mit der Firma de Beers, für den Fall, dass doch noch Diamanten gefunden würden. [8]

Bis zum Auftauchen der Diamanten war die Kolonie sowohl für Lüderitz und die Siedler als auch für die deutsche Regierung und ihre Geldgeber ein Zuschussgeschäft. Bismarck setzte seinen Bankier Bleichröder Jahre lang immer wieder unter Druck, um das Schutzgebiet am Leben zu erhalten. Bleichröder ließ sich vom Reichskanzler „melken", obwohl er ein erklärter Gegner der Kolonialpolitik war, wie in der Bleichröder-Biographie von Fritz Stern deutlich wird. Der Bankier fühlte sich quasi verpflichtet. Er gehörte zum System. [9]

Als Reichskommissar für Deutsch-Südwestafrika (1885-1891) führte Dr. Heinrich Ernst Göring wichtige Verhandlungen mit den Häuptlingen und schloss 1885 mit Maharero, dem Oberhäuptling der Herero, einen Schutz- und Freundschaftsvertrag, der vor allem deurschen Interessen diente, um die Kontrolle über die protegierten Völker zu erlangen und die eigenen Machtbefugnisse zu festigen. [10] Drei Jahre später aber kündigten die Herero den Vertrag, nachdem der Engländer Robert Lewis die Afrikaner immer wieder gegen die Deutschen aufgehetzt hatte. Lewis war als junger Mann 1858 nach

[8] Vgl. dazu Horst Drechsler, Südwestafrika unter deutscher Herrschaft. Die großen Land – und Minengesellschaften. Stuttgart 1996

118 [9] Vgl. Fritz Stern, a.a.O., S. 577 ff.

[10] Er war der Vater von Hermann Göring, der als „Reichsmarschall" den Nationalsozialisten diente.

Südwestafrika gekommen und galt als Abenteurer, der allerhand Handel trieb und sich als Konzessionär betätigte. Curt von Francois veranlasste 1889 als Kommandeur der Schutztruppe seine Ausweisung aus Deutsch-Südwestafrika. Von Francois wurde Reichskommissar und gilt als Gründer von Windhoek als einer modernen Stadt. [11]

In einem Bericht an Bismarck schildert Göring den Lebensstandard „des verhältnismäßig reichen Hererovolkes" als unerwartet hoch. Sie waren Viehhändler. Die besitzende Klasse sei mit den besten Gewehren neuester Konstruktion vertraut, und die reicheren Leute wollten auch Luxusartikel wie Möbel, Spiegel und Lampen erwerben. „Nur gute Sachen...nur Waren von Prima-Qualität werden gesucht und von Hereros wie Hottentotten teuer bezahlt. Den Irrtum, für die Eingeborenen sei alles gut genug, habe die Firma Lüderitz schwer büßen müssen."[12]

Auch Theodor Leutwein, Kommandeur der Schutztruppe und Gouverneur (1894 – 1905), gelingt es, den Herero–Häuptling Maharero auf seine Seite zu bringen, wodurch er Land und Vieh der Herero für die Deutschen sichern kann. Der Häuptling der Nama, Witbooi, verkauft ebenfalls ein Drittel des Namalandes an die Deutschen. Aber je mehr Siedler kommen, desto stärker reagieren die eingeborenen Völker mit Unmut. Das Weideland für ihr Vieh wird knapper. Dazu kam 1897 die aus Europa eingeschleppte Rinderseuche, die den Viehbestand der Herero stark dezimierte. Wichtigstes Projekt in der deutschen Kolonie ist jetzt der Eisenbahnbau. Die Deutschen planen eine Strecke quer durch das Land des Hererovolkes, das gar kein Interesse an dem technischen Verkehrsmittel hat.

Als Halbnomaden ziehen sie mit ihren Herden durch das weite Land, das nun von den Schienen durchschnitten werden soll. Nicht selten verkaufen sie ihr Vieh und werden Lohnarbeiter bei den Weißen.

Die Landfrage bleibt ein Problem, das immer wieder zu Streit und Unruhen führt. Alle Kolonisten gehen davon aus, dass sie in Niemandsland vordringen, was meist ein Irrtum ist. Leutwein versuchte,

[11] J.H. Esterhuyse, The Establishment of German Authority in South West Africa 1880 - 1894, Kapstadt 1968, S. 104 ff., Ludwig Conradt, Erinnerungen aus zwanzigjährigem Händler- und Farmerleben in Deutsch-Südwestafrika, Göttingen-Windhoek 2006

[12] Die deutschen Kolonien, Dokumentation von Hanns Michael Schindler, Weltbild Verlag 1988, S.57

Hererofamilie auf der Pad

mit diplomatischen Mitteln für Ruhe zu sorgen. Die Stämme führten aber gegeneinander Krieg, und jedes Volk hoffte, von den Deutschen unterstützt zu werden. Die Herero zogen von Norden, die Hottentotten vom Kap im Süden in das Land der Namaqua und Damara nördlich des Oranje-Flusses. Diese inneren Rivalitäten machte sich Leutwein zu Nutze und spielte die Völker gegeneinander aus. Als sie merkten, dass es den Deutschen vor allem um ihre eigenen Interessen ging, wagten die Herero einen Aufstand, dem sich die Nama anschlossen. Die Herden hatten unter der Rinderpest erheblich gelitten, und sie fürchteten eine Hungersnot.

Als die Herero im Januar 1904 bei Okahandja beginnen, deutsche Militärstationen, Brücken, Bahn- und Telegrafenverbindungen anzugreifen und 123 Weiße, fast alle Deutsche, ermorden, wird Leutwein 1905 als zu schwach abberufen und durch den als Haudegen bekannten Lothar von Trotha ersetzt, der von Beginn an in der Schutztruppe und bei der Bevölkerung unbeliebt ist. Der Schutztruppe stehen 769 deutsche Soldaten und 132 Eingeborene zur Verfügung. Die Herero sind nicht nur zahlreich, sondern auch kriegsgeübt und gut bewaffnet. Ihre Krieger sind mit modernen Gewehren ausgerüstet, die britische Händler ihnen nach den Burenkriegen verkauft hatten.

1900 Namafamilie

Überliefert ist ein Kriegslied, das der jüngste Sohn von Henrik Witbooi, dem Hottentottenhäuptling, gedichtet hat.

Reiter, holt die Pferde heran,
Nehmt das Gewehr, gürtet die Tasche!
Tut Patronen hinein, sattelt die Pferde!

Fußvolk und Reiter, zieht in den Krieg!
Hört des Hauptmanns Stimme im Krieg!
Zieht im Dunklen, schießt am Morgen!
Fußvolk und Reiter, schleicht euch heran,
Springt und überfallt, Brüder!
Rechten und linken Flügel ausgebreitet -
Fechtet so und kehrt zurück zur Zeit!

Hauptmann, ruf deinen Fechtern jetzt zu,
Feure an, lass stürmen zur rechten Zeit!
Stürmt an mit Schießen und Kriegsruf!
Rastet nicht, der Feind erwacht;
Stürmt an mit Schießen, Schlagen und Stechen,
Fechtet – lasset den Kriegsruf schweigen!
(Bernhard Voigt, Lesebuch zur Heimakunde von Deutsch -Südwestafrika,
Stuttgart 1913, S. 81)

Die deutsche Regierung schickt 15.000 Soldaten und 11.000 Pferde mit der Woermann Linie in das Kriegsgebiet. Von Trotha stellt die Herero in der Schlacht am Waterberg, von wo aus diese in die Oma-heke Wüste fliehen, wo Zehntausende von ihnen, auch Frauen und Kinder, verdursten. Die Katastrophe für die Völker der Nama und Herero ging als Völkermord in die Geschichte ein.

Als von Trotha beim deutschen Kaiser deshalb in Ungnade fällt, tritt er nach nur vier Monaten im Amt als stellvertretender Gouverneur zurück. Sein Nachfolger wird im November 1905 Friedrich von Lin-dequist, der auch die Absetzung von Trothas als Kommandeur der Schutztruppe durchsetzt. Mit den Engländern, die die Deutschen vom Kap aus schikanieren, gerät der neue Gouverneur aufgrund deren Arroganz bald in heftigen Streit. [13]

Die Kriegshandlungen und die Aufstockung der Schutztruppe hatte der Kolonie einen gewissen Aufschwung gebracht. Als aber nach

[13] Vgl. Wilhelm Schüßler, Adolf Lüderitz, Bremen 1936

dem Ende der Kämpfe die Soldaten abgezogen werden und an Bord in Richtung Deutschland gehen, hinterlassen sie im öffentlichen Leben der Kolonie gewaltige Lücken. Hotels und Bars stehen leer, die Straßen sind verwaist. Den Geschäftsleuten fehlen die Käufer. Die Bewohner der Kolonie haben nach den Kriegswirren Mühe, die wirtschaftlichen Folgen zu beheben.

Die Pferde des Militärs bleiben im Land und werden in der Wüste freigelassen. Sie passen sich dem heißen Klima und den kargen Lebensbedingungen mit der Zeit so gut an, dass sie heute eine eigene Rasse von Wildpferden bilden: die „Namibs".

Langsam entwickelt sich der Handel wieder. Der rege Schiffsverkehr mit dem Mutterland bringt nicht nur Großvieh (Rinder, Pferde) und Kleinvieh (Schweine, Schafe, Ziegen, Geflügel) für die Farmer, sondern auch vorgefertigte Elemente für den Hausbau, Branntwein, Waffen, Munition, Pulver – alles, „was ein Mann so braucht."

In einem Brief an Vogelsang schreibt Winkelvoss: *Unser südwestafrikanisches Aschenbrödel ist zur viel umworbenen Prinzessin geworden. Fast jeder Dampfer, der auf seiner Ausreise unsere Hafen-Orte anläuft, bringt uns eine größere Anzahl Neusiedler, darunter leider auch sehr grüne Jungs. Für die Verwaltung brauchen wir aber Kommissare, die reiche Landes- und auch Sprachkenntnisse haben. Solange die Eingeborenen kein Vertrauen zu uns haben, wird ihre Behandlung stets Schwierigkeiten machen.*

Die Regierung des Reiches schickt 1907 den Kommissar des Reichskolonialamtes Dr. Wilhelm Külz nach Windhuk, das damals 1521 Einwohner hatte. Der sächsische Politiker ist Fachmann für Kommunalverwaltung und wird ein Jahr lang die Verwaltung des Siedlungsgebietes organisieren.

16. 1906 Lüderitzbucht als Heiratsmarkt

Komm in meine Wellblechhütte, in mein Paradies!
Denn in meiner Wellblechhütte
träumt es sich so süß!
Schlager aus der Wüstensiedlung

Im „Wilden Süden" des afrikanischen Kontinents sind die Männer fast unter sich. Frauen gibt es – ähnlich wie im „Wilden Westen" Amerikas – vorwiegend in Bars und Bordellen. Doch auch von denen wird es in Lüderitzbucht nicht allzu viele gegeben haben. 1903 sollen in der Kolonie 712 weiße Frauen gewesen sein. Mischehen und außereheliche Liebesbeziehungen waren verboten. Die deutsche Regierung unterstützte die Auswanderung deutscher Frauen, die als „Kulturträgerinnen" galten. In Witzenhausen wurde eine Kolonialschule gegründet, die die Frauen auf ihre Rolle in den fremden Ländern vorbereiten sollte. Schirmherr war der Präsident der Deutschen Kolonialgesellschaft, Herzog Johann Albrecht zu Mecklenburg–Schwerin. Der Herzog ergriff auch eine Initiative zur Beseitigung des Frauenmangels in Südwestafrika und gründete die „Koloniale Vermählungs–Stiftung zur Förderung kolonialer Zwecke", mit der er für die deutschen Siedler um Bräute in der Heimat werben ließ. Es gab auch ein Gesetz, das auswandernde Frauen, die eine Stellung in der Kolonie nachweisen konnten, von dem Arbeitsvertrag entband, falls sie schon auf dem Schiff einen Heiratsantrag bekämen. Der glückliche Bräutigam hatte dann allerdings die Kosten für die Überfahrt zu tragen. Als die Lehrerin der ersten Schule in Lüderitzbucht heiratete, musste die Schule geschlossen werden. So grenzt es an eine Sensation, als die Passagierlisten der Reederei Woermann ankündigen, dass eine Deutsche mit ihrem Fräulein Tochter von Kapstadt aus kommend in Lüderitzbucht an Land gehen werde. Auf der Landungsbrücke im Lüderitzer Hafen stehen 1906 die Junggesellen aus der Wüstensiedlung Spalier. Jeder möchte an vorderster Stelle die Damen in Augenschein nehmen. Sie kämpfen gegen den Wind.

Bei stürmischer See legt das Schiff aus Kapstadt an. In angespannter Erregung necken sie sich mit Zurufen: „Das Fräulein wird seekrank sein." „Wenn sie euch sieht, wird sie wohl gleich weiter segeln." Auf der schwankenden Gangway gehen mit all den anderen Passagieren Helene Schwenn und ihre Tochter Charlotte von Bord. Beide Frauen sind elegant gekleidet nach Berliner Chic, mit großen Hüten, die sie gegen den Wind festhalten müssen. Die Männer recken die Hälse und pfeifen durch die Zähne. Frech drängeln sie sich an die Damen heran. „Gnädiges Fräulein, dürfen wir Sie begleiten?" Charlotte wirft kokette Blicke, Helene zieht sie streng und ungeduldig hinter sich her. Charlotte ist noch nicht in ihrem Quartier angekommen, als sie schon einen Heiratsantrag erhält. Die beiden Frauen steigen im Ersten Haus am Platz ab, in Kapp`s Hotel. Hier erlebt Charlotte in den nächsten Tagen einen Ansturm von Herren, die alle eine kleine Aufmerksamkeit für sie abgeben wollen: Briefe, Blumen, Hüte mit Straußenfedern, ein kleines Kaninchen und einen Käfig mit Wellensittich.

Charlotte ist zarte neunzehn und hat ein keckes Stupsnäschen. Die junge Berlinerin sonnt sich in dem Aufgebot an Bewerbern, unter denen auch Georg Winkelvoss ist. Georg, 27 Jahre alt, noch ohne Kneifer und Schnauzer, schickt ein kleines Päckchen, in dem Charlotte eine silberne Jugendstil-Dose mit Pralinen findet. Als sie eine Praline anbeißt, verzieht sie das Gesicht, weil die Schokolade ranzig schmeckt. Sie übergibt das Döschen dem schwarzen Hausboy mit der Auflage, es ihr zurückzugeben, wenn die Pralinen alle sind. Als Georg sich beim Tee in der Hotelhalle erkundigt, ob ihr die Pralinen geschmeckt hätten, bedankt sie sich höflich.

Pralinendose

Nach einigen Tagen kommt der Boy aufgeregt zu Frau Schwenn und gibt ihr das Döschen, in dem er unter den Pralinen einen kostbaren Diamantring gefunden hat.

Helene Schwenn kann sich der Bewunderer ihrer Tochter kaum erwehren. Als der Ansturm auf Charlotte der strengen Mutter zu bunt wird, macht sie ihrer Tochter entnervt klar, dass sie die Bewerber lästig findet. Lotte solle sich schleunigst für einen der Herren entscheiden, sonst würde sie mit dem nächsten Schiff umgehend nach Berlin zurückgeschickt.

Charlotte entscheidet sich für Georg, obwohl ihr Herz keinerlei stürmische Regung in seiner Gesellschaft verspürt. Sie war sogar vor ihm und seinem unsoliden Lebenswandel gewarnt worden. Vielleicht belohnt sie seine Hartnäckigkeit, vielleicht aber auch seine Großzügigkeit; denn Lottes Sinn ist ein praktischer.

Im Mai 1907 verloben sie sich, der große schlanke Georg und die heitere, unverwöhnte Lotte.

1906 Charlotte Schwenn und Georg Winkelvoss in Lüderitzbucht

Am 1. Juli wird die Hochzeit in Kapstadt gefeiert, wo Charlottes zwei Jahre ältere Schwester Käthe noch mit ihrem Schweizer Ehemann lebt. Das Brautbild meiner Großeltern hing in Magdeburg über dem Bett meiner Großmutter. Als Kind habe ich es gern betrachtet, sagte aber eines Tages in naiver Schonungslosigkeit: „Dein Mann war aber hässlich." Omi antwortete: „Für mich war er der Schönste." Mein Sohn Tarek ähnelt seinem Urgroßvater in jungen Jahren.

Nach der Heirat richtet sich Charlotte in einem kleinen Häuschen am Stadtrand von Lüderitzbucht ein, wo über 2000 weitere Deutsche leben. Zu ihrer Unterstützung hat Georg ihr eine ältere Hottentotten-Frau für die Hausarbeit engagiert, während sein "Bambuse" (so nennt man die eingeborenen Hausboys) Botengänge und Einkäufe macht. Ein Zeitgenosse nennt die Boys „Faul wie die Sünde: Sie fassen ihre Stellung mehr als Ehre denn als Arbeit auf."

Das Leben in der Kolonie, in das Helene ihre Töchter geführt hat, ist für die Pioniere schwer und voller Entbehrungen. Hauptproblem ist das Wasser. In und um Lüderitzbucht gibt es keine natürliche Süwasser-quelle. Anfangs wurde Wasser in Fässern aus Kapstadt herangebracht, was mühsam und teuer war. Später stellte die Konolonialgesellschaft einen kleinen Kondensator zur Verfügung, mit dem aus Meerwasser Süßwaser gewonnen wurde. Die starke Taubildung machte man sich zunutze, indem man die Tautropfen von den Dächern auffing.

Charlotte möchte ein paar Hühner haben. Ihr Hausboy aus dem Stamm der Owambo zimmert einen Stall und zäunt ein Stück Sand ein. Helene schafft eine Nähmaschine an, auf der die Frauen Gardi-nen und Bettwäsche, schlichte Hauskleider und eine Baby-Ausstat-tung nähen. Charlotte ist schwanger und wird am 7. April 1908 ihren ersten Sohn Werner zur Welt bringen.

1907 Hochzeit von Charlotte und Georg Winkelvoss in Kapstadt

17. 1907 Helenes Schwiegersöhne

Siehste woll, da kimmt er,
jroße Schritte nimmt er,
siehste woll, da iss er schon,
der jeliebte Schwiegersohn.
Berliner Gassenhauer

Franz Erni (1878 – 1952)

Sehr bald nach der Ankunft ihrer Töchter in Kapstadt hat Helene ihre
Älteste gut verheiratet. Käthe ist eine schöne stolze Frau, groß und
schlank. So verwundert es nicht, dass der Schweizer Franz Erni, Koch
und Portier im Hotel „Nelson" in Kapstadt, schnell entschlossen um
ihre Hand anhält. Sie verloben sich an Charlottes Geburtstag, dem 10.
November 1904 Die drei Frauen machen sich daran, das Brautkleid
zu nähen. Franz Erni bereitet in seinem Hotel das Festessen vor. Die
Hochzeit ist am 20. März 1905. In Charlottes Poesiealbum findet sich
die folgende Eintragung unter
dem Datum
Simonstown, 20.XII.05:

Der Rose süßer Duft genügt,
Man braucht sie nicht zu brechen -
Und wer sich mit dem Duft begnügt,
Den wird ihr Dorn nicht stechen.
Dein Schwager Franz Erni

Später führt Erni ein eigenes
Hotel in Aus in Deutsch- Südwestafrika. Das Paar bekommt
vier Kinder, doch die Ehe wird
1930 geschieden.

Käthe und Franz Erni in der Schweiz

129

Die Söhne Herbert (geb. 1907), Wilfried (geb. 1913), Hellmuth (geb. 1917) und die Tochter Margit Erni (geb. 1911) machen eine Ausbildung in Europa und sind oft bei den Verwandten in der Schweiz oder in Magdeburg zu Besuch. Der Sohn Hellmuth wird Pilot bei der Swiss Air, heiratet eine Schweizerin, bekommt eine Tochter, Barbara, und bewirtschaftet nebenbei seine Farm in Namibia. Herbert hat eine gute Anstellung in der Schweiz, geht aber nach dem Krieg mit seiner Frau Gretel zurück auf seine Farm in Afrika.

Wilfried heiratet mehrfach. Als er sich von seiner Frau Irene Heuser trennt und erneut heiratet, bringt er den kleinen Hans Hermann zur Großmutter nach Kubub, wo Käthe seit 1922 die Farm von August Lubowski bewirtschaftet, die er ihr ab 1926 überlässt. Hans-Hermann ist geprägt von dieser Kindheit. Auch er hält Südwest bis heute die Treue. Kubub liegt außerhalb der Wüste an der Strecke nach Keetmanshoop. Hier ist reichlich Wasser vorhanden.

August Lubowski (1887 - 1960)

August Lubowski war ein Kaufmann aus Ostpreußen, der auf häufigen Reisen zwischen Europa und Afrika Geschäfte machte. Die Gewinne legte er in Farmland entlang der Eisenbahnlinie Lüderitzbucht – Aus an, das er den Kindern seiner Wirtschafterin Käthe Erni vererbt, weil er sie zu Lebzeiten angeblich schlecht bezahlt habe. In den 30er Jahren erwirbt er die Farm Aar, die heute von Hellmuths Tochter Barbara bewirtschaftet wird. Jedes Erni-Kind erbt eine Farm.

Wilfried verkauft seine Farm Plateau an seinen Bruder Herbert. Noch heute ist das Land östlich von Lüderitz bis Aus weitläufig in Erni-Hand, wo Enkel und Urenkel von Käthe leben. August Lubowski hatte einen Bruder Theo, dessen Sohn Wilfried der Vater von Anton Lubowski war. Anton wurde in Lüderitz geboren und war General-sekretär der SWAPO. Als Rechtsanwalt verteidigte er Mitglieder der SWAPO im Kampf gegen die Apartheid. An einem Abend im Jahr 1989 wurde er vor seinem Haus in Windhoek erschossen, wahr-scheinlich vom südafrikanischen Geheimdienst. Das Gericht hat den Namen des Mörders nicht preisgegeben. [14]

Käthes Tochter Margit wurde 1911 im Juni geboren. Fast auf den Tag genau wurde auch Charlottes Tochter Hildegard in Hannover geboren, so empfanden sie sich fast als Zwillingsschwestern. Margit war als Kind oft in Lüderitzbucht zu Besuch, wo sie nicht nur mit Hilde, sondern auch gern mit ihren Brüdern spielte. In Georg Win-kelvoss sah sie eine Respektsperson, die ihr Furcht einflößte. „Tante Lotte war immer lieb." Margit besuchte die Koloniale Frauenschule in Rendsburg, wurde Röntgenassistentin und arbeitete in der Schweiz. Nach zehn Jahren hatte Mutter Käthe Sehnsucht nach ihrer Tochter. Also schickte sie Geld in die Schweiz für die Schiffsreise nach Lüde-ritzbucht. Als Margit die Rückreise nach Europa antrat, wollte sie die Route durch den Suezkanal nehmen, um im Osten Afrikas einen Blick auf den Kilimanjaro zu werfen. Ihr Bruder Wilfiried schenkte ihr die Passage – und das Schicksal nahm seinen Lauf. Auf dieser Reise lernte sie Erwin Gaetje kennen, Molkereifachmann aus Bad Bramstedt in Schleswig-Holstein. Er kam in Mombasa an Bord, und sie unterhielten sich gut. Mit ihm zog Margit nach Ostafrika, in Sicht-weite des Kilimanjaro. Anfangs lebten sie in Kenia. Als 1939 der Krieg ausbrach und alle Deutschen von den Engländern ausgewiesen wur-den, meldete sich Erwin auf eine Anzeige der Goldmine von Gaita am Victoriasee in Tansania. Er wollte nicht nach Haus, er wollte in Afrika bleiben.

---

[14] Bernhard Jaumann hat den Mord in einem Politthriller verarbeitet: „Die Stunde des Schakals", Hamburg 2011

Später gründen sie die Farm Kamanga am Seeufer und bauen für die Arbeiter der Goldmine einen Fährbetrieb zwischen Mwanza und dem Hinterland auf. Mwanza ist die zweitgrößte Stadt Tansanias im Land der Sukuma, reizvoll auf mehreren Hügeln zwischen gewaltigen Granitfelsen gelegen.

Kamanga liegt am nordwestlichen Ufer des Golfs von Mwanza: ein Garten Eden, in dem weite Rasenflächen von blühenden Sträuchern und seltenen Pflanzen umgeben sind. Hohe Bäume bieten kühlenden Schatten, süße Düfte tropischer Blüten mischen sich mit seltenen Gesängen exotischer Vögel. In der Nacht leuchten die Lichter der Stadt herüber. *Als wir ankamen, war hier nichts Jeder Baum, jeder Strauch ist von uns gepflanzt worden*, erklärt Margit den staunenden Besuchern. Weil mein Bruder Dieter 1959 eine Maurerlehre abgeschlossen hatte, ergab es sich, als Margit bei uns in Oldenburg zu Besuch war, dass sie ihn sofort anheuerte, um einen neuen Anleger für ihre Fähre zu bauen. Dieter willigte ein. Afrika – unser Schicksal!

Mit Erwin Gaetje versteht sich Dieter prächtig. Margit erinnert ihn sehr an seine Urgroßmutter Helene. Das Feierabend–Bier müssen die Männer unter den Granitfelsen von Kamanga verstecken. Mama Gaetje hält die Zügel fest in der Hand. Morgens um 7 Uhr nimmt sie das Defilé ihrer „boys" ab. „Jambo, Mama"! ruft ein jeder ihr ins verdunkelte Schlafzimmer, sofern sie nicht schon auf ihrer „Kommandobrücke" im Flur sitzt.

Kaum ist der Anleger in Beton gegossen, erwischt Dieter eine Malaria–Mücke. Am Oldenburger Bahnhof kommt er braungebrannt, aber mit 42 Grad Fieber an und liegt mehrere Wochen im Krankenhaus. Genau wie seine Urgroßmutter erholt er sich aber wieder und kann sein Ingenieurstudium für Tiefbau aufnehmen. Die Cousinen Margit und Hildegard halten zeitlebens Kontakt und besuchen sich in Deutschland und Tansania. 1998 lud mich Tante Margit ein, sie auf ihrer Rückreise von Europa nach Haus zu begleiten. Ich durfte einige Wochen ihr Paradies genießen und lernte den Sohn Klaus kennen, der an einer neuen Fähre baute, zu der er die Bauteile aus den Niederlanden bestellt hatte. Bevor ich wieder nach Deutschland flog, machte ich einen kurzen Abstecher in Dar es Salaam, um auf Helenes Spuren zu wandeln und zu sehen, wo alles anfing.

Margit und Erwin bekamen vier Töchter: Heidi (geb. 1939), Karin (geb.1941), Hedda (geb.1943), Ange (geb. 1952) und den Sohn Klaus (geb.1946), der die Farm Kamanga erbte. 2021 kam die Farm in den Besitz einer Kenianerin, die in den USA eine Ausbildung als Pilotin und Flugzeugmechanikerin gemacht hat.

Georg Winkelvoss (1878 – 1930)

Mein Großvater, der Helenes zweite Tochter Charlotte heiratete, entstammte einer Handwerker- und Bauernfamilie in der Gegend von Salzderhelden am Solling. Mein Onkel, Horst Winkelvoss, verfolgte die Spuren seiner Vorfahren bis ins 17. Jh. zurück. 1647 wurde Jobst Pragemann geboren, der Bürgermeister des Herzogsitzes mit Saline wurde. Über sein Ende steht im Kirchenbuch folgende Eintragung:

Den 25. März 1721 ist der Bürgermeister Jobst Pragemann, wie er gegen 8 Uhr des Nachts auf einem jungen Füllen reitend, von Osterode gekommen, in die Leine … gestürzet und darin elendiglich ersoffen und umkommen, und weil er nicht wiedergefunden ohne Begräbnis geblieben.

Der letzte Satz ist durchgestrichen.

Einige Seiten weiter heißt es dann:

Den 18. November 1721 ist der am 25. März in der Leine elendiglich ertrunkene und am 15. November wiedegefundene Körper des Bürgermeisters Jobst Pragemann ehrlich und christlich und zwar öffentlich beerdigt worden, nachdem er in dieser Welt bis an dem Tag seiner Ersäufung gelebt 74 Jahr. In dem Dorf Vogelbeck ist die Familie Winkelvoß seit dem 18.Jh. bis heute zu Haus. Unser Vorfahre Georg Friedrich Winkelvoß wurde 1802 geboren und heiratete als Schuhmachermeister Heidewig Dormeyer, nach der ich meinen sehr seltenen Vornamen bekommen habe.

August Winkelvoß, geboren 1865, war Schlachtermeister und gründete 1898 eine Schlachterei in Haus Nr. 34 in Vogelbeck, wo heute noch unter der Adresse Hagebuttenstraße 8 von seinem Urenkel Carsten ein Hotel mit Kegelbahn geführt wird. Bis zu 400 Gäste können hier in den Gesellschaftsräumen feiern.

Mein Großvater Georg wurde am 15. Mai 1878 in dem Haus Auf der Kuhlen 17 in Bremen geboren, wohin sein Vater Gottlieb als Eisenbahnbeamter versetzt worden war. Über Gottlieb gibt es die Anekdote, dass er als Bahnhofsvorsteher in Salzderhelden 1866 während des Deutschen Krieges zwischen Preußen und Österreich, auf dessen Seite das Königreich Hannover kämpfte, das Herannahen preußischer Truppen beobachtet und nach Hannover gemeldet hat.: „Die Preußen sind...." dann brach das Telegramm ab. Die Hannoveraner verstanden es trotzdem und beförderten Gottlieb Winkelvoss aus Dankbarkeit zum Betriebsassistenten.

Georgs Vater starb im Alter von 36 Jahren, die Mutter kurz darauf mit 29 Jahren. Georg war vier Jahre, seine Schwester Frieda sechs Jahre alt. Als sie auf den Stufen des Hauses Auf dem Brinke in Fredelsloh, Heimat ihrer Mutter Friederike Grote, darauf warteten, ins Waisenhaus gebracht zu werden, kam der Vetter ihrer Mutter aus Hannover vorbei und beschloss bei ihrem Anblick: „Wo vier Kinder satt werden, werden auch sechs satt." So wuchsen die beiden kleinen Waisen in Hannover auf. Frieda wird Krankenschwester, Georg beendet 1894 die Realschule und tritt in den Dienst der „Königlichen Haupt- und Residenzstadt Hannover", wo er in der Registratur der Branddirektion arbeitet. Aber die Tätigkeit behagt ihm nicht, er findet die bürokratische Aktenarbeit entsetzlich und wechselt ins Handelskontor der Vietors nach Bremen.

In Deutschland sind am Ende des 19. Jh. viele Kräfte auf Aufbruch gerichtet: Aufbruch in eine neue Epoche weltweiter Wirtschaftsaktivitäten. In den Häfen kommen die Segelschiffe an mit exotischen Waren aus aller Herren Länder, die von hohem Wert für die

Wirtschaft der aufstrebenden Industrienation sind: Palmöl, Tabak, Kaffee, Baumwolle, Petroleum...

Wen wunderts, dass die jungen Männer in den altehrwürdigen Hansestädten beim bunten Treiben von Fernweh gepackt werden! Nicht nur der Import von Waren blüht, sondern auch der Export von Menschen, die es in die Welt hinaus zieht, um in den Fußstapfen ihrer Landsleute Adolf Lüderitz und Gerhard Friedrich Rohlfs verlockende Möglichkeiten zu erkunden.

Einer von ihnen ist Georg Winkelvoss, der mit 22 Jahren aus den staubigen Schreibstuben 10.000 km weit ins lockende Land der ewigen Sonne entflieht, um seiner angeschlagenen Lunge Linderung zu verschaffen.

Charlotte, Käthe und Helene mit Franz Erni, Hausfreund, Georg Winkelvoss und Hund

18. 1908 Kiloweise Karat

Gold und Silber lieb' ich sehr,
Kann's auch sehr gebrauchen,
Hätt' ich nur ein ganzes Meer,
Mich hinein zu tauchen.
Studentenlied

Georg erweist sich als treuer, solider und zuverlässiger Ehemann
und Vater. Als erster Sohn wird im April 1908 Werner geboren.
Bereits ein Jahr nach der Familiengründung kommt Georg zu unver-
hofftem Reichtum.

Und das kam so: 1908 ist Winkelvoss auf einer Reise unterwegs mit
seinen Freunden Dick und Schuster. Sie sitzen auf Liegestühlen im
geschlossenen Güterwagon eines Zuges von Lüderitzbucht nach Aus,
als die Dampflok plötzlich auf freier Strecke hält. Die Schienen sind
unter Sandverwehungen begraben.
Der letzte Teil der Bahnstrecke von der Küste ins Landesinnere nach
Keetmanshoop (370 km) war in einem knappen Jahr 1906 fertigge-
stellt worden. Die Sprengung von Felsen sowie Erdarbeiten und der
tägliche Kampf gegen die Sanddünen entlang der Trasse mit Schienen der Firma Krupp machten den Bau beschwerlich. [8]
Dieser Wüstenstrich unterhalb der Berge von Aus ist wohl der gefürchtetste
der ganzen Namib. Wenn man um die Mittagszeit an der Station Garub
den Zug verlässt und mit den Händen die glühend heißen Eisenbahnschie-
nen berührt, hat man sofort Brandblasen an den Fingern. Wie in einem
Backofen zittern die Hitzewellen über den Wüstensand, die Temperatur
in der Sonne steigt bis auf 70 Grad Celsius.

Um den Sanddünen bei Kolmanskuppe Einhalt zu gebieten, wurde
entlang der Bahnlinie angepflanzt und mit Viehdung gedüngt. Aber
der vom Atlantik herüber wehende Wind machte alle Anstrengung

---

[8] Max Ewald Baericke, Lüderitzbucht, Windhoek 2001, S. 127.

immer wieder zunichte, obwohl Hunderte von schwarzen Arbeitern täglich mit Schaufeln im Einsatz gegen den Flugsand waren.

Die reisenden Herren nutzen den Stop, steigen aus, pinkeln und setzen sich in den Sand. Herr Kreplin, uniformierter Zugbegleiter im Auftrag der Bahngesellschaft, tritt zu ihnen. Georg lässt gedankenlos Sand durch die Finger rieseln und hält plötzlich ein glitzerndes Steinchen in der Hand, das er eingehend betrachtet.

Die Herren unken: „Na, haben Sie einen Diamanten gefunden?"

Georg: „Ist ja wohl nicht möglich, könnte aber einer sein."

Dick: „Wäre ja eine Sensation."

Kreplin: „Nicht weit von hier hat doch auch Bahnmeister Stauch seine Steine gefunden." Georg sucht weiter und steckt noch einige Glitzersteine in seine Jackentasche. Die Lokomotive pfeift, die Herren steigen ein, und der Zug setzt sich in Bewegung.

Zu Hause holt Georg seinen Fund aus der Tasche und legt ihn vor Charlotte auf den Tisch.

„Was? Du glaubst, das sind Diamanten? Wir sind doch nicht in Kimberley." Lotte lacht und wirft die Steine hinter sich. Einige landen auf dem Dach des Hühnerstalls. Georg springt auf, klettert auf den Stall und holt drei Steinchen zurück.

„Man kann das doch mal prüfen lassen. Warum soll es nicht auch in Süd-West Diamanten geben? Stauch hat doch auch welche gefunden." Charlotte lächelt ungläubig. Ihr Georg baut mal wieder Luftschlösser. Später kann Georg den Fund als echt deklarieren und erwirbt sofort Schürfrechte an der Fundstelle, die als Charlottental ganz nahe an Kolmanskuppe auf den Landkarten jener Zeit zu finden ist. Obwohl die Ersten versuchen, ihre Entdeckung geheimzuhalten, spricht sich die Sensation schnell herum. Ganz Lüderitzbucht ist in Aufruhr. Viele Schutztruppler kehren in die Kolonie zurück. Das Leben in der Stadt explodiert. Aus der Kapkolonie kommen auch Buren und Engländer. Sie alle wollen ihr Glück machen.

Unter den Einwohnern von Lüderitzbucht herrschte eine vorbildliche Kameradschaft. Ob arm oder reich, alle hatten ihren Anteil an dem Diamantensegen. Unter den Wohlhabenden gab es einige, die körperlich nicht imstande waren, die Strapazen eines Wüstenritts auf sich zu nehmen, und unter den Mittellosen gab es viele, die sich keinen Schürfschein kaufen konnten. Arm und reich kamen zusammen, setzten sich an einen Tisch und gründeten Syndikate. Die Reichen brachten ihre Schürflizenzen und Bargeld für die Anschaffung von Reittieren, Handwerkszeug, Proviant und Ausrüstungsgegenständen, die Mittellosen ihre Arbeitskraft und ihre Ehrlichkeit in das Syndikat ein, die nach Anteilen zu je 1 000,-- Mark bewertet wurden. [9]

So beschreibt Baericke die Anfänge des Diamantenfiebers, die er selbst als Südwestler erlebt hat. Mit diesem fairen Verfahren reagierten die Bürger auf die Weigerung deutscher Banken, ihnen Kapital für die umfangreichen Investitionen zur Verfügung zu stellen.

1908 Diamantenlese

[9] Baericke, a.a.O. S. 38.

Zu den ehrlichen Lüderitzbuchtern strömen aber von überall her Glücksritter und Spekulanten ins Land, unter ihnen auch Gesindel, das sich über Nacht bereichern will.

Anfangs kriechen die Männer nachts selbst auf dem Bauch über den Schotter. Im Schein der Taschenlampen blitzen die Steine auf, und man kann sie mit den Händen um sich herum einsammeln. Jedes einzelne Steinchen kommt sorgfältig in ein Marmeladenglas, damit kein einziges verloren geht. Trunken von ihrem Fund machen sie sich im Morgengrauen auf den Heimweg.
Später schaufeln die Schwarzen den Sand gegen ein Sieb, das die Diamantensucher aufstellen. Was im Sieb übrig bleibt, wird in Salzwasser durch Schüttelbewegungen gewaschen, bis die Steine sich nach ihrem spezifischen Gewicht geordnet haben. Diamanten kommen meist zusammen mit Rubinen und Achaten vor. Die Frankfurter Metallurgische Gesellschaft, die wir als Lurgi kennen, hat dieses Verfahren später mechanisiert und automatisiert.

Die Bergwerks-Nachrichten melden am 23. Mai 1908 in der Deutsch-Südwestafrikanischen Zeitung:

„Erteilte Schürfrechte im Gebiet der Deutschen Kolonial-Gesellschaft für Südwestafrika: Nr.732 auf den Namen des Herrn Georg Winkelvoß für das Gebiet, das durch eine Kreislinie von 50 km Radius um die Haltestelle Rotkuppe der Staatsbahn Lüderitzbucht – Keetmanshoop umfasst wird, mit Ausnahme der bereits rechtmäßig belegten Teile dieses Gebietes und der an den Landesfiskus abzutretenden Bergwerksblöcke.

Schürfobjekt: Mineralien aller Art.
Schürfdauer: Vom 15. Mai 1908 bis 15. November 1908

Die Kaukausib-Diamanten-Gesellschaft mbH, der dieses Gebiet unter der Geschäftsführung meines Großvaters gehörte, erneuerte ihre Schürfrechte im November 1908 bis Mai 1909.
Es war sechs Wochen später mit zwei weiteren Schürfscheinen für eine Schürfdauer vom 27. Juni bis 27. Dezember 1908 erweitert worden.

Kaukausibtal

An seinem freien Sonntag geht Georg „auf die Pad": Er macht sich früh auf den Weg und reitet nach Süden, bevor noch die Sonne den Morgennebel auflöst, der in schweren Schwaden vom Meer hereinkommt. Gemeinsam mit seinem Partner Kreplin kämpft er sich zu Pferde über die Sanddüne – vier Kilometer breit und hoch wie ein Haus. Sie haben Maultiere und Ochsen gemietet, die die Karren durch den tiefen Sand ziehen, bis zu 20 Tiere für einen Wagen. Die Ladung besteht aus Zelten, Proviant, Wasser, Spaten, Schaufeln und Tafeln, mit denen sie ihre claims kennzeichnen, auf die sie laut Schürfschein Anspruch haben. Alle paar Kilometer nehmen sie einen kräftigen Schluck von dem „kriegsstarken Grog" gegen die feuchte Kälte. Nach einigen Stunden bricht endlich die Sonne durch. In wenigen Minuten ist es so heiß, dass ihnen der Schweiß auf der Stirn steht. Im Schatten der Ochsenwagen ruhen sie sich aus, bis die Sonne sinkt. Dann ziehen sie weiter, immer voller Angst, sich in der endlosen Wüste zu verirren. Gab es doch häufig Nachrichten von Tierkadavern im Sand oder mumifizierten Reisenden, die als verschollen galten.
Bei der Schutztruppe hatten die Offiziere deshalb die Pflicht, die Männer zur Orientierung in Sternenkunde zu unterrichten: *Da stand am immer wolkenlosen Nachthimmel in unverkennbarer Klarheit das Kreuz des Südens. Wenn man seine Querachse dreimal nach rechts verlängerte, hatte man den geographischen Süden und im Rücken den Norden. Im Osten ging der Orion auf, ein ebenfalls markantes helles Sternbild, das in seiner quadratischen Form nach der griechischen Sage einen Krieger*

mit einem Schwert darstellte, während im Westen die Venus ihren rötlich
flimmernden Glanz zur Erde sandte.[10]

30 km und mehr konnte man so auf einem Gewaltmarsch in einer
Nacht zurücklegen.
Seiner Frau schreibt Georg am 21. Juli 1908 nach Deutschland,
wohin sie mit ihrem drei Monate alten Baby Werner zur Erholung in
die Sommerfrische gereist ist:
„Liebes gutes Lotting!
Wie geht es Dir, Tante Dorchen und unserem kleinen Werner? Ich hoffe,
Ihr seid alle gesund, habt schönes Wetter und seid vergnügt.
Wie Du weißt, haben wir ein Syndikat mit 20.000,-- RM eintragen las-
sen....Das zweite Syndikat wird ebenfalls mit M. 20.000,-- eingetragen,
woran mein Anteil 4.000,-- beträgt. Das letztere Syndikat besitzt ein
Diamantfeld von scheinbar ganz vorzüglicher Güte. Ich habe es gestern
„Charlottental" getauft. Wir haben erst vor zwei Tagen angefangen und
haben bereits 150 Diamanten (zusammen etwa 40 Karat) gefunden.
Ich habe heute selbst in ca. 2 Stunden 18 Steine, von denen ich Dir ein-
geschlossen einige sende, gefunden. Hoffentlich haben wir Glück mit der
Sache. Das Syndikat wird den Namen „Charlottental–Diamanten–Syn-
dikat GmbH" führen. Da Du die Patin bist, müssen wir ja eigentlich Glück
haben. In Charlottental sind seit heute zwei Weiße und vier Hottentotten
beschäftigt. Wir werden aber bald mit 20 Arbeitern anfangen. - Nun aber
genug von Diamanten! Hier wird fast ausschließlich davon gesprochen..."

Wenn Winkelvoss von „wir" spricht, so meint er damit die vier anderen Gesellschafter, darunter seinen langjährigen Freund Franz Schuster und Emil Kreplin, der zum Direktor gewählt wurde. Kreplin war
einer der angesehensten Bürger von Lüeritzbucht. Im Anschluss an
12 Jahre Dienst in der Schutztruppe wurde er beim Bau der Eisenbahn Lüderitzbucht-Aus Oberbahnmeister und nach Inbetrieb-
nahme Betriebsleiter. Als Lüderitzbucht zur Stadtgemeinde ernannt

[10] Baericke, a.a.O., S.128

Charlottental before World War I

The new railway line from Kolmanskuppe to Charlottental

wurde, wählten die Stadträte Emil Kreplin einstimmig zum Ehren-
bürgermeister. Im August erwirbt unser Großvater noch einmal zehn
Schürfscheine für die Dauer vom 19.August 1908 bis 19. Februar 1909.
Im November 1908 arbeiten ein Weißer und sechs Ovambos auf
dem Charlottentaler Schürffeld, die bei gutem Wetter täglich durch-
schnittlich 70 Karat gewinnen. Die höchste Tagesleistung war einmal
84 Karat. Auf ihrer Schiffsreise zurück nach Afrika wird Charlotte
Winkelvoss vom Kapitän herzlich begrüßt und als eine der reichsten
Frauen von Südwest beglückwünscht, was Charlotte mit angeborener
Skepsis aufnimmt.

In der Presse erscheinen Meldungen, die fantastisch klingen: Die Aktien eines Syndikats wechselten am 3. Oktober 1908 den Besitzer zum vierfachen Preis von zwei Tagen zuvor. Sie waren von 1000 RM auf 4000 RM gestiegen. Dabei lagen die Gestehungskosten weit unter denen von Kimberley: bei 1,50 RM.

Am 2. Dezember 1908 erscheint zum ersten Mal in der Deutsch - Südwestafrikanischen Zeitung aus Swakopmund eine Anzeige, mit der Winkelvoss als offizieller Makler des Börsenvereins Lüderitzbucht wirbt:

„Streng reelle Vermittlung aller Börsengeschäfte. Spezialität: Lüderizbuchter Diamanten und Kupferwerte. Stets grosse Auswahl in Geschäfts- und Wohnhäusern, Grundstücken und Farmen."

In Charlottental entwickelt sich eine kleine Siedlung mit 25 Häusern, von denen die Kinder auf gepflegten Sandpisten mit einem Maultiertrolley zur deutschen Schule nach Kolmanskuppe gebracht wurden. Im Ort war ein Metzger mit eigener Schweinezucht und ein Store für die täglichen Dinge. Brot kam aus Lüderitzbucht. Der nächtliche Sternenhimmel entschädigte mit seiner Strahlkraft über der Wüste für den Mangel an Unterhaltungsindustrie. Ein Großereignis bietet das Auftauchen des Kometen Halley, der im April 1910 über Süd-West zu sehen ist.[11]

Die Einsamkeit unter dem südlichen Kreuz versucht man in harmonischer Nachbarschaft mit den Familien in Lüderitzbucht, Pomona und Kolmanskuppe zu bezwingen. In den Wintermonaten Mai bis September können die Nächte eiskalt und die Tage voller Nebel sein. Neben den Widrigkeiten der Natur hat die Bevölkerung von Südwest auch einen harten Stand gegenüber der Deutschen Kolonialgesellschaft, die die Diamanten-Ausbeute nicht einigen Privatleuten überlassen will. Der Direktor der Darmstädter Bank, Dr. Bernhard Dernburg, wird zum Staatssekretär des Reichskolonialamts ernannt und besucht im Juli 1908 die Kolonie. Der Ruf eines geschäftstüchtigen Bankiers eilt ihm voraus.

---

[11] Nach seiner Umlaufzeit von 76 Jahren sieht ihn Hildegard, die Tochter von Charlotte und Georg, in ihrer neuen Heimat Oldenburg im Jahr 1986.

Nach nur fünf Monaten anhaltender Hochstimmung unter der Bevölkerung erklärt Dernbug am 22. September 1908 das riesige Gebiet zwischen dem 26. Breitengrad und dem Oranjefluss, etwa 300 mal 100 km, zum Sperrgebiet zugunsten der Deutschen Kolonialgesellschaft. Mit Wirkung vom 1. Oktober gilt die Verordnung, mit der allein die Kaiserliche Regierung durch gesetzliche Vorgaben und Einschränkungen für die ansässigen Siedler ihre Hand über die kostbaren Mineralien hält. Die bereits registrierten Felder werden anerkannt, aber es werden keine neuen Schürfrechte vergeben.

In Nr. 1 des 1. Jahrgangs der Lüderitzbuchter Zeitung findet sich eine Eintragung vom 13. Februar 1909, betreffend die Kaukausibtal-Diamant GmbH:
Teilhaber werden hiermit aufgefordert, ihre Teilhaberschaft bis spätestens am 20.Februar 09 beim unterzeichneten Geschäftsführer ordnungsgemäß nachzuweisen.
Lüderitzbucht, den 13. Februar 1909. G. Winkelvoss

Generalversammlung: Montag, den 22. Februar 1909, abends 8 ein halb Uhr im Kapp`schen Saale
Tages – Ordnung:
1.Notarielle Protokollierung und Beglaubigung der Beschlüsse der Generalversammlung vom 8. Februar a.c.
2. Ausgabe gedruckter Anteilscheine
3. Bericht des Vorstandes über Fortschreiten der Arbeiten, Funde etc.
4. Diverses
Der Vorstand: G. Winkelvoss – S. Kahn

In der 4. Ausgabe der Lüderitzbuchter Zeitung vom 6.März 1909 findet sich die Bekanntmachung:
Die mir von Herrn John Spence gegebene Handelsvollmacht ist erloschen.
27.Februar 1909. Georg Winkelvoss

In Nr. 10 vom 17. April 1909 steht die Meldung:

Winkelvoss' brauner Wallach (Reiter: Salzmann) ergattert im Eröffnungsrennen über 1200 Meter den 2. und im Prüfungsrennen über 2000 Meter den 3. Platz.

Auf einer ausgetrockneten Lagune hatte man eine 800m lange Rennbahn angelegt, die als Elipse an einer Tribüne vorbeiführte. Die Rennen wurden organisiert, sobald ein deutsches Kriegsschiff sich anmeldete. Dann spielte die Bordkapelle schmissige Märsche, die Mannschaften kamen in ihren Ausgehuniformen und die Lüderitzbuchter Damenwelt in üppigen Garderoben. Kaffee- und Bierzelte sorgten für leibliche Genüsse. Die Pferde waren oft importiert aus der Kapregion, es gab Vollblut und Halbblut. Bürgermeister Kreplin besaß einen feurigen Araberhengst.

März 1909 Ein Prosit auf die Karate

Im Mai 1909 wurde von der Kaukausibtal–Diamant Gesellschaft wieder eine Generalvollversammlung für den 14. Mai einberufen, ohne dass der Name Winkelvoss genannt wird.

In Nr. 15 des zweiten Jahrgangs der Lüderitzbuchter Zeitung steht unter dem Datum vom 9. April 1910 die folgende Bekanntmachung: *Wir bringen hiermit zur Kenntnis, dass Herr Georg Windelvoss seine Tätigkeit als offizieller Makler an hiesiger Börse eingestellt hat.*
Börsenverein Lüderitzbucht, den 1. April 1910
Die deutschen Namen aus der Anfangsgeschichte des Diamanten-Boom, der bis heute unter dem Monopol der Firma de Beer aus Südafrika anhält, finden sich noch immer auf alten Landkarten: Wüstenkönig, Prinzenbucht, Märchental, Charlottental, Bismarckfeld u.ä.

Unter Dernburg tauchen jetzt aber an der Börse die Namen der Hochfinanz auf: Bleichröder, Mendelssohn, Oppenheim, Warburg und Deutsche Bank.

Baericke spricht von „Enteignung" und hält nicht zurück mit seiner Empörung: *In Wahrheit handelte es sich um eine gewaltige Schiebung Dernburgs zugunsten seiner zahlreichen Bankfreunde in Deutschland, die hier ein gutes Geschäft witterten....ein Ausschluss aller kleinen Unternehmer zugunsten des Großkapitals.* [12]

Aus Deutschland kommen Landvermesser und offizielle Diamantensucher mit staatlichem Auftrag, finanziert von kapitalstarken Bankern und Unternehmern. Bis 1913 wurde fast eine Tonne Diamanten gewonnen, das waren etwa fünf Millionen Karat im Wert von ca. 150 Millionen Reichsmark. Max Baericke hat sich die reichen Diamantvorkommen in der Wüste so erklärt:

Als Gott die Welt erschuf, da war die Erde wüst und leer, und es war dunkel. Und Gott sprach: „Es werde Licht. Und so wurde aus Morgen und Abend der erste Tag." So lesen wir es in der Bibel. In den folgenden fünf Schöpfungstagen schien der liebe Gott die Erde um die Lüderitzbucht herum vergessen zu haben, denn sie blieb wüst und leer. Und als er am siebten Tag ausruhte und sein Werk besah, da schien ihn die trostlose Wüste zu gereuen, und er weinte bittere Tränen. Und die Tränen fielen in den Wüstensand und erstarrten zu Diamanten. [13]

---

[12] Baericke a.a.O., S. 48.
[13] Baericke a.a.O., S. 161.

Die wissenschaftliche Erklärung für das Naturphänomen liegt in den Drakensbergen im Südosten von Afrika, auf der Höhe von Durban. Das ehemals vulkanische Gebiet hat vor etwa 100 Millionen Jahren unter Druck und Hitze Lava mit Blaugrund aus 150 km Tiefe empor geschleudert, die vom Oranjefluss auf seinem Weg nach Westen über 2000 km weit mitgerissen wurde bis zum Atlantik. Hier wirbelt der Benguelastrom den Sand auf, der Wind weht ihn in nördlicher Richtung an die Küste, wo die Diamanten im Schotter liegen bleiben, wenn die Sanddünen weiterziehen.

Immer wieder tauchen Gerüchte über neue Fundplätze auf. Dann beginnt hektisches Treiben, besonders wenn sie außerhalb des Sperrgebietes liegen. Dazu gehört die Spencer Bucht, über die in der Lüderitzer Zeitung vom 26. Juni 1909 zu lesen ist:

Auf bestimmte Informationen konnte man nicht warten. Nach den bisherigen Erfahrungen schien die Namib ein Gebiet unbegrenzter Möglichkeiten. Eile war geboten, wollte man nicht eventuell das Nachsehen haben. Eine fieberhafte Tätigkeit entwickelte sich daher am Orte. Gesellschaften und Syndikate schossen wie Pilze auf. Alle verfügbaren Kamele, alle Kutter wurden mit Beschlag belegt. Wegen Mangels an Kamelen, für die man 2.600 Mark und mehr bot, wurden auch Pferde, Maultiere und sogar Esel beladen und eiligst in die Namib geschickt. Ferner wurden die Dampfer „Erna Woermann" und „Hippomenes" für hohes Geld gechartert, um Leute, Proviant, Wasser, Heuballen, Kondensatoren und riesige Mengen von Schürfpfählen und -tafeln nach der Spencer Bucht zu befördern. Ein Besenstiel, zur rechten Zeit an richtiger Stelle aufgestellt, k a n n Hunderttausende bedeuten.

19. 1909 Expedition auf die Pinguin Insel

Ach, die sittenlose Presse!
tut sie nicht in früher Stund
All die sündlichen Exzesse
schon den Bürgersleuten kund?!
Wilhelm Busch

Das Glück war nicht allen hold, die sich vielversprechend auf die Suche danach gemacht hatten. Max Ewald Baericke berichtet als Zeitzeuge ausführlich über das Ende der Kaukausibtal-Diamantengesellschaft. Er lebte Anfang des 20. Jahrhunderts als junger Bauunternehmer in Lüderitzbucht. Bei Ausbruch des Krieges geriet er 1914 in portugiesische Gefangenschaft. Nach seiner Freilassung 1919 ging er nach Deutschland, um 1937 nach Angola zurückzukehren, wo er 1960 erschossen wurde. Im Jahr 1958 hatte Baericke seine Erinnerungen an die Diamantenzeit in Südwest niedergeschrieben. Aber erst 2001 wurde der Text durch die Namibia Wissenschaftsgesellschaft in Buchform veröffentlicht, wodurch die Familie von der tragischen Geschichte unseres Großvaters erfuhr.[14]

Die Schürffelder der Kaukausibtal-Diamanten-Gesellschaft lagen in einem weiten Tal östlich von Pomona Island und etwa 70 Kilometer südlich von Lüderitzbucht in dem gleichnamigen trockenen Flussbett, das, von der Salzwasserstelle Kaukausib kommend, sich an der Polizeistation Pomonapforte mit dem Märchental vereinigt und bei Prinzenbucht ins Meer fließt, und nur bei wolkenbruchartigem Regen, der vielleicht alle fünfzig Jahre einmal vorkommt, bahnt sich der Fluss für wenige Stunden wieder sein altes Bett. Verwegene Diamantensucher hatten gegen Ende des Jahres 1908 das Tal entdeckt und ihre Schürftafeln aufgestellt, die bei der Bergbehörde rechtsgültig registriert waren. Die ersten Funde hatten ein überraschend gutes Resultat ergeben. Mit vier Schürftafeln von je tausend Meter Radius hatte man das ganze Tal belegt und Diamanten von fabelhafter Größe und Reinheit gefunden.

[14] Baericke a.a.O., S. 55ff.

Aus den vier Feldern, die nach dem hochangesehenen Lüderitzbuchter Kaufmann Georg Winkelvoss benannt wurden, der die Tradition der alten ehrbaren Hamburger Kaufleute auch in Afrika pflegte, wurde mit einem Gründungskapital von nur 100 000,-- Mark die Gesellschaft gegründet. Jedes Feld war mit zwanzigtausend Mark bewertet worden, und das Betriebskapital von zwanzigtausend Mark war in bar einbezahlt. Es wurden einhundert Anteilscheine von je 1000,-- Mark nominal ausgegeben, die sich auf die wenigen Gründer verteilten. Zu diesen gehörte auch der Barbier Böttcher, der die Felder mit entdeckt und dafür zwei Arbeitsanteile erhalten hatte.

Zum ersten Geschäftsführer war der Kaufmann Georg Winkelvoss, zum zweiten Geschäftsführer der Kaufmann Sally Kahn ernannt worden. Obwohl die Gesellschaft noch keine Abbaurechte besaß, da infolge Mangels an Landmessern die Vermessungsarbeiten noch nicht begonnen hatten, so hatte man in Anbetracht des guten Rufes des ersten Geschäftsführers, der ausgezeichneten Prospektionsergebnisse und der außerordentlich niedrigen Bewertung der Felder, diese zur Börse zugelassen. Die Anteilscheine waren in festen Händen, und die Besitzer hatten keine Eile, sie zu verkaufen. So kam es, dass im Verlauf von knapp 8 Monaten die Anteilscheine von tausend Mark nominal an der Börse auf 37.500,-- Mark gestiegen waren. Böttcher, der wie schon erwähnt, zwei Anteilscheine besaß, hatte gegenüber von Kapps Hotel ein Barbiergeschäft. Barbiere sind meistens gesprächig, und als ich mir eines Tages die Haare bei ihm schneiden ließ, erzählte er mir von seinen Kaukausibtal-Anteilen und fragte mich um Rat, ob er sie wohl verkaufen oder noch halten solle, bis sie weiter steigen. Ich antwortete ihm, dass es ganz darauf ankomme, was er mit dem Geld anzufangen beabsichtige. Er sagte mir, dass er nach Deutschland zurückfahren und sich in Berlin einen Barbiersalon kaufen wolle, wozu er etwa 20 bis 25 Mille brauche. Ich riet ihm, wenn er keine höheren Ansprüche an das Leben stelle, dann aber sofort die Anteile zu verkaufen und abzufahren. So geschah es auch.

Der Friseur Böttcher verließ Lüderitzbucht am 29. April 1909.

Es waren die beiden letzten Kaukausib-Anteile, die an der Börse gehandelt wurden. Zwei Wochen später waren sie wertlos und das kam so:

Weil die Gesellschaft noch keine Abbaurechte besaß, mussten die Schürfscheine vor Ablauf der sechsmonatigen Gültigkeit verlängert werden. Geschah das nicht, dann waren sie verfallen und ungültig, neue Schürflizenzen wurden nicht mehr erteilt. Die Gültigkeit der Kaukausibtal-Schürfscheine lief im Mai 1909 ab, der Geschäftsführer Georg Winkelvoss war seiner Gesellschaft gegenüber für deren ordnungsgemäße Verlängerung zuständig. Auf seinem Kalender machte er sich Notizen, um diesen Termin nicht zu versäumen. Noch hatte er acht Tage Zeit, und es war nicht üblich, die Verlängerung früher als am letzten Tag vor Ablauf der Frist zu beantragen.

Da kam der zweite Geschäftsführer Sally Khan aufgeregt in sein Büro und erzählte ihm, dass auf Pinguin Island, einer dem Robertshafen vorgelagerten englischen Insel, Diamanten gefunden worden seien. Man müsse unverzüglich eine Expedition ausrüsten und dort Felder belegen. Der Vorschlag war verlockend, Pinguin Island fiel nicht unter die Dernburg´sche Sperrverordnung. Mit einem Ruderboot war sie in etwa einstündiger Fahrt zu erreichen. Es wurde zwischen den beiden Geschäftsführern vereinbart, ganz im Geheimen alle notwendigen Ausrüstungsgegenstände sowie Wasser und Proviant zusammenzustellen und zur Haifischinsel zu schaffen. In der Nacht sollte dann Winkelvoss mit einigen Cape Boys zur Pinguin-Insel gebracht werden, während Sally Kahn mit dem Boot zurückfahren und in drei Tagen wiederkommen sollte, um Winkelvoss und die Arbeiter abzuholen. Wohl fiel Winkelvoss ein, dass die Verlängerung der Kaukausibtal-Schürfscheine nicht vergessen werden dürfe, und so beauftragte er als gewissenhafter Mann seinen Angestellten X, für den Fall, dass er nicht rechtzeitig zurück sei, die Verlängerung vorzunehmen, indem er diesem das Geld für die Kosten hinterließ. Außerdem war er fest überzeugt, in drei Tagen zurück zu sein. Ohne sich große Sorgen zu machen, fuhr er bei Nacht und Nebel mit dem Boot ab, das Sally Kahn noch in

derselben Nacht nach Lüderitzbucht zurückbrachte. Die Prospektion auf
Pinguin Island verlief ergebnislos, Diamanten wurden nicht gefunden. Am
dritten Tage packte man die Geräte wieder zusammen und wartete auf
das Eintreffen des Bootes. Doch es kam nicht. Auch in der zweiten und
drittfolgenden Nacht kam es nicht, und Winkelvoss wurde auf das Höchste
beunruhigt. Was war da los, warum kam Sally Kahn nicht, um ihn abzuholen, wie vereinbart war? Ein dunkler Verdacht stieg in ihm auf. Hatte
man ihn nach Pinguin Island verschleppt, um desto ungestörter die Kau-
kausibfelder jumpen zu können? Doch das konnte nicht sein, eine solche
Lumperei traute er Sally Kahn nicht zu. Und außerdem war ja noch sein
Büroangestellter X da, dem er eingeschärft hatte, vor Ablauf der Frist die
Verlängerungskosten bei der Bergbehörde zu bezahlen. Trotzdem kam ihm
das Verhalten seines Kollegen Sally Kahn recht verdächtig vor, oder sollte
ihm ein Unglück zugestoßen sein?
Der Proviant und auch der Wasservorrat gingen zur Neige, es musste also
irgend etwas geschehen, wenn man nicht verhungern und verdursten wollte.
Winkelvoss entsann sich, dass ein Dampfer der Deutschen Ostafrika-Linie
fällig war. Er ließ angeschwemmte trockene Holzteile zusammentragen
und zu einem Stapel aufschichten, womit er dem Dampfer bei der Ein-
fahrt in den Robertshafen ein Feuersignal geben und mit Decken winken
wollte. Als der Dampfer gegen Abend einlief, wurde der Stapel angezündet
und mit Decken gewinkt. Das Signal wurde an Bord wohl gesehen, aber
als Begrüßung aufgefasst. Als der Dampfer um Mitternacht wieder auslief,
wurden die Signale wiederholt. Aber nichts geschah, der Dampfer fuhr aus
und setzte seine Reise nach Norden fort.
Der letzte Tag war angebrochen, und eine innere Unruhe sagte Winkelvoss, dass irgend etwas mit Kaukausib nicht in Ordnung sei und er versuchen müsse, nach Lüderitzbucht hinüberzuschwimmen. Er war kein guter
Schwimmer. Etwa 35 Jahre alt, 1,80 Meter groß und hager und stark kurz-
sichtig, ein richtiger Büromensch. Zudem betrug die Entfernung zwischen
der Südspitze der Pinguin-Insel und der Nordspitze der Haifischinsel etwa

1500 Meter. Aber er musste es wagen, koste es, was es wolle, sein guter Ruf und seine Ehre standen auf dem Spiel.

Aus angeschwemmten Holzteilen ließ er ein Floß bauen, an welchem er sich festzuhalten gedachte, falls ihn die Kräfte verlassen sollten. Doch kaum war er hundert Meter weit geschwommen, als ihm in dem eiskalten Wasser die Kräfte versagten und die starke Meeresströmung ihn und das Floß wieder zur Insel zurücktrieb. Cape Boys schwammen ihm entgegen und zogen den bewusstlosen Winkelvoss an Land, packten ihn in warme Decken und flößten ihm warmen Kaffee ein. So lag er noch zwei Tage in seinem Zelt, unfähig zu sprechen oder aufzustehen.

Inzwischen waren die Kaukausibtal Scheine verfallen. Der Büroangestellte hatte den Termin versäumt und das ihm anvertraute Geld verjubelt. Als diese Nachricht an der Börse bekannt wurde, brach eine Panik aus, Anteilbesitzer wurden halb wahnsinnig. Die Lüderitzbuchter Zeitung brachte ein Extrablatt heraus: Kaukausibtal verfallen, Geschäftsführer unauffindbar. Man bestürmte die Wohnungen von Winkelvoss und Sally Kahn, aber die Boys wussten nicht, wo sie waren. Der Boy von Winkelvoss sagte, dass sein Baas auf Expedition sei; der Boy von Sally Kahn wusste nur, dass sein Baas mit dem Zug fortgefahren war. Der Telegraph verbreitete die Nachricht vom Sturz der Kaukausibtal-Anteile in Windeseile im ganzen Schutzgebiet. So kam sie auch nach Keetmanshoop, wo Sally Kahn gerade beim Mittagessen im Hotel saß. „Um Gottes Willen, das habe ich ja ganz vergessen, dass der arme Winkelvoss noch auf Pinguin-Island sitzt", soll er ausgerufen haben. Dann lief er zur Post und gab ein dringendes Telegramm an die Woermann-Linie in Lüderitzbucht auf, in welchem er bat, schnellstens eine Barkasse nach Pinguin-Island zu schicken, um Winkelvoss und seine Leute abzuholen, da höchste Lebensgefahr bestehe.

Winkelvoss war dem Wahnsinn nahe, als er erfuhr, dass Kaukausibtal verfallen war. Es bedurfte vieler Wochen ärztlicher Pflege, bis er sich von seinem Nervenschock wieder erholte.

Die Kaukausibtal-Diamanten-Gesellschaft m.b.H. wurde an der Tafel der Lüderitzbuchter Börse gestrichen. [15]

[15] Baericke, a. a. O. S. 58.

20. 1909 Verrat und Versagen

Rule, Britannia! Britannia, rule the waves!
Britons never, never, never shall be slaves.
Inoffizielle Nationalhymne der Briten

Die letzte Generalversammlung der Kaukausibtal-Diamanten-Gesellschaft unter der Leitung von Winkelvoss fand am 22. Februar 1909 statt. Am 27. Februar entzog ihm der Teilhaber John Spence die Handelsvollmacht. Am 8. Mai fand eine Generalversammlung ohne Georg Winkelvoss statt. Daraus können wir schließen, dass der „Ausflug" zur Pinguin Insel zwischen Ende April und Anfang Mai 1909 stattgefunden hat.

Zuhause hatte Lotte auf die Rückkehr ihres Mannes von einer angeblichen Expedition ins Landesinnere gewartet. Georg hatte auch ihr nichts von dem märchenhaften Fund auf der Pinguin-Insel erzählt. Nun bringt man ihr den Mann sterbenskrank und mittellos zurück. Sie hört die wahre Geschichte und pflegt ihn voller Hingabe. Mit Humor und viel realistischem Sinn für das einfache Leben tröstet sie ihn über den Verlust seiner Schürffelder hinweg. Sie hatte ja nie so recht daran geglaubt, eine reiche Frau zu sein.

Dennoch will sie den Verrat an die deutsche Kolonialbehörde melden lassen, aber Georg wehrt ab. Er war tief in seiner Kaufmannsehre getroffen, weil er seinem Kompagnon Sally Kahn auf den Leim gegangen war. Er übernahm die alleinige Verantwortung.

Was er in Swakopmund zu erledigen hatte, wissen wir nicht. Jedenfalls ging er am 23. Mai 1909 in Lüderitzbucht von Bord der „Eduard Bohlen", mit der am gleichen Tag Sally Kahn nach Kapstadt abreiste. Als charakteristische Eigenschaft eines hanseatischen Kaufmanns gilt die *"Verbindung nüchternster Berechnung des kaufmännischen Nutzens mit höchster Vorsicht, ein kühler Blick für das Erreichbare."* So sieht es Wilhelm Schüßler kritisch über den Abenteurer Lüderitz in seiner Biografie. [16]

---

[16] Wilhelm Schüßler, Adolf Lüderitz. Ein Kampf um S.W.A. 1883–1886, Bremen 1936, S.30.

Im hanseatischen Bremen galt es als Schmach, geschäftlichen Misserfolg zu haben. So wurden nach der Liquidierung der Firma Adolf Lüderitz alle Geschäftsunterlagen, Briefe und Tagebuch-Aufzeichnungen vernichtet, damit nichts an das Scheitern erinnerte.

Die Eheleute Winkelvoss kommen überein, niemandem von ihrem Unglück zu erzählen. Die Kinder glaubten lange, der Vater habe seine Anteile verkauft, um eine Expedition auszurüsten. Auch in der Lüderitzbuchter Zeitung kam keine Meldung. Erst aus den Erinnerungen der Lüderitzbuchter Zeitgenossen, die in den Bibliotheken von Windhoek lagern, haben sie von dieser Tragödie erfahren, als sie die alte Heimat ihrer Eltern als Touristen besuchten.

In Nr. 39 der Lüderitzbuchter Zeitung wird am 6. November 1909 die Geburt des zweiten Sohnes Reimer am 31. Oktober „hocherfreut von Herrn Winkelvoss und Frau geb. Schwenn" angezeigt.

Baericke berichtet vom Glück im Unglück, was mit den Feldern der Kaukausib-Diamanten-Gesellschaft geschah, die innerhalb des 3.200 Hektar großen Pomonagebietes lagen. Um sie war es zum Streit zwischen den Eigentümern und den Schürfern gekommen, der 1912 in einem Vergleich beigelegt wurde: bei der Gründung der Pomona-Diamanten-Gesellschaft bekamen die ehemaligen Gesellschafter der Kaukausibtal-Diamanten GmbH. ungefähr 800 Pomona-Anteile von nominal 100,--Mark, die bereits im Jahr 1913 einen Kurswert von 800.000,-- Mark hatten.[17]

Dezember 1909 Reimers Taufe

[17] Baericke, a. a. O. S. 58.

Im Nationalarchiv von Namibia in Windhoek liegen Gerichtsakten unter dem Titel „Zivilprozesssache Kaukausib- Diamantgesellschaft contra Winkelvoss und Genossen 1910 – 1911". Als Rechtsanwalt wird Dr. Lübbert, Lüderitzbucht, genannt. [18]

Die Tochter von Erich Lübbert, Gerda Friedrichs, baute in Nordamerika die Züchtung der Trakehner Pferde auf, von denen sie 23 tragende Stuten importierte. Erich Lübbert erwarb die Aktienmehrheit der Baufirma Dyckerhoff und Widmann (Dywidag), für die mein Bruder Dieter als Tiefbauingenieur in Afrika tätig war.

Group Code:	GLU
Storage Unit:	261
File number:	F39/09
File Title:	Strafsache contra Winkelvoss wegen Unterschlagung
Dates:	1909-1909

Group Code:	GSW
Storage Unit:	435
File number:	F86/09
File Title:	Ermittlungssache gegen Winkelvoss wegen Betruges
Dates:	1909-1909

Group Code:	GLU
Storage Unit:	154
File number:	O145/10
File Title:	Zivilprozesache. Kaukausib Diamantgesellschaft contra Winkelvoss und Genossen.
Dates:	1910-1911

Die Anklage auf Unterschlagung wurde eingestellt, weil die Bank an anderen Namen überwiesen hatte. Die Ermittlung wegen Betruges beruhte auf einer Anzeige von de Pass/ Spence, weil Winkelvoss als Makler angeblich falsche Erwartungen geweckt hatte.1910-1911 ging es um die Verlängerung der Schürfscheine zwischen John Spence/de Paas und Winkelvoss, der von Rechtsanwalt Dr. Lübbert vertreten wurde.

Der Gegenpart von Winkelvoss war die Londoner Firma de Paz/ Spence & Co. John Spence verhielt sich von Beginn an feindselig gegenüber den Deutschen. Er hatte eine Faktorei in der Bucht und berief sich auf einen Vertrag, den er mit dem Kapitän Joseph Fredericks geschlossen hatte, der lediglich Nutzungsrechte an Mineralien um den Pomona Tafelberg auf unbestimmte Zeit beinhaltete, nicht aber einen Landverkauf einschloss. John Spence sah sich trotzdem als

[18] Erich Lübbert war auch erfolgreicher Geschäftsmann und gründete gemeinsam mit Ernest Oppen heimer die Consolidated Diamond Mines of South West Africa Ltd. 1922 ging die Familie zurück auf den Familienbesitz Schloss Sommerswalde westlich von Berlin zwischeni Kremmen und Nauen. Auf einem Remontdepot bei Kremmen wuchs auch Paul Schwenn auf.

Herr über die Bucht und die ihr vorgelagerten Inseln Pinguin-Island, Halifax- und Haifisch-Insel. Die deutsche Regierung hatte deshalb Lüderitz den Rat gegeben, gute Beziehungen mit den englischen Behörden zu unterhalten.

Auf die Frage „cui bono?" führen die Indizien zu dem Engländer John Spence, der hinter Sally Khan stand. Es war England immer ein Dorn im Auge gewesen, dass Deutschland sich an den Küsten Afrikas niedergelassen hatte. Obwohl man sich mokierte, dass die Deutschen sich ein so trostloses Gebiet ausgesucht hatten, versuchten die Engländer, den Konkurrenten zu schaden, wo sie konnten.

Als Cecil Rhodes, Imperialist par excellence, Premierminister der Kapkolonie wurde, versuchte er, ganz Südafrika von Ost nach West unter die Herrschaft der Briten zu bringen, für ihn „die erste Rasse der Welt". Im Osten zettelte er 1895 eine Verschwörung gegen den Burenstaat Transvaal unter dem deutschstämmigen Paul Krüger an, die aber als „Jameson Raid" scheiterte. Das Telegramm, mit dem Wilhelm II. „Ohm Krüger" 1896 zu seinem Sieg gratulierte, verursachte als „Krüger Depesche" diplomatische Komplikationen.

Im Westen waren Cecil Rhodes die Deutschen ein Störenfried, und er brachte über die britische Landgesellschaft mehr und mehr Land in englischen Besitz. Dass die Vorherrschaft Großbritanniens bzw. der Kapkolonie in DSWA *keine politischen Gefahren für die deutsche Kolonie nach sich zog, hing mit dem Scheitern des Jameson Raid an der Jahreswende 1895/96 zusammen, wodurch den hochfliegenden imperialistischen Plänen eines Cecil Rhodes ein jähes Ende bereitet wurde.*[19]

Die Briten machten auch jede Anstrengung, sich durch verdeckte Orders in die deutschen Gesellschaften einzukaufen. Aber die Lüderitzbuchter waren auf der Hut. Sie hielten an ihren Feldern fest, auch weil sie vermuteten, dass die Angebote aus englischen Kreisen stammten. So kam es, dass bis auf einen kleinen Teil, wohl die Kaukausib-Mulde, die Felder in deutschem Besitz geblieben sind. Da ihre dringende Nachfrage nicht auf ein ausreichendes Angebot

---

[19] Horst Drechsler, Südwestafrika unter deutscher Kolonialherrschaft, Stuttgart 1996, S..9

stieß, verlegten sich die Engländer auf unehrenhafte Machenschaften und Betrug. In Nr. 40 der Lüderitzbuchter Zeitung steht die Bekanntmachung:

Wir bringen hiermit einem verehrlichen Publikum zur gefälligen Kenntnis, dass wir im Hause des Herrn Rosenbluth & Co. neben unserem Comptoir eine AUKTIONS – HALLE eröffnen. Am 20. dieses Monats beginnend, finden in Zukunft jeden Sonnabend, 4-6 Uhr nachmittags dortselbst öffentliche Versteigerungen statt. Interessenten, die Waren, Moebel, Gebrauchs- und sonstige Gegenstände, Tiere oder dergleichen im Wege der Versteigerung veräußern wollen, belieben ihre Anmeldung zu richten an WINKELVOSS & WIENER
Telephon No. 49 Postfach No. 75

Wie zum Trost oder aus Trotz erwirbt die Familie jetzt ein Grundstück in der Stadt mit Blick auf das Meer. In der Lüderitzbuchter Zeitung erscheint am 3. September 1910 das Aufgebot:

Der Kaufmann Georg Winkelvoss in Lüderitzbucht hat die Anlegung eines Grundbuchblattes für sein in Lüderitzbucht liegendes Grundstück, Flurkarte von Lüderitzbucht Blatt 8, Flurstück 24, beantragt.

Das Grundstück hat eine Größe von 671 qm, ist nicht bebaut und hat folgende Lage: es grenzt im Norden und Osten an die Straße „Am Diamantberge", im Süden an Flurstück 25, im Südwesten an Flurstück 3 und im Westen an den Kirchweg.

Gemäß § 11 der Kaiserlichen Verordnung vom 21.November 1902 werden hiermit alle diejenigen, welche das Eigentum oder ein zur Eintragung in die zweite und dritte Abteilung des Grundbuches geeignetes Recht an dem Grundstück in Anspruch nehmen, aufgefordert, ihre Rechte und Ansprüche bis zum 15. Dezember 1910 bei dem Kaiserlichen Bezirksgericht in Lüderitzbucht anzumelden und glaubhaft zu machen. Im anderen Falle erfolgt die Anlegung des Grundbuchblattes ohne Rücksicht auf diese Rechte und Ansprüche.
Lüderitzbucht, den 29.August 1910.
Der Kaiserliche Bezirksrichter

Georg baut ein Haus und legt einen Garten an. Charlotte trägt jeden Tropfen Wasser hinaus auf die Pflanzen und singt dabei: *Glücklich ist, wer vergisst, was nicht mehr zu ändern ist.*

Obwohl die Region um die kleine Meeresbucht eine trostlose Sandwüste ist, ist das Klima in Lüderitzbucht keineswegs immer warm und trocken. Durch die Wasser des Benguela-Stroms, der vor der Südspitze Afrikas aus Tiefenwasser und Wasser aus dem Indischen Ozean unter dem Einfluss des vom Lande her wehenden Passatwindes aufgewirbelt wird und an der südwestafrikanischen Küste vorbeizieht, ist das Klima oft äußerst unwirtlich: das Wasser kalt, die Luft nebelig und der Wind so stark, dass heute die Weltmeisterschaften im Windsurfen in Lüderitz ausgetragen werden.

Alle Pläne für die Zukunft muss Georg zurückstellen, weil seine Gesundheit inzwischen Anlass zur Sorge gibt. Nach seinem Ausflug auf die Pinguin–Insel leidet Georg wieder unter starken Asthma-Anfällen. Charlotte sorgt sich und rät ihm dringend zu einer Luftveränderung.

1911 fährt die Familie nach Deutschland. Charlotte ist wieder schwanger. In Hannover kommt im Juni endlich ein Mädchen zur Welt: meine Mutter Hildegard. Helene Schwenn ist zu der Zeit bei ihrer Tochter und betreut sie im Wochenbett. Während die Frauen mit den drei Kindern in Hannover bleiben, geht der Vater für mehrere Monate in die Schweizer Berge nach Arosa, um sein Lungenleiden zu lindern.

21. 1912 Neuanfang in Pomona

Charlotte trällert:
Wär ich nicht weiß,
möcht ich wohl Ovambo sein.

Im Frühling 1912 ist die Familie zurück in Lüderitzbucht. Die Lüderitzbuchter Zeitung meldet am 13. April 1912 unter Schiffsnachrichten:
Reichspostdampfer „Gertrud WOEHRMANN"
10.3.1912 an Lüderitz von Hamburg
Passagiere:...Winkelvoss und Frau mit 3 Kindern...

Georg Winkelvoss fühlt sich gestärkt und will weiter sein Glück versuchen. Eine Anzeige der Börsenhaus-Gesellschaft lädt zur Generalversammlung am 3.Mai 1912 im Namen von Georg Winkelvoss
als off. Makler des Börsenvereins ein. Auf der Tagesordnung steht
der Kursbericht des Börsenvereins Lüderitzbucht vom 13.April bis
22.April 1909.

Georg und Charlotte haben den Plan, einen „store" aufzumachen, in
dem sie mit Hilfe von Angestellten allerhand Sachen für die Arbeiter
auf den Diamantfeldern von Pomona anbieten wollen. Es sind vor
allem Ovambos, die dort beschäftigt sind.
Die Männer aus dem Stamm der Ovambos waren bekannt als gute
Handwerker, die als Schmiede kunstfertig mit Metall umgingen und
auch Gegenstände aus Holz fertigten. Sie arbeiteten sauber und sorgfältig und galten als zuverlässig, kräftig und auch gelehrig. Selbst als
Hausboys wurden sie gern eingestellt.
Die Herero dagegen hatten sich von Viehhirten zu Sammlern und
Jägern zurückentwickelt.
1912 verlässt die Familie das Haus am Meer und vermietet es, um im
Landesinnern einen Laden aufzumachen, der mit einem Wohnhaus
verbunden ist.

Georg Winkelvoss

offiz. Makler des Börsenvereins LÜDERITZBUCHT

=== Haus- und Grundstückmakler ===

Telegramm-Adresse: Winkelvoss, Lüderitzbucht.   Telefon Nummer 49.
P. O. Box 75.   A. B. C. Code 5th Edition.

Streng reelle Dermittlung aller Börsengeschäfte.
Spezialität: Lüderitzbuchter Diamanten und Kupfer=
werte. — Stets grosse Auswahl in Geschäfts= und
Wohnhäusern, Grundstücken und Farmen.

Inkasso.   Assekuranz.   Kommission.

Kursbericht des Börsenvereins Lüderitzbucht
vom 13. April bis 22. April 1909.

Stammkapital	Name der Gesellschaft	Nom. Wert	Durchschnittspreise der letzten Woche	
			Brief (Angebot)	Bezahlt
£ 125000	Kolmanskop Ltd.	£ 1/-	26,—	25,50
M 210000	Germania	M 1000	1100	
M 150000	Anichab	M 1000	250	220
M 61000	Lüderitzkupfer	M 500	—	—
M 75000	Swak. Diam.-Ges.	M 500	800	
M 60000	Glück Auf	M 10000	—	
M 60000	Kunjaskupfer	M 500	—	
M 20000	D. Berg- u. Minenges.	M 500	500	
M 105000	Kaukausib	M 500	1800	1800
M 160000	Grillental	M 1000	1700	1700
M 125000	Elisabethbucht-Ges.	M 500	1600	1500
M 120000	Kubub	M 1000	1500	
M 786000	Meteor	M 500	1700	
M 100000	Karlstal	M 500	1500	
M 620000	Windhuk	M 500	700	700
M 24000	Südstern	M 500	800	
M 300000	Südwest	M 500	600	
£ 500000	S. Afr. Territories	£ 1/-	8,—	
M 125000	K'hooper D. G. m. H. M	500	750	750

Börsenhaus-Gesellschaft mit beschr. Haft.
Lüderitzbucht.

Freitag, den 3. Mai 1912, abends 8.30 Uhr:
Generalversammlung

160

In dem „store" wurde alles angeboten, was die Leute aus Ovambo-land brauchten: Lebensmittel, Kleidung, Hausrat, Streichhölzer, Seife, Kerzen, Tabak, Schnaps u.ä.

Schon Reichskommissar Göring hatte in den Anfangsjahren der Kolonie nach Berlin berichtet: *„Gangbare Handelsartikel sind neben Waffen und Munition, Sattel- und Zaumzeug vor allem Männerkleidung, Kleiderstoffe, Kopftücher, Schuhwerk, Küchengeschirr, dazu Nahrungs- und Genussmittel wie Reis, Mehl, Kaffee, Tee und Tabak."* [20]

Sohn Reimer erinnerte sich gern an die ersten Kindheitsjahre: *Der Laden in Pomona wurde von Lüderitzbucht aus beliefert, mit Hilfe der damals noch üblichen Ochsenwagen, die – bespannt mit 16 Tieren – alle von Deutschland per Schiff ankommenden Waren durch die Wüste nach Pomona brachten. Für uns Kinder jedes Mal ein Fest, da stets Spielsachen, Obst und andere Herrlichkeiten mitkamen.*

„Pomona" ist der Name einer römischen Göttin. Sie bewirtschaftet in der antiken Mythologie einen üppigen Garten mit Obstbäumen, die reichlich Früchte tragen. Bei Wikipedia findet man zu Pomona ein Gemälde des französischen Malers Nicolas Fouché (um 1700), das eine junge Frau von blühender Schönheit zeigt, die nur spärlich von einem flatternden orangefarbenen Gewand verhüllt wird.

Das Pomona in unserer Kolonie ist eine Einöde sondergleichen: Dünen, Sand und kahle Felsen. Es gibt weder Gras noch Bäume, keinen Strauch, keine Blume! Das einzig Kostbare sind die Diamanten, die glitzernd herumliegen.

Wasser war überall in der Wüste das größte Problem. Es konnte aus Lüderitzbucht herbei geschafft werden. Das war teuer. Manche Händler verkauften Wasser in den Siedlungen, das sie mühsam durch Sonnenkondensatoren gewonnen hatten – das waren kleine Mengen und auch nicht billig. Man füllte auch Salzwasser in leere Bierfässer, unter denen Feuer gemacht wurde. Der Wasserdampf schlug sich auf einem benachbarten Fass nieder und tropfte als Wasser in ein drittes Gefäß.

[20] Graudenz, Schindler, Die deutschen Kolonien, Augsburg 1988, S.57

1913 Neuanfang mit „store" in Pomona

Brunnen gab es wenige, und man musste immer fürchten, dass sie ver-
giftet wurden. Auf dem Pad ließ man in solchem Fall die Tiere zurück
und rettete das eigene Leben mit den letzten Reserven. Davon berichtet sehr eindrucksvoll Max Baericke.

Bei der Namensgebung durch die Kolonisten drängt sich der Ein-
druck auf, dass sie sich die unwirtliche Natur mit viel Phantasie und
Träumerei geschönt haben.Vielleicht sind sie auch einer Fata Morgana
aufgesessen. Mit dem Maultierkarren konnte man in einer Stunde
das Meer erreichen, das durch den kühn herausragenden „Bogenfels"
rauscht - in brausendem Hin und Zurück. An Baden aber war meist
nicht zu denken. Reimer beschreibt das so:
*Der Maultierkarren wurde auch für Geschäftsfahrten benutzt, insbeson-
dere später, als dem Geschäft in Pomona eine Ladenkette auf anderen Diamantfeldern angeschlossen wurde und es galt, die Verwalter der einzelnen
„stores" ab und an zu besuchen. Tochter Hildegard durfte dann mitfahren
und den Vater durch Wüstensand und Klippen begleiten.*
Bei ihrer Recherche zum Leben meiner Großeltern in der Kolonie
schrieb uns die Bibliothekarin:
*Ich kann mir nichr vorstellen, dass Familie Winkelvoss es lange in Pomona
aushielt, denn es ist ein grauenhafter Ort.*

Aber die Familie lebt recht gut von der Ladenkette, die sie auf den Schürffeldern betreibt. Die Arbeiter stehen Schlange, um ihren Lohn umzusetzen. *Der glücklichste Moment des Tages kommt, wenn ich nach Ladenschluss das Geld in der Kasse zähle*, gesteht Lotte ihren Kindern, die sich ebenfalls an den kleinen Türmen der verschiedenen Münzen ergötzen.

Helene als Wirtschaftsleiterin im Kasino

Seitdem ihre Töchter in Südwest sesshaft sind, arbeitet Helene als Wirtschafterin zuerst im Beamtenkasino, später im Offizierskasino der Schutztruppe in Keetmanshoop. Zu besonderen Anlässen in Kolmannskuppe, dem Zugang zum Sperrgebiet, kocht Helene auch für die deutsche Kolonie in der berühmten Turnhalle, wo noch heute zwischen den Ruinen ein Klavier und der riesengroße Herd zu bestaunen sind. Seit 1908 war nahe der Straße und der Eisenbahnstrecke von Lüderitzbucht nach Aus eine deutsche Kleinstadt entstanden mit ca. 400 Einwohnern. Sie lieferte mit eigenem Elektrizitätswerk die Infrastruktur für ein durchaus komfortables Leben in der Wüste. Es gab ein modernes Krankenhaus, ein Postamt, eine Bäckerei und eine Metzgerei, ein Casino mit Theater, Tanzsaal und Kegelbahn. Und es gab eine Polizeistation. Eine Schmalspurbahn übernahm den öffentlichen Nahverkehr. *Jeder Luxus, der mit Geld zu kaufen war. Kein Wasser, aber ein Klavier!* Kolmannskuppe soll zu dieser Zeit die reichste Siedlung der Welt gewesen sein. An die 800 schwarze Arbeiter hielten das Ganze am Laufen.

Helene galt als energisch und kompromisslos. Sie hatte die Kraft und das Durchsetzungsvermögen, das Männer erschreckt. Als ich mit meinem Bruder einmal über ihren Charakter sprach, sagte er verächtlich: *„Das hat sich vererbt.“*

Bei einem Ausflug besucht die Familie Helene Schwenn im Kasino, wo die Kinder Werner und Reimer von den sonnengegerbten Jungs der Schutztruppe angestachelt werden, der Großmutter doch mal

„in die Suppe zu spucken." Diese Anekdote kann als Zeugnis dafür gelten, dass die resolute Helene auch in militärischer Umgebung sich durchzusetzen wusste und mit dem Kochlöffel die rauhen Kerle in Schach hielt. Ihre Devise war:
Die Gäste können warten, das Essen nicht.

Zu ihren Schwiegersöhnen hatte sie zeitlebens ein distanziertes Verhältnis. Sie ließ sich von ihnen siezen, nannte Charlottes Mann „Winkelvoss" und erhielt nie Anerkennung für ihre Bereitschaft, stets aufopfernd und hilfreich zur Verfügung zu stehen.
Mich erinnert das an das Schicksal von Christiane Vulpius, die mit ihrer Hände Arbeit ihre Familie versorgte, bevor sie das Glück oder das Schicksal ereilte, von Goethe aufgenommen zu werden. Nicht angenommen wurde sie von der gebildeten Weimarer Gesellschaft, die mit Häme auf die durchaus tüchtige Frau herabsah.
Frauen, die nie im Leben Geld verdient hatten, sondern durch Heirat sich versorgen ließen, konnten nicht würdigen, was eine alleinstehende Frau leisten muss.

22. 1914 Trennung und Kriegsausbruch

Aber hier wie überhaupt,
kommt es anders, als man glaubt.
Wilhelm Busch

Im Frühjahr 1914 beschlossen Charlotte und Georg, den inzwischen sechsjährigen Werner in die Heimat zu schicken. Werner musste in die Schule, und der nur ein Jahr jüngere Reimer sollte zu seiner Gesellschaft mitreisen.
Am 24. Juni 1914 verlassen die Kinder Pomona in Richtung Lüderitzbucht, um den Dampfer nach Deutschland zu nehmen; denn die Schiffspassage war die einzige Verbindung zwischen der Kolonie und dem Heimatland.
Begleitet werden die Jungs von Charlottes Mutter Helene Schwenn. Georg Winkelvoss hatte seine Schwiegermutter gebeten, die Betreuung seiner Söhne zu übernehmen - mit dem Versprechen, sie dafür gut zu entlohnen. „Es soll Euch an nichts fehlen!"
Die Lüderitzbuchter Zeitung meldete am 10. Juli:
Reichspostdampfer Adolph Woermann 29. Juni 1914 ab Lüderitzbucht nach Hamburg: unter den Passagieren befinden sich Frau Helene Schwenn und 2 Kinder Winkelvoss.

Die kleine Schwester Hildegard bleibt zurück bei den Eltern und vermisst ihre beiden Kameraden Werner und Reimer, ohne die sie nun allein in der unendlichen Sandkiste spielen muss. Ihr neuer Freund wird Fistus, ein schon etwas größerer Hottentottenjunge mit vielen schwarzen Locken, der Charlotte als Hausboy hilft, aber auch treu und zuverlässig für Hildchen sorgt, wenn die Eltern im Laden zu tun haben. Er wohnt mit seiner Familie außerhalb der Stadt, kommt immer morgens und geht abends wieder in sein Dorf.
Hildegard erinnerte sich gern an ihn und schilderte uns ihre Ängste, wenn die Eltern abends mal bei Nachbarn eingeladen waren.

1914 Reimer und Werner vor ihrer Abreise nach Deutschland

Dann schlief Fistus neben ihrem Zimmer, das nur durch eine leichte Bretterwand abgetrennt war. Sie redeten noch eine Weile. Wenn sie aber nicht einschlafen konnte und ihn nicht mehr hörte, fragte sie: „Fistus, bist du noch da?" Durch die Wand klang es dann tröstend zurück: "Ja, kleine Missis. Fistus da. Kleine Missis jetzt schlafen." Diese beruhigenden Worte hat Hildegard ihr ganzes Leben nicht vergessen.

Großmutter Helene und die Jungs sind 30 Tage lang mit dem Schiff unterwegs nach Europa. Als sie in Berlin ankommen, wohnen die Drei anfangs in der Ebertystraße in unmittelbarer Nähe der Schlachthöfe an

166

der Landsberger Allee, einem Armenviertel, wo Helenes Mutter Charlotte Schulz, geb. Wienke, mit ihrer unverheirateten Tochter Dorothea Schulz in einer ihrem Witwenstand angemessenen kleinen Wohnung lebt. Der Namensgeber der Straße war Eduard Gustav Eberty (1840 – 1894), Jurist, Stadtrat und Stadtsyndikus. Er machte sich verdient um Berlin, indem er sich erfolgreich für die Einrichtung eines zentralen Viehhofs nahe des heutigen S-Bahnhofs Storkower Straße auf der Feldmark Lichtenberg einsetzte. 1881 wurde der zentrale Viehhof eröffnet. Natürlich war die Luft hier geschwängert vom Brüllen der Tiere, vom Gestank lebenden und toten Fleisches sowie von den Ausdünstungen der Felle, die zum Trocknen aufgehängt wurden.

Die ersten „Wursthöfe" befanden sich im 17. Jh. außerhalb der Stadtmauern vor dem Spandauer Tor, heute attraktive Touristenmeile um den Hackeschen Markt! Das Vieh graste damals bis zu seiner Endbestimmung nahe der bis heute so genannten, aber inzwischen neu errichteten „Weidendammer Brücke" auf den Wiesen entlang der Spree, wurde dann in den Schlachthof getrieben - und die Schlachtreste einfach in den Fluss gekippt.
Zeitgleich mit Eberty kämpfte auch Rudolf Virchow (1821 – 1902), Sohn eines Fleischermeisters, um hygienische Verbesserungen in der Stadt mit ihrer rasant anwachsenden Bevölkerung. Er sprach als Erster von „Volksgesundheit". Als Professor der Medizin an der Berliner Universität und Mitbegründer der liberalen Deutschen Fortschrittspartei sowie Mitglied des Preußischen Abgeordnetenhauses kämpfte er in direkter Konfrontation mit Bismarck für eine öffentliche Sozialfürsorge und die Anlage einer Kanalisation mit zentraler Wasserver- und –entsorgung. Bismarck empörte sich und forderte ihn dafür zum Duell.

Kriegsausbruch
Es braust ein Ruf wie Donnerhall,
wie Schwertgeklirr und Wogenprall
Kampflied aus dem 1.WK

Helene war kaum mit den Kindern in Deutschland angekommen, da bricht am 1. August 1914 der Erste Weltkrieg aus. Am 8. September landen südafrikanische Truppen im Hafen von Lüderitzbucht. Von Südafrika aus überschreiten die Engländer auch den Oranje Fluss und marschieren in die deutsche Kolonie ein - mit einer Armee, die der deutschen Schutztruppe weit überlegen ist.

Damit wurde jede Verbindung zwischen Eltern und Kindern unmöglich. Weder Post noch direkte Geldüberweisungen kamen an den Engländern vorbei nach Deutschland. Georg wurde zum Landsturm eingezogen und arbeitete wegen seiner angeschlagenen Gesundheit in der Bekleidungskammer. Er wurde zum Gefreiten befördert, musste jedoch nicht zum Fronteinsatz.

Aus Pomona schreibt Charlotte am 11. August 1914:
Mein liebes Muttchen, meine lieben Jungs!
Wie ist doch alles so ganz anders gekommen, als wir noch vor kurzem dachten. Der alte Spruch trifft wieder einmal zu: „Der Mensch denkt, Gott lenkt." Unser „store" hatte sich gut entwickelt, und wir hatten schon den Tag ausgerechnet, an dem wir dieser Wüste den Rücken kehren könnten, um zu unseren Kindern zu fahren. Jetzt ist es vorbei mit dem Geschäft – und wer weiß, was noch alles kommt!
Der Krieg trifft uns hier sehr hart. Wir haben ein großes Warenlager, aber absolut keine Einnahmen. Es sind fünf Eingeborene hier und einige Weiße, die aber fast alles im Magazin der Pomona–Diamant-Gesellschaft frachtfrei kaufen. Wir nehmen 5 – 10 Rmk. am Tag ein und haben gerade jetzt große Zahlungen zu leisten. Na, wir lassen trotzdem den Mut nicht sinken! Auch für Euch wird mein Mann sorgen. Liebes Muttchen, ich weiß, dass

du sparen kannst und wirst, wenn das harte Muss kommt. Die Haupt-sache aber ist immer: für die Jungens gute, reine Luft, gutes, kräftiges Essen und viel Bewegung im Freien!

Wir nehmen bestimmt an, dass Du in Berlin wohnst und während des Krieges bleiben wirst, weil du dort am besten bekannt bist. Aber wie viele werden ihre Angehörigen nicht wiedersehen bei Euch in Deutschland! Diese Gefahr besteht ja hier nicht. Nach Beendigung des Krieges geht es mit frischem Mut von neuem an die Arbeit; dann werden wir schon für unsere Kinder schaffen und sparen können.

Meine Lieben, wenn wir doch nur ein Lebenszeichen, von Euch hätten, aber das ist jetzt ausgeschlossen. Obwohl augenblicklich keine Post abgeht, werde ich Euch fortlaufend schreiben, damit Ihr, sobald wieder regelmäßig Dampfer fahren, sofort ausführliche Nachricht von uns erhaltet.

Pomona, den 18. August 1914

Ach, meine lieben guten Jungens, wie groß ist doch meine Sehnsucht nach Euch. Wenn ich doch nur wüsste, wo Ihr wohnt und ob Ihr das Geld von der Bank regelmäßig bekommt. Hoffentlich kommt Ihr nicht in Not! Sehr traurig würde es uns machen, wenn wir hören würden, dass Ihr die ganze Zeit über in der Ebertstraße gewohnt habt. Diese arme, hässliche Gegend! Liebes Muttchen, ich hoffe nicht, dass du das tust; denn unsere Jungens sollen zuerst einmal gute, reine Luft haben und guten Umgang. Wir nehmen bestimmt an, dass du in Treptow wohnst oder in Tempelhof bei Bergers. Herr Berger ist ja wohl zum Militär eingezogen. [21]

Hoffentlich geht Ihr sofort hinaus in eine Gegend, wo es gesund und schön ist. Es ist ja auch nicht viel teurer als Berlin, vielleicht noch billiger. Mächtig würden wir uns freuen, eines Tages zu hören, dass Du die ganze Kriegszeit im Harz oder in einer anderen schönen Gegend verbracht hast.

---

[21] Ernst Berger war der Mann von Erna Schulz, einer Tochter von Carl Schulz und Cousine von Charlotte

23. 1914 Helene in Hohenlychen

O Täler weit, o Höhen,
o schöner, grüner Wald,
Du meiner Lust und Wehen
Andächtger Aufenthalt!
Da draußen, stets betrogen,
saust die geschäftge Welt,
Schlag noch einmal die Bogen
Um mich, du grünes Zelt!
Joseph von Eichendorff

Ohne dass die flehentlichen Bitten ihrer Tochter sie erreicht hätten, begibt Helene Schwenn sich mit ihren Schützlingen kurz nach ihrer Ankunft in Berlin auf die Weiterreise in die Uckermark nach Hohenlychen. Wahrscheinlich hatte Georg Winkelvoss davon gesprochen; denn der Ort war bekannt durch die Lungenheilstätten in der Feldberger Seenlandschaft, die das Deutsche Rote Kreuz von 1902–1914 zur modernsten Tuberkulose-Heilstätte Europas aufgebaut hatte.[22] Hier mietet Helene eine Wohnung in der Nähe der Kirche und hofft, dass aus Afrika bald das nötige Geld ankommt. Aber die Drei leben mit spärlichem Einkommen, weil Geld nur schwer von Südwest über die Schweiz nach Deutschland gelangt.

Ob man in Vorpommern viel vom Krieg merkte, wissen wir nicht. Und auch die Entbehrungen kamen wohl erst mit der Zeit auf die Heimatfront zu. Helene mag einige finanzielle Reserven mitgebracht haben. Die Verabredung, dass weitere Mittel fließen sollten, konnte aber nicht eingehalten werden, weil Georg Winkelvoss einerseits keine Geschäfte mehr machte, andererseits die Verbindung nach Deutschland, selbst über die neutrale Schweiz, sehr erschwert war. Werner war eingeschult worden. Auch Reimer wurde in die erste Klasse aufgenommen, obgleich zu jung und auch sonst klein und schmächtig. Die Lehrerin soll ihn immer wieder auf ihren mütterlichen Schoß gehoben haben, um den stillen Jungen für die harte

---

[22] Während des Nationalsozialismus entwickelte sich der Ort zu einem „Davos in Vorpommern", wo nicht nur Albert Speer und Rudolf Hess Erholung suchten, sondern auch Jesse Owens sich einer Operation am Miniskus unterzog. Wenige Wochen vor Ende des 2. Weltkriegs empfing Heinrich Himmler hier den schwedischen Diplomaten Graf Folke Bernadotte, um einen Separatfrieden zu verhandeln.

Situation ohne Eltern zu trösten. Der frühe Schulbesuch führte dazu, dass er während seiner ganzen Ausbildung immer der Jüngste war: beim Abitur mit 17 Jahren, bei der Promotion zum Dr. jur. mit 22.

Die Schule war ein imposantes Gebäude, das heute noch steht. Nach der politischen Wende in Deutschland ist Reimer mit seiner zweiten Frau Elisabeth 1998 nach Vorpommern gereist und ist seinen Kindheitserinnerungen nachgegangen. Er hat die Schule wiedergefunden und sich nach seiner damaligen Klassenkameradin Jettchen Telle erkundigt, die tatsächlich noch immer in Hohenlychen lebte. Reimer fand auch das Haus wieder, in dem er damals mit Werner und seiner Großmutter wohnte. Als er davor stand, erzählte er seiner Frau: "Da oben rief meine Großmutter am offenen Fenster nach uns – und als ich bockig geantwortet habe, hat sie mit dem Schlappen nach mir geworfen." Ja, Helene war eine resolute Frau – und das war auch gut so. Sonst hätte sie all die Herausforderungen nicht bestehen können.

Pomona, den 3. September 1914
Meine lieben guten Jungens!
Ich zog soeben Euer Schwesterlein aus, um sie schlafen zu legen, da fing sie plötzlich an zu weinen und sagte: „Meine Jungens sollen wiederkommen, ich will mit ihnen spielen." Ich habe sie getröstet, indem ich ihr sagte: wir fahren bald zu ihnen. Hildemaus hat Euer Bild neben ihrem Bettchen hängen, und jeden Abend vor dem Einschlafen gibt sie Euch einen Kuss. Ihre Puppen heißen Werner und Reimer. Sie nimmt sie oft mit ins Bett und schläft neben ihnen.
Meine lieben guten Kerls, vergesst Euer Schwesterlein und auch uns nicht! Wir sind ständig mit unseren Gedanken bei Euch. Wann werden wir wohl das erste Lebenszeichen von Euch erhalten? Die Freude, wenn der erste Brief kommt!

Pomona, den 6. September 1914

Liebes Muttchen! Ich sitze hier allein im Hause. Mein Mann ist auf einige Tage nach Lüderitzbucht gefahren und kommt erst übermorgen wieder; da sind meine Gedanken bei Euch. Wo sollten sie auch sonst sein? Trotzdem halte ich es nicht lange aus, an Euch zu schreiben; denn gleich kommen die Tränen und verwirren mir die Gedanken. Die Zeit, in der wir leben, ist zu ernst und traurig. Hätte ich doch Euch wenigstens hier, oder, was noch besser wäre: könnten wir alle in Deutschland zusammen sein! Dann hätten wir immer genaue Nachrichten über den Krieg. Hier hören wir so wenig!

Ob ich meinen Papi bei mir behalte, weiß ich auch noch nicht. Vielleicht wird er doch noch eingezogen, und ich muss dann hier so mutterseelenallein hausen - dann wird es schlimm um mich bestellt sein. Ernis haben doch Glück! Ihr Geschäft geht gut, und er kann als neutraler Schweizer nicht einberufen werden. Leider leben sie nicht in bester Einigkeit! Hoffentlich ist es nur vorübergehend.

Der Brief wird lang werden, meine Jungens, bevor Ihr ihn in die Hände bekommt – aber das Schreiben ist mir wie eine Unterhaltung mit Euch. Liebes Muttchen, lies doch bitte den Kindern immer unsere Post vor. Sie sollen auch alles von uns hören. Wernerlein ist doch schon ein großer Kerl, der selbst bald Briefe schreiben kann; und Klein-Reimer wird auch groß und hört sicher gern, was sein armes, verlassenes Muttchen schreibt. Habe heute auch an Herrn Paulsen geschrieben, der als Soldat in Chamis steht, und an Ernis. Jetzt will ich zu Bett gehen, mich friert. Gute Nacht, meine lieben Jungs, gute Nacht, Mama!

Euer Schwesterlein hat heute wieder geweint, hatte Sehnsucht nach ihren lieben Brüderchen, auch nach Hans Dietrich und Gabriele Schelper. Hildemaus spricht täglich von Deutschland, ihren Jungs und will nach dem Krieg zu Euch. Sie schimpft mächtig auf die Engländer. Herr Spencer war hier als Gefangener. Er kam zweimal zu uns, aber leider mochte sie ihn nicht. Sie sagt immer: "Engländer sollen alle tot gehen."

Alle englischen Offiziere und Zivilpersonen sind nach Lamotoni gekommen. Herr Hansen ist auch hier, als Oberfeuerwerker. Herr Böse als Unteroffizier, Herr Gerlach als Gefreiter, Herr Urban, Hauptmann John mit Frau, Herr Siebenbürger und weiter keiner von denen, die Du kennst. Herr und Frau Wagner sind in Otavifontein 40 km von uns.

In Deutsch-Südwestafrika sollen alle Deutschen auf Befehl der Briten in ein Internierungslager. Als sich an der Küste englische Kriegsschiffe zeigen, werden die deutschen Bewohner unruhig.
Die in Pomona lebenden Familien beschließen, sich dem Zugriff der Angreifer zu entziehen. Sie verlassen am 19. September 1914 ihre Häuser, laden ihre Habe auf Maultierkarren und flüchten in einem abenteuerlichen Trekk durch die Wüste nach Aus, der nächsten größeren Stadt. Von da geht es weiter mit der Eisenbahn, immer nach Norden, um den südafrikanischen Truppen zu entkommen. In Tsumeb erleben sie nach fast zehn Monaten am 9. Juli 1915 die Kapitulation der Deutschen Truppe bei Otavi und machen sich wieder auf den Weg zurück nach Süden.[23]
Charlotte berichtet ein Jahr lang von dieser Flucht über Tausende von Kilometern an ihre Mutter und die Kinder in der Heimat – in der Hoffnung, dass die Briefe diese irgendwann erreichen würden. Wegen der Kriegswirren kann sie sie aber nirgends abschicken. Erst nach dem Krieg erfährt die Familie in Deutschland von den Strapazen, die die Siedler in der Kolonie auf der Flucht vor den Engländern durchgemacht haben.

[23] Vergleiche Karte auf S. 204.

Charlottes Briefe

Keetmanshoop, den 27. Dezember 1914

Meine lieben guten Jungens, liebes Muttchen.

Wenn Ihr Euch den Ort und das Datum dieses Briefes anseht, werdet Ihr staunen, dass ich so lange nicht geschrieben habe. Bis heute liegt so viel Erlebtes, meist wenig Erfreuliches hinter uns, dass mir jegliche Lust und Sammlung zum Schreiben fehlte. Gedacht haben wir an Euch aber täglich, ja stündlich. Zuerst ganz kurz. Wir sind seit dem 26. September hier in Keetmanshoop und wohnen bei Schelpers. Papi ist Soldat, er arbeitet im Büro des Bekleidungsdepots. Mir geht es gut soweit, bin gesund und munter. Auch Hildemaus ist gesund, wird groß und dick. Sie spielt fein mit Hans-Dietrich, dem Schelper'schen Jungen. Schelpers haben übrigens am 24.November ein kleines Mädchen, Gabriele, bekommen.

Jetzt will ich versuchen, alles zu schildern – so gut ich es noch im Gedächtnis habe – was inzwischen passiert ist.

Also mein Mann kam am 8. oder 9. September von Lüderitzbucht mit vielen Neuigkeiten zurück. Ich hatte gerade Kaffeebesuch bei mir. Er hatte sich in Lüderitzbucht beim Bezirksamt erkundigt, ob es ratsam sei, dass wir mit unserem Warenlager und sonstigen Wertsachen nach Aus oder einem anderen Ort ins Innere übersiedelten. Der Bezirksamtmann, Herr Böhmer, hatte jedoch abgeraten und meinte, wir wären in Pomona vollkommen sicher. Mein Mann machte nun in den nächsten Tagen für alle Fälle Inventur und schloss seine Bücher ab. Das Geschäft lag jetzt so gut wie völlig still, und wir harrten nun der Dinge, die da kommen sollten.

24. 1914 Flucht durch die Wüste

Wenn Parteien sich und Massen
sichtbar und geräuschvoll hassen,
Klingt das mir wie Meeresrauschen.
Und dann mag ich henkelltrocken
Still auf einer Insel hocken,
die mich zusehn lässt und lauschen,
Joachim Ringelnatz

Am 18. September 1914 erschien die letzte reguläre Ausgabe der Lüderitzbuchter Zeitung. Danach gab es nur noch handgedruckte Blätter mit Kriegsnachrichten.
In der Kolonie überschlagen sich jetzt die Ereignisse.

Am 16. September wurde plötzlich Swakopmund von englischen Kriegs-
schiffen beschossen, aber nur wenig beschädigt. Die Kriegsschiffe gingen
dann nach Walfishbay zurück. Swakopmund war bereits von der Zivil-
bevölkerung geräumt worden, wogegen in Lüderitzbucht bislang noch
nichts unternommen war. Dort herrschte vollkommene Ruhe, bis am 18.
September plötzlich sieben bis neun Kriegs- und Truppentransportschiffe
der Engländer auf der Reede erschienen. Als diese Nachricht in Pomona
eintraf, saß ich gerade ganz friedlich bei Frau Weber bei einer Tasse Kaf-
fee. Herr Weber klingelte sofort beim Bezirksamt an und fragte um Rat,
was wir hier draußen nun machen sollten. Herr Böhmer war beim Packen
seiner Akten und ließ sagen, wir sollten tun, was wir wollten. So waren wir
ohne jeden Rat und Schutz! Darauf riefen wir die Polizeistation Elisabeth-
bucht an und erfuhren, dass dort 30 – 40 Engländer gelandet seien und
die Station beschössen. Die deutschen Polizisten zerstörten dann gleich das
Telefon, nahmen ihre Pferde und ritten nach Kolmannskuppe. Inzwischen
war Herr Böhmer mit seinen Beamten von Lüderitzbucht aus mit der
Bahn ebenfalls dorthin gefahren. Noch am selben Nachmittag wurde diese
Bahn durch die deutschen Truppen gesprengt. Somit waren die zurück
geblieben Lüderitzbuchter von allem abgeschnitten und der Gnade

der Engländer überlassen! Natürlich herrschte jetzt unter den Frauen in Lüderitzbucht große Aufregung. Ihre Männer waren zum größten Teil eingezogen, und ihnen selbst war jede Möglichkeit genommen, Lüderitzbucht zu verlassen. Auch wir in Pomona waren in derselben verzweifelten Lage! Als ich gegen Abend nach Haus kam, saß unser Papi mit Hildemaus beim Abendbrot. Papi wusste noch von gar nichts. Wir gingen darauf noch einmal zu Herrn Weber ins Büro, um zu hören, was die Diamantgesellschaft zu tun beabsichtigte. Herr Weber, der Direktor, war aber noch selbst zu keinem Entschluss gekommen. Er telefonierte nach Bogenfels, von wo man ihm mitteilte, dass die Bogenfelser, soweit sie wehrpflichtig seien, am nächsten Morgen mit Pferd und Wagen nach Aus abtrekken würden. Die übrigen wenigen Männer sowie 12 bis 15 Frauen und 19 Kapjungen würden zurück bleiben, um den Betrieb langsam aufrecht zu erhalten. Proviant sei in Bogenfels für 12 bis 15 Monate. Das war das Letzte, was wir von außen her erfuhren!

Der Polizist von Elisabethbucht hatte vor der Zerstörung des Telefons noch durchgerufen, dass der Landsturm mit Waffe eingezogen sei. Das machte mich natürlich sehr traurig; denn hierzu gehörte auch mein Mann. Alle Landsturmmänner mussten sich nun auf dem kürzesten Wege nach Aus begeben. Demnach hätte Herr Weber mit den Frauen und Kindern allein in Pomona zurückbleiben müssen. Diese Verantwortung wollte er natürlich nicht auf sich nehmen. Er sagte uns, wir sollten warten bis zum anderen Mittag; dann hätte er einen Entschluss gefasst. Von Webers gingen wir noch ins Magazin, wo wir fast alle Herren von Pomona versammelt fanden. Es war eine angeregte Unterhaltung im Gange.

Trekk durch die Wüste

Es ist ein Brauch von alters her:
Wer Sorgen hat, hat auch Likör.
Wilhelm Busch

Der Bericht über den Aufbruch von Pomona ist verloren gegangen.
Aber den mühsamen Weg mit Maultieren über sechs Tage lang nach
Aus hat Charlotte ausführlich geschildert.

Hildemaus und einige andere Kinder blieben zum Glück ruhig. Darum
willigte ich auch ein, als mir Frau Weber den Vorschlag machte, etwas zu
laufen. Außerdem war ich schon ganz steif, weil man sich nicht rühren
konnte, und fror. Langsam machten jetzt auch schon die Zugtiere schlapp.
Erst eine halbe Stunde etwa waren wir getrekkt und schon schlapp!

Der Herr, der die Wagen und die eingeborenen Treiber unter sich hatte,
beschloss deshalb, die Maultiere unseres Wagens noch mit vor den Gepäck-
wagen zu spannen. Wir ließen absichtlich den sehr schwer beladenen
Gepäckwagen zuerst fahren, um zu sehen, ob er sicher durch den völlig
ungangbaren Weg kommen würde. Von einem Weg konnte man hier aller-
dings überhaupt nicht sprechen. Das war nichts als endloser tiefer Sand.

Dünenlandschaft der Namib-Wüste

177

Wir Frauen blieben nun mit einigen Herren zurück. Die übrigen begleiteten den Gepäckwagen. Plötzlich hörten wir Pferdegetrappel. Drei Herren kamen angeritten, ihre Haushälterin mit ungefähr 15 Eingeborenen zu Fuß hinterher. Sie waren froh, uns getroffen zu haben und schlossen sich uns an. Dann kehrten bald die Zugtiere zurück und holten uns ab. Frau Weber und ich liefen jetzt zu Fuß. Eine andere Dame, deren vierjähriges Kind auf dem Wagen wie toll schrie, ging zusammen mit ihrem Mann nun zu Fuß weiter. Es war sehr dunkel. Wir fassten uns beide unter und gingen mit einer Schnapsflasche in der Tasche unseren Weg. Die Wagen fuhren nun, wie schon geschildert, immer abwechselnd. Auf diese Weise konnten wir uns dann ab und zu auch einmal ausruhen. Wir blieben bei dem vordersten Wagen stehen und warteten, bis der andere nachkam. Die dicke Kleidung aber und der beschwerliche Weg machten uns sehr müde. Mein Kreuz tat mir schon weh. Doch hatte ich nicht den Mut, gleich wieder auf den Wagen zu steigen.

So marschierten wir nun bis gegen 2 Uhr. Dann trafen wir einen unserer Spitzenreiter. Er hatte einen Platz zum Ausspannen und Ausruhen gefunden und wollte uns dorthin führen. Herr Weber aber, der Leiter der „Expedition" als der Älteste und Würdigste unter uns, war unermüdlich. Er ließ uns noch eine halbe Stunde fahren. Weit waren wir ja auch noch nicht gekommen. Nur die armen Tiere! Sie waren natürlich total erschöpft, weil sie den ganzen Weg doppelt machen mussten. Die Wagen waren mit bis zu 50 Zentnern beladen. Für 5 km brauchte man ca. eine Stunde. Wir trekkten also weiter. Auch ich war jetzt wieder aufgestiegen, nachdem ich das letzte Stück des Weges zusammen mit meinem Mann gegangen war. Nun ereignete sich der erste ernste Zwischenfall. Kaum waren wir wieder im Gange, da wurde uns eine Ohnmächtige gebracht. Es war die Dame, die mit uns vorhin gemeinsam abgestiegen war und die sich durch das Laufen überanstrengt hatte. Wir legten sie bei uns auf den Wagen und brachten sie bald wieder zu sich. So erreichten wir schließlich einen geschützten Rastplatz. Es wurde sofort ausgespannt und Feuer gemacht. Kochen und Essen taten wir nicht, denn wir mussten mit unseren Vorräten sehr haushalten.

Georg wird vermisst

Die Frauen wurden nun alle von ihren Männern abgeholt, die die Decken zusammentrugen und eine kleine Schlafstelle unter freiem Himmel errichteten. Nur ich war verlassen. Mein Mann kam nicht, um mir zu helfen. Ich bat einen Herren, mir Hilde vom Wagen runterzuheben, packte meine Decken zusammen, suchte mir auch ein Plätzchen und legte mich mit Hilde nieder. Wir waren alle sehr müde und erschöpft, sodass bald völlige Stille im Lager herrschte. Alles schlief fest.

Ich aber konnte keine Ruhe finden, da mir nichts Gutes schwante. Wo mochte nur mein Mann sein? Zuletzt hatte ich ihn gesehen, als er das Pferd des uns entgegen kommenden Spitzenreiters am Zügel führte. Dieser hatte meinen Mann gebeten, einen Augenblick auf ihn zu warten. Er wollte Herrn Weber nur kurz den Rastplatz zeigen und dann wieder zur Wegerkundung vorreiten. Nun waren wir doch aber weiter marschiert, und der Herr hatte uns zu Fuß begleitet. Sollte mein Mann dort noch warten? Warum war er nicht nachgeritten? Hatte er allein den Weg verfehlt? Solche Gedanken gingen mir fortwährend im Kopf herum. Ich machte kein Auge zu, sondern achtete auf das leiseste Geräusch. Schließlich hielt ich es nicht mehr aus. Ich stand auf, ging umher und spähte nach meinem Mann aus, konnte ihn natürlich nirgends finden. Ich machte mir meine eigenen Gedanken, natürlich waren es keine guten, und sie beruhigten mich noch weniger. Ich lief hin und her, ging zu Hilde, legte mich schließlich wieder hin, weinte, wachte und dachte an Euch, meine lieben Jungens, und zergrübelte mir den Kopf. Nur schlafen konnte ich nicht.

So verging die Nacht. Gegen 5.30 Uhr regten sich die ersten Eingeborenen. Sie machten Feuer und kochten Kaffee. Es war sehr kalt. Ich ging gleich zu Herrn Weber und sagte ihm, dass mein Mann nicht da sei. Er ließ sofort drei Herren ausreiten. Alle sollten nach verschiedenen Richtungen suchen. Er sagte mir aber, dass wir keinesfalls länger als bis 2 Uhr mittags warten könnten. Wir müssten heute unbedingt die Wasserstelle erreichen, sonst gingen uns die Tiere ein. Durch die starke Überanstrengung der Tiere hatten wir nämlich schon den größten Teil unserer Wasservorräte verbraucht.

Es verging eine Stunde, es vergingen zwei Stunden - und noch war kein Reiter zu sehen. Ich war totunglücklich und weinte. Doch da - plötzlich Pferdegetrappel! Zwei Herren kamen angeritten. Schon von weitem erkannte ich meinen Mann unter ihnen heraus. Mein Herz schlug wieder ruhiger. Ich lief ihm entgegen und überschüttete ihn gleich mit Fragen. Er schimpfte natürlich, dass ich mich um ihn geängstigt hatte und erzählte mir den Vorfall. Nachdem er das Pferd von Herrn Tröhlenberg zum Halten bekommen hatte, hatte er die Gelegenheit benutzt, sich einmal etwas auszuruhen. Er fasste das Tier am Zügel, setzte sich auf die Erde und wartete auf seine Rückkehr. Völlig übermüdet war er nach kurzer Zeit jedoch eingeschlafen. Als er erwachte, war alles dunkel und still um ihn. Nirgends sah er ein Feuer, das ihm den Lagerplatz verraten hätte. Uns suchen wollte er in der Dunkelheit nicht. So machte er also kurzerhand den Sattel ab, nahm ihn als Kopfkissen, die Decke zum Zudecken und schlief bald wieder fest, das Pferd am Zügel haltend. Gegen Morgen hatte ihn die scharfe Kälte aufgeweckt, und er war losgeritten, unser Lager ausfindig zu machen. Dabei hatte ihn ein Reiter von uns getroffen. Na, nun war er da, und alles war wieder in Ordnung. Jetzt tranken wir alle zusammen schnell Kaffee, und dann ging es weiter, anderen Sorgen entgegen.

7. Februar 1915
Meine lieben Jungs!
Ich schreibe jetzt aus Keetmanshoop. Es ist viel Zeit vergangen seit meinem letzten Brief an Euch. Aber die Ruhe und die Gedanken fehlten mir zum Schreiben. Auch macht einen die Hitze hier ganz schlapp. In der letzten Woche habe ich andauernd Kopfschmerzen gehabt. Heute geht es mir zum ersten Mal etwas besser, denn es ist ein verhältnismäßig kühler Tag. In der Umgebung hat es stark geregnet, nur Keetmanshoop hat wieder mal nichts abbekommen. Sonst geht es uns Dreien gut, was ich auch von Euch, mein liebes Muttchen und liebe Jungens, hoffe. Wann wird endlich der Tag kommen, an dem Ihr diese Briefe lesen werdet und wir etwas von Euch zu hören bekommen?

Auch über den Krieg in Deutschland dringen fast gar keine Nachrichten zu uns heraus, was uns alle sehr traurig stimmt. Doch nun wieder zu meinem Bericht über unsere Flucht.

Wir trekkten jetzt wieder mit beiden Wagen, kamen aber nur langsam vorwärts. Die Gegend wurde immer trostloser, nichts als Sand und haushohe Dünen. Dazu wehte noch ein heftiger Wind, der den Sand aufwirbelte und uns in das Gesicht blies. Man konnte die Augen keine drei Sekunden offenhalten. Papi und ich liefen eine ganze Strecke zusammen, bis wir beide nicht mehr konnten, denn der Wind kam jetzt direkt von vorn. Zwei Damen boten sich an, uns abzulösen.

Wir stiegen also auf den Wagen und fuhren so bis ungefähr 10 Uhr, als unsere Tiere streikten. Auch sie waren überanstrengt und zwangen uns nun, Halt zu machen. Wir befanden uns gerade in einem Tal, das ringsum von Dünen und Bergen eingeengt war. Die Sonne brannte auf unsere verschmutzten Gesichter, kaum zum Aushalten, und obwohl der Wind hier in verstärktem Maße Durchpfiff verursachte, herrschte eine drückende schwüle Hitze. Der Platz war jedenfalls völlig ungeeignet zum Rasten und Atemschöpfen, aber was blieb uns anderes übrig?

Sand und Diebe

Kaum hat mal einer ein bissel was,
gleich gibt es welche, die ärgert das!
Wilhelm Busch

Wir holten unsere Eßsachen vom Wagen herunter und setzten uns an eine Stelle, die nach unserer Ansicht windgeschützt war. Doch wir hatten uns geirrt. Unsere schönen Butterbrote, der köstliche Schweinebraten, alles wurde mit Sand gewürzt. Als wir unsere verdursteten Zungen etwas laben wollten, erlebten wir unsere erste große Enttäuschung. Beim Abrücken aus Pomona hatten wir in unseren Proviantsack vier Flaschen echtes Pilsener Urquell gelegt. Doch jetzt suchten wir vergebens danach. Sie waren herausgenommen worden. Nun hatten wir nichts zu trinken! Das kostbare Wasser durften wir nicht anrühren, denn wir hatten nur noch sehr wenig und wussten nicht, wann wir die Wasserstelle erreichen würden. Fräulein Scherenberger war es genauso ergangen. Sie wollte uns zum Trost einen Schluck Rotwein anbieten, aber auch ihre Tasche war aufgebrochen und alles herausgenommen worden – sogar die Esswaren. Ja, es war ein Jammer!

Gestohlen wurde bei uns leider mächtig, man durfte nichts aus der Hand lassen. Keiner gönnte dem Anderen einen kleinen Vorzug oder eine besondere Erquickung. Bis 3 Uhr nachmittags rasteten wir. In dieser Zeit wurde der Gepäckwagen leer geräumt und das Gepäck bis auf das Allernötigste verringert. Den größten Teil ließen wir hier zurück. Dann wurden die Damen mit ihren Kindern und ihren letzten Habseligkeiten auf die beiden Wagen verteilt - und weiter ging es!

Das Land, in das wir jetzt kamen, brachte uns noch mehr Qualen und Anstrengungen: der Sand wurde tiefer, der Wind stärker und der Durst immer größer. Damit stieg natürlich auch unser Ärger und unsere Unzufriedenheit. Die Stimmung wurde immer gereizter. Keine von uns Frauen wollte mehr laufen, und auch die Tiere kamen kaum noch vorwärts. Wegen der geringsten Kleinigkeit gerieten wir jetzt aneinander, ja, es kam sogar zu Feindschaftsausbrüchen wegen eines Koffers.

Verirrt in der Wildnis

Nach zwei Stunden etwa wusste niemand der Herren, wo wir eigentlich waren. Wir fuhren ins Ungewisse. Herr Weber hatte gehofft, auf einen Weg zu stoßen, hatte ihn aber scheinbar verfehlt. Die Wagen hielten, und zwei Herren ritten vor, den Weg zu suchen. Außerdem vermeinten sie, am Horizont einen Wagen gesehen zu haben und sprengten nun in diese Richtung davon. Einige Damen gingen mit ihren Männern langsam dem Wagen voraus. Auch ich wollte mich mit Papi anschließen. Doch da fing Hilde an zu weinen. Wir nahmen sie mit uns und holten bald die übrigen ein. So vergingen wohl eine und eine halbe Stunde. Noch andere Damen waren uns gefolgt, nur von den Reitern war nichts zu sehen. Wir kamen jetzt in eine Schlucht, wo ein ziemlicher Sturm herrschte. Plötzlich tauchten hier auch die Reiter auf und winkten uns schon von Weitem zu, stehenzubleiben.

„Ja, wir sind falsch getrekkt, war das Erste, was sie berichteten. Mit dem Wagen - das war ein Irrtum und den Weg - ja, den haben wir auch nicht gefunden. Wir müssen uns mehr rechts halten."

Das waren die wenig erfreulichen Nachrichten, die die Reiter zurückbrachten. Für uns, die wir zu Fuß dem Wagen vorausgegangen waren, bedeutete diese Erkundung natürlich die größte Enttäuschung. Wir konnten nicht, wie wir das eigentlich beabsichtigt hatten, uns jetzt ausruhen und auf die nachkommenden Wagen warten, sondern mussten im Gegenteil noch sehr forsch laufen, um sie in der neuen Richtung möglichst bald einzuholen. Ziemlich erschöpft erreichten wir sie endlich und saßen schnell auf.

Nach kurzer Zeit ließ Herr Weber halten und alle Zugtiere vor den ersten Wagen spannen. Er wollte sie schonen. Es ging schon langsam auf den Abend zu, und wir hätten doch nicht mehr lange trekken können, ohne den Tieren eine ausgiebige Rast zu gönnen. Der erste Wagen fuhr also fort. Ich saß leider auf dem hinteren und musste warten, bis wir abgeholt wurden. Auch Papi und einige andere Herren blieben zum Schutze für uns Frauen zurück. Es wurde dunkel und kalt, wir warteten immer noch, aber nichts war zu hören. Um 23 Uhr bemerkten wir ganz in unserer Nähe – wie wir glaubten – ein Feuer, das unseren Rastplatz anzeigte. Wir wurden ärgerlich auf die Treiber, dass sie bei der geringen Entfernung noch nicht wieder zurück waren.

Endlich wurden auch wir erlöst. Wie aber hatten wir uns in der Strecke getäuscht! Schon eine Stunde fuhren wir, und noch immer kamen wir dem Feuer nicht näher. Der Wagen ging jetzt auf und nieder, einmal über „Milchbüsche" hinweg, dann durch tiefe Löcher hindurch. Trotzdem kamen wir schnell vorwärts. Die Tiere zogen jetzt gut, sodass die Herren, die uns zu Fuß begleiteten, ziemlich ausholen mussten. Das brachte meinen Mann sehr außer Atem. Der Wagen hielt kurz an, und er setzte sich auf meinen Platz, während ich den Rest des Weges lief. So gelangten wir zwischen 1 Uhr und 2 Uhr zu unserem Lager.

Nachtquartier in Felshöhlen

Schon während der ganzen Fahrt hatten wir uns mächtig auf das wärmende Feuer und auf heißen Kaffee gefreut. Aber es war vergebens gewesen, alles schlief schon fest. Nur die Eingeborenen unterhielten noch ein kleines Feuer und palaverten in ihrer schwatzenden Sprache. Wir waren zu müde und abgespannt, um ein neues Feuer zu entfachen und legten uns deshalb gleich zur Ruhe.

Der Lagerplatz war sehr interessant. Er bestand aus einzelnen großen, ausgehöhlten Felsen, unter denen wir alle verstreut lagen. Ich packte Papi und Hilde, der ich noch ein Tin Milch gegeben hatte, gut warm ein - und bald waren auch wir in einen tiefen Schlaf gefallen.

Die Nacht war kurz für uns. Um 5.30 Uhr wurde geweckt, schnell Kaffee gekocht und ein Happen gegessen. Um 7 Uhr war alles fertig verladen und wir Damen auf die Wagen verteilt. Alle 18 Maultiere wurden wieder vor den ersten Wagen gespannt, auf dem ich jetzt auch saß, und die Pferde wurden gesattelt.

Da merkten wir, dass vier Reiter fehlten. Sie waren noch bei Dunkelheit losgeritten, um uns den Weg zur Kaukausiber Wasserstelle zu zeigen, die wir unbedingt heute erreichen mussten. Nun wurden zwei Reiter fortgeschickt, die übrigen Herren zu suchen. Wir machten noch einmal Feuer und gaben einige Schüsse ab, damit sie uns sehen oder wenigstens hören sollten. Aber niemand kam. Es wurde 9 Uhr, bis die beiden Reiter unverrichteter Dinge zurückkehrten. Länger konnten wir nicht warten. Der größere Teil von uns setzte sich also in Marsch, während die anderen mit dem zweiten Wagen hier auf unserem Lagerplatz blieben.

Suche nach einer Wasserstelle

Ich suche Sternengefunkel
Sonne brennt mich dunkel.
Sonne drohet mit Stich.
Warum brennt mich die Sonne im Zorn?
Warum brennt sie gerade mich?
Warum nicht Korn?
Joachim Ringelnatz

Die Fahrt ging anfangs schnell vorwärts. Wir liefen alle fleißig, obwohl es sehr heiß wurde. Wenn nur die Tiere durchhielten! Das war unsere einzige Sorge. Wir merkten schon, dass sie die große Hitze schlapp machte und sie nicht mehr so kräftig zogen. Sie waren völlig überanstrengt. Seit vierundzwanzig Stunden hatten sie keinen Tropfen Wasser bekommen, denn schon gestern wollten wir ja die Wasserstelle erreichen und hatten sie doch verfehlt! Auch Futter hatten wir ihnen nicht mehr geben können. Das einzige, was sie in dieser Nacht gefressen hatten, war das völlig ausgedörrte Gras der sehr spärlichen Weide. Wenn wir deshalb den zweiten Wagen nachholen wollten, mussten wir jetzt auf jeden Fall mit den Tieren zur Wasserstelle kommen.

Auf dem Wagen saßen jetzt nur noch die Kinder. Wir gingen alle zu Fuß. Unsere Männer hatten einen kleinen Vorsprung. Allen vorweg lief Herr Weber, der mit seinen hohen Jahren noch keinen Fuß auf den Wagen gesetzt hatte. Er wollte allen jungen schlanken Leuten ein Vorbild sein. Dabei fiel es ihm doch sehr schwer, und er konnte fast nicht mehr weiter. Vor allem hatte er es wirklich nicht nötig, so viel zu laufen, und es hätte ihm keiner übel genommen, wenn er einmal aufgestiegen wäre. So viel Platz wäre immer gewesen. Aber er wollte nicht.

Herr und Frau Liebe dagegen, die jungen Leute, haben es uns allen gezeigt, dass sie es nicht nötig hatten, Rücksicht zu nehmen. Er war ja erster Buchhalter bei Herrn Weber. Herr Liebe war bis jetzt sehr wenig gelaufen und seine Frau bis hierher überhaupt nicht.

Inzwischen war es Mittag geworden. Der Wagen hielt an, die Herren standen alle im Hemd und weißer Hose da. Sie hatten sich unterwegs wegen

1914 mit dem Ochsentrekk auf der Flucht

der großen Hitze ausgezogen. Auch wir hatten uns unserer vielen schweren
Oberkleider und der engen Röcke entledigt. Jetzt hatten wir nur noch alle
furchtbaren Durst - aber nichts zu trinken!
Zwei der Herren ritten zur Erkundung einer Wasserstelle davon. In der
Nähe der Kaukausiber Stelle nämlich liegt eine kleinere, in deren Nähe
wir uns etwa befinden mussten. Die Reiter kamen auch bald wieder
zurück. Jedoch mit der unerfreulichen Nachricht, dass dort das Wasser
völlig ausgetrocknet sei. Uns blieb also nichts Anderes übrig, als die Tiere
in Kaukausib zu tränken. Und zwar wollten wir hier mit den Wagen
zurückbleiben und die Tiere allein zur Wasserstelle schicken. So zogen die
Treiber nun ab, geführt von zwei Herren zu Pferde. Wir machten es uns
jetzt ein bisschen bequem – soweit man bei dieser drückenden Hitze davon
sprechen konnte. Wir aßen etwas und legten uns dann unter die Wagen:
das einzige schattige Plätzchen weit und breit! Unsere Zungen klebten am

Gaumen fest - wie ausgedörrt. Keinen Tropfen Wasser hatten wir mehr. Ich besaß unter meinen Vorräten nur noch sechs Tin Milch, die ich aber für Hilde aufheben wollte. So mussten wir also dürsten.

Im Laufe des Nachmittags fanden sich zwei unserer vermissten Reiter ein. Die anderen waren beim zweiten Wagen zurückgeblieben. Sie berichteten, dass auf Kaukausib Herr Glockenmeier als Polizeichef sitze. Er hätte den Auftrag gehabt, heute das Wasserloch zu sprengen, damit eventuell nachfolgende Engländer kein Wasser mehr vorfänden. Man hatte angenommen, dass wir aus Pomona schon längst mit unseren Wagen durchgezogen wären.

Endlich Wasser

Was für ein großes Glück hatten wir! Hätten wir unsere Reiter nicht voraus geschickt bzw. wären sie nicht selbständig ausgeritten, um die Wasserstelle zu suchen – wir wären alle mit dem, was drum und dran hing, umgekommen. Nur eine Lösung wäre übrig geblieben: für jeden von uns eine Kugel; denn davon hatten wir ja genug mit.

Auf die freudige Hoffnung hin, bald Wasser zu bekommen – unsere Tiere mussten ja in kurzer Zeit wieder hier sein - nahm ich mir jetzt meinen Proviantsack vor, um einmal meine Vorräte durchzusehen. Es waren noch ganz stattliche Sachen darin. Neben der Büchsenmilch, die ich in meine Handtasche legte, besaß ich noch Brot und Butter in Tins, Kaffee, Tee, eine große Büchse harte Wurst und Verschiedenes mehr. Auch hatte ich eine ganze Anzahl Hühner mitgenommen, von denen jetzt einige ausgenommen und - da es Abend und kühl geworden war – am Feuer gebraten wurden. Gerade im rechten Augenblick kam Herr Tismor, der den Tieren vorausgeritten war, und brachte Wassersäcke voll Wasser mit! War das eine Freude! Schnell wurde Kaffee gekocht - und fertig war ein Abendbrot, wie wir Drei es seit langem nicht mehr gehabt hatten!

Gegen 22 Uhr kamen unsere Tiere zurück. Herr Tismor ließ sie frei herumlaufen und sagte den Treibern, sie sollten auf sie aufpassen. Eine Stunde später hatten wir uns tüchtig gestärkt und waren wieder frisch. Herr Weber gab den Befehl zum Anspannen. Doch kein Tier war da! Die Kapjungens hatten in ihrer Freude über das frische Wasser und den Kaffee, den sie endlich kochen konnten, die Tiere vergessen. Es war stockdunkle Nacht, kein Mondschein. Und jetzt sollten wir die Tiere suchen? Vielleicht kamen die Treiber aus dem Stamme der Bergdamara, die für ihren Frohsinn und ihre Sorglosigkeit bekannt waren.

Zum ersten Mal kam Herr Weber aus seiner Ruhe. Er hatte sich schon vieles gefallen lassen müssen auf unserem Trekk. Aber jetzt war seine Geduld zu Ende. Herr Tismor bekam gewaltig eine ausgewischt wegen seines Leichtsinns. Es half aber alles nichts mehr: mit einer Laterne bewaffnet (die meisten hatten kein Öl mehr) begann jetzt eine große Sucherei. Als wir schließlich alle Maultiere wieder beieinander hatten, setzten wir uns wieder in Marsch. Wir wollten bis zur Wasserstelle fahren und dann die Tiere sofort zurückschicken, um den zweiten Wagen nachzuholen. Es war grimmig kalt. Zeitweilig wehte sogar ein eisiger Wind. Die Strecke, die wir jetzt passierten, war trostlos. Kein Strauch, kein Grashalm - nichts! Einzelne Herren begannen, unterwegs Holz zu suchen. Denn auf Kaukausib sollte es genauso öde aussehen, und wir hätten kein Feuer machen können.

Kaukausib

So erreichten wir um 4 Uhr die Kaukausiber Wasserstelle. Jeder suchte sich gleich ein Plätzchen zum Schlafen – so auch wir. Ich packte Hildemaus, die fest schlief, und Papi gut in unsere Decken ein und legte meine Handtasche neben sie. Bis hierher hatte ich sie und ihren wertvollen Inhalt wie immer im Auge gehabt. Jetzt stand ich auf, denn die Herren kamen und brachten das Holz. Sie machten Feuer, und Frau Tröhlenberg und ich kochten in großen Kesseln für alle Wasser. Schnell ging das Holz zu Ende, und wir mussten Ochsendung nehmen. Um 5 Uhr wurde es hell. Die ersten Damen regten sich. Sie kamen und holten Wasser, um ihren Kaffee aufzubrühen. Ich zog mit zwei Töpfen ab. Ich wollte mir heute für uns Drei und Familie Tröhlenberg mit Kind ein Tin Milch leisten. Was für einen Appetit hatten wir auf eine gute Tasse Kaffee mit Milch. Ich glaubte, ich war die Einzige, die noch Milch besaß. Doch ich sollte mich geirrt haben. Als ich meine Handtasche holen wollte, musste ich feststellen, dass sie vollkommen leer war. Und noch mehr: ich sah, dass fast alle Familien Milchkaffee tranken, nur wir hatten keine mehr. Unsere Wut, unser Ärger, besonders von meinem Mann, kannst Du Dir denken, mein Muttchen. Ich hätte weinen mögen. Später habe ich dann erfahren, wer sie genommen hatte.

Nun mussten wir also diesen brackigen Kaffee ohne Milch trinken, etwas Zucker nahmen wir dafür. Nur die armen Kinder taten uns so leid. Mein Papi legte sich mit Hildemaus wieder schlafen. Frau Weber und ich gingen uns gründlich waschen. Die Herren schliefen fast alle noch, sodass wir keine Gefahr liefen, überrascht zu werden. Ach, war das eine Wohltat! Wie neu geboren kamen wir uns vor.

Keetmanshoop, den 28. Februar 1915
Einszweidrei im Sauseschritt,
läuft die Zeit, wir laufen mit!
(Wilhelm Busch)

Meine Lieben!
Drei Wochen sind nun schon wieder vergangen. Ich will auch heute gleich
in meinem Bericht fortfahren. Sonst vergesse ich doch noch alle Einzel-
heiten. Bei unserem erfrischenden Morgenbad mussten wir unwillkürlich
an den zweiten Wagen denken, der so weit zurücklag – ohne Wasser bei
der Hitze! Wie gut hatten wir es doch dagegen. Na, die Zugtiere mussten
ja nun auch bald den Rückzug antreten, um den Wagen nachzuholen.
Als wir ins Lager zurückkamen, ergab sich jedoch eine völlig veränderte
glückliche Lage für uns. Eine Patrouille aus Aus war inzwischen eingetroffen. Sie wollten nach Pomona und hatten den Auftrag, dort allen Proviant
und die Wasserkondensatoren in die Luft zu sprengen. Es waren fünf oder
sechs Herren. Sie waren zu Pferde und führten einen kleinen Ochsenkarren
mit Proviant und Wasser bei sich. Gutes frisches Trinkwasser, das sie von
Chirop – der letzten Farm, die sie auf ihrer Fahrt berührt hatten – mitgenommen hatten. Sie gaben es uns freiwillig und wollten für sich von hier
Wasser mitnehmen. Das war etwas Köstliches, meine Jungens! Auf solcher
Tour lernt man das Wasser schätzen. Außerdem wurden wir unserer größten Sorge enthoben. Wir brauchten unsere Tiere nicht mehr zurückzuschi-
cken. Die Reiter stellten uns ihr Ochsengespann zur Verfügung. Dieses fuhr
nun sofort ab unter der Führung von Herrn Tismor.

Wir wollten bis fünf Uhr nachmittags in Kaukausib bleiben und dann
weiterfahren. Herr Stiller und Herr Adam ritten jetzt schon voraus, um
uns von Chirop, das nicht mehr allzu weite entfernt sein konnte, weitere
Hilfe zu schicken. Eine Dame begann unsere Hühner zu kochen und
setzte Reis auf. Mein Mann war aufgewacht und hatte ein feines Lager

zurechtgemacht. Ich legte mich hin und schlief einige Stunden, obwohl es entsetzlich heiß war.

Nach dem Mittagessen wusch ich Hilde und zog sie vollständig neu und sauber an. Doktor Elsberger bezeichnete das als Unsinn. Naja, soweit hatten wir ihn schon kennengelernt. Um 15 Uhr ließ uns Herr Weber mit allem Gepäck antreten. Wir mussten unsere ganzen Eßwaren abgeben, die in einen Proviantsack getan wurden. Einige von uns hatten nämlich nichts mehr zu essen, während andere noch sehr viel besaßen. Ich habe nichts weiter behalten als ein paar Bonbons und etwas Schokolade. Aber nun kam erst das schwerste Opfer für uns: wir mussten unser gesamtes Gepäck außer den Decken zurücklassen. Alle Sachen wurden auf einen Haufen gelegt. Zur Bewachung blieb ein Herr und unsere Eingeborenen, die schlapp gemacht hatten, hier. Das Gepäck sollte dann auf den nachkommenden Wagen geladen werden.

Sorge um Georg

Wir übrigen standen also zur vereinbarten Zeit marschfertig da. Herr Weber hatte jetzt auch auf dem Wagen Platz genommen und zwar aus folgendem Grunde: wie schon erwähnt, war er den ganzen Weg bis Kaukausib marschiert, ohne sich einmal etwas Erholung zu gönnen. Nun waren die Folgen sichtbar geworden. Er hatte sich beide Füße vollkommen durchgelaufen, sodass ihm die Reitstiefel von den Füßen geschnitten werden mussten, weil die Haut daran festklebte. Da er nur ein Paar Schuhe besaß, hatte er sich ein Stück Leder unter die Sohlen binden lassen. Nun konnte er natürlich nicht mehr laufen.

Herr Tröhlenberg übernahm an seiner Stelle die Leitung unseres Zuges. Die Tiere waren gestärkt und wir frisch und guter Stimmung. Nur ich sollte nicht zur Ruhe kommen. Keine Aufregung sollte mir erspart bleiben. Unsere Zugtiere wollten nicht gleich anziehen, da der Weg sehr schlecht war. Die Eingeborenen machten auch gar keine Anstalten, sie anzutreiben. Das erboste meinen Mann. Er nahm dem letzten Jungen die Peitsche aus der Hand, hieb auf die Tiere ein und trieb sie durch lautes Rufen an. Das brachte sie in Schwung. Sie zogen gut und brachten uns schnell vorwärts. Mein Mann ließ nicht nach und musste uns nun fast im Laufschritt begleiten. So ging es eine ganze Weile. Ich beobachtete alles vom Wagen aus und merkte bald, dass sein Atem zu Ende ging und er nicht mehr weiter konnte. Ich ließ den Wagen halten und rief meinen Mann. Er kam völlig erschöpft an, kaputt am ganzen Körper. Er saß auf und fing sofort an zu husten und zu stöhnen. Auch klagte er über Stiche. Meine Angst, es könnte ihm etwas passieren, vergrößerte sich immer mehr, denn das Husten wollte gar nicht wieder aufhören. Natürlich ließ ich ihn heute nicht wieder vom Wagen runter.

Um 22 Uhr machten wir eine kurze Rast. Mein Mann, der sich wieder einigermaßen beruhigt hatte, legte sich unter einen Busch, um etwas zu schlafen. Ich packte ihn warm in unsere Decken ein. Es war sehr kalt. Wir Frauen kochten Kaffee. Nachdem wir uns schnell aufgewärmt hatten, ging es weiter bis etwa 3 Uhr morgens. Die Fahrt war sehr holperig, da der Weg mit hohem, trockenem Gebüsch bestanden war. Wir waren alle sehr froh, als wir hielten, legten uns sofort hin und schliefen bis zum Morgengrauen.

Eine Oase
Nachdem wir einen heißen Kaffee getrunken hatten, brachen wir gleich wieder auf. Die Gegend, in die wir jetzt kamen, bot ein völlig neues Landschaftsbild für uns. Saftige grüne Wiesen mit einzelnen Bäumen und bunten Blumen säumten unseren Weg. Über drei Tage waren wir schon getrekkt und zum ersten Mal wieder etwas anderes als Sand und Dünen! Die Fahrt wurde immer netter. Es war ein herrlicher sonniger Morgen, der uns allerdings einen sehr heißen Tag ankündigte. Bald machte sich auch schon bei uns ein mächtiger Durst bemerkbar. Doch wir mussten sparsam mit dem Wasser umgehen; denn vor 2 Uhr nachts hätten wir die Farm, wo wir unseren Vorrat wieder auffüllen konnten, sicherlich nicht erreicht. Und das Gefühl, bald wieder unter Dach und Fach zu sein, ermutigte uns und ließ uns den Durst leichter ertragen. Wir wussten uns mit jeder Stunde unserem endgültigen Ziel näher. In Gedanken sahen wir uns schon bei

Ernis, das waren Verwandte von uns, in Aus vor einem reichlich gedeckten Tisch sitzen und uns an einer Flasche köstlich kalten Biers laben.

So ging die Fahrt weiter. Ich lief ein Stück neben dem Wagen her, Papi blieb oben sitzen und ruhte sich aus. Es wurde jetzt ringsum immer grüner. Gegen 10 Uhr erspähten wir in der Ferne zwei Kamele.

Ein Idyll in der afrikanischen Wüste

Wir ahnten gleich, dass es eine Patrouille war, die uns von Chirop entgegenkam. Und richtig! Als wir näher gekommen waren, sahen wir je zwei große Blechkoffer an ihren Körpern hängen. Das war frisches Wasser. Wir trafen gerade an einer dicht mit Bäumen bestandenen Stelle zusammen, wo zahlreiche Esel mit ihren Jungen grasten. Ein bunter Blumenteppich breitete sich vor uns aus und machte unsere Freude vollkommen. Ja, der Jubel war unbeschreiblich: frisches gutes Trinkwasser und dieses kleine Idyll in der afrikanischen Wüste.

Der Patrouillenführer erzählte uns, dass er von der Militärbehörde in Aus abgesandt war. Diese hatte durch Herrn Roller von unserer Flucht erfahren. Herr Roller war nämlich einige Tage vor unserem Abrücken aus Pomona bei uns gewesen, und wir hatten geäußert, dass wir im Ernstfall wohl fliehen würden. Nun hatte die Militärbehörde eine kleine Expedition ausgerüstet, die uns Hilfe bringen sollte. Sie hatte einen größeren Wagen mit fünf Hammeln für uns gebracht und von der Farm Chirop außer den beiden Blechkoffern noch ein riesiges Fass Wasser mitgenommen. Zunächst bekam jetzt jeder einmal so viel zu trinken, wie er wollte. Das war eine Wohltat!

Schlachtefest
Es wird zu Recht ein guter Braten
gerechnet zu den guten Taten,
und dass man ihn gehörig mache,
ist weibliche Charaktersache.
Wilhelm Busch

Dann wurde ausgespannt, und wir machten es uns gemütlich. Herr und Frau Weber nahmen die Verteilung unserer gemeinsamen Essgüter und der Hammel vor. Viele hungrige Seelen kamen, um sich ihren Teil abzuholen. Auch wir bekamen von Herrn Weber zwei Hammel. Nun begann ein großes Schlachtefest. Ein Hammel musste für uns sein Leben lassen und wurde sofort mit Reis gekocht. Kurze Zeit später saßen wir alle bei einem ausgiebigen Mittagsmahl zusammen. Die Soldaten von der Patrouille zogen mit ihren Kamelen wieder ab nach Aus, während wir hier an diesem herrlichen Rastplatz noch auf unseren zweiten Wagen warten wollten.
Gegen 4 Uhr nachmittags jedoch, der Wagen war noch nicht eingetroffen, ließ Herr Weber uns Frauen mit einem Wagen und der Hälfte des Wassers nach Chirop vorausfahren. Die Herren – außer Herrn Tröhlenberg, der uns beschützen sollte – wollten noch warten und erst gegen Abend mit dem Wagen der Patrouille nachkommen.
Dann setzte sich unser Häuflein in Bewegung. Wir liefen alle größere Strecken, da es jetzt nicht mehr anstrengend war. Die kleinen Esel begleiteten uns lange Zeit und machten den Kindern große Freude. Als die Sonne unterging, rasteten wir; denn alles hatte großen Hunger und Durst. Jeder bekam eine Schnitte Brot, eine dicke Scheibe Wurst und einen Becher Wasser. Es war nicht sehr reichhaltig, das Mahl – aber es schmeckte uns ausgezeichnet.

Sprengung der Bahnlinie
Mitten in unser friedliches Abendbrot krachte plötzlich ein Donner ähnliches Geräusch. Unser erster Gedanke war: die Engländer sind in unserer Nähe. Nach ruhiger Überlegung sagten wir uns: es kommt von der

Bahnlinie her! Herr Glockenmeier wird sie gesprengt haben. So war es denn auch, wie wir später erfuhren. Wir brachen wieder auf, um unser letztes Stück Weg bis zur Farm anzutreten. Als wir eben losgingen, bemerkte Frau Weber in der Ferne eine Staubwolke. Wir wussten, dass nun unsere Männer nachkommen, ob ohne oder mit dem anfangs zurückgelassenen Wagen, konnten wir allerdings nicht feststellen.

Nach vier Tagen Ankunft auf der Farm Chirop

Um ein Uhr gelangten wir an der Farm an. War das ein freudiges Gefühl! Nach vier Tagen hatten wir endlich die erste Etappe unserer Flucht erreicht. Wer hätte bei unserem Abrücken gedacht, dass so viele Anstrengungen und Entbehrungen bevorstünden? Der Weg, der jetzt noch vor uns lag, bereitete keine Schwierigkeiten mehr. Und hier in Chirop hatten wir alles, was wir brauchten. Ein großes stattliches Wasserrad ragte uns entgegen. Also: Wasser gab es genug – und das war die Hauptsache. Ein sehr willkommenes Essen wartete auch auf uns, das der Farmverwalter vorbereitet hatte. Es war ein großer Topf voll Hammelfleisch, eine ordentliche Portion Fleisch und ein Ei. Nach dem Essen waren noch einige Eier da, von denen ich mir noch schnell eins sichern konnte. Aber das Beste war: wir brauchten zum ersten Mal keinen rauchigen Kaffee mehr zu trinken.

Als wir uns alle tüchtig gestärkt hatten, ging es ans Schlafengehen. Räume waren auf der Farm genügend vorhanden, nur keine Betten. Na, das waren wir auch schon gar nicht mehr gewöhnt. Zunächst packten wir die Kinder so weich und so warm, wie es auf dem Fußboden ging, schlafen. Es war grimmig kalt. Einige Damen, die nicht auf die Ankunft der Männer warten wollten, legten sich in andere Zimmer zur Ruhe. Ich bereitete uns ein Lager vor und blieb noch so lange auf, bis Papi kam.

In der dritten Stunde des Morgens kamen endlich unsere Männer. Der Farmverwalter hatte Kaffee und Suppe kochen lassen. Frau Weber, ich und einige andere Damen bereiteten schnell alles zum Essen vor. Und einen Hunger hatten unsere Männer!

Als sie gerade so beim Essen saßen, kamen einige Soldaten von Patrouille zurück und erzählten, dass die Engländer schon hinter Kolmanskuppe seien und fleißig an der gesprengten Bahn bauten. Andere hätten sie zu Pferde mit guten alten Lüderitzbuchter Buren als Anführer auf dem Wege nach Schaukaib gesehen. Na, uns konnte es egal sein. Uns erreichten sie nicht mehr! Die Herren waren sehr müde und durchgefroren und gingen deshalb bald schlafen. Wir lagen alle wie die Heringe, so eng war es. Aber wir waren in lustiger Stimmung. Mein Mann schlief gleich ein, während die Kinder gar nicht wach geworden waren. Die Familie Weber lag neben uns und erheiterte uns durch ihre Witze noch lange Zeit. Sie haben beide einen köstlichen Humor. Schließlich aber schliefen auch sie, und ich war die einzige, die noch munter war – und ich kann wohl sagen, ich habe viel schlechter geschlafen als sonst im Freien; denn es war zu hart.

Als wir gegen Morgen erwachten, mussten wir unwillkürlich lachen. Es sah zu komisch aus, wie wir alle so dicht gedrängt in dem kleinen Raum lagen. Die Herren standen zuerst auf und machten sich fertig, dann kamen wir an die Reihe. Bei herrlichstem Sonnenschein tranken wir Kaffee auf der Veranda. Stellt Euch vor: in Tassen – nachdem wir bisher nur aus Blech-koppies getrunken hatten!

Fettgebackenes und große Wäsche

Aber die Freude sollte noch größer werden. Der Verwalter hatte frische Fettkuchen für uns gebacken, denen wir nun gewaltig zusprachen. Anschließend machten wir einen kleinen Spaziergang durch die Farm. Wir besichtigten die herrliche Wasseranlage, den schönen Garten und schlenderten durch die saftigen Weiden herum.

Nun fingen wir Frauen an zu waschen. Ehe wir die Wäsche aufgehängt hatten, war sie schon beinahe wieder trocken! Dann nahm ich einen Eimer kaltes Wasser. Zuerst kam Hilde an die Reihe, dann ich. Aber das war eine Wohltat! Die eiskalten Duschen waren herrlich bei der Hitze. Der Tag wurde immer heißer, und wir wurden trotz der dauernden Erfrischungen müde und schlapp – und jetzt kam das Schlimmste!

Die frischen fetten Kuchen und das viele kalte Wasser, das wir im Laufe der Stunden getrunken hatten, waren uns nach dieser schmalen Kost der letzten Tage nicht bekommen. Jeder klagte über heftige Leib- und Magenschmerzen, und bald hatten wir ein großes Krankenlager bei uns. Unsere Kinder mussten am meisten darunter leiden. Doktor Elsberger hatte viel Arbeit. Er verschrieb uns nur schwarzen Tee zum Trinken. Zum Mittag gab es Hammelfleisch und Reis. Wir rührten kaum etwas an. Wir legten uns hin, aber an Ruhe war nicht zu denken; denn den Kindern ging es sehr schlecht. Um 15 Uhr mussten wir wieder unsere Sachen packen und uns für die letzte Strecke zu unserem nahen Ziel rüsten.

Aufbruch zur nächsten Etappe

Etwa eine Stunde später ging es fort, nachdem wir uns bei dem Farmverwalter für die freundliche Aufnahme bedankt hatten. Auch unsere Tiere hatten reichlich Futter und Wasser bekommen, sodass sie jetzt frisch waren und die Fahrt schnell vorwärts ging. Wir fuhren jetzt wieder mit zwei Wagen. Wir Frauen auf dem einen voran und die Männer auf dem zweiten hinter uns. Zu laufen brauchte also keiner mehr, worüber wir alle und besonders die Männer froh waren.

Um 20 Uhr machten wir die erste Rast. Es war Abendbrotzeit, und wir aßen schnell etwas trockenes Brot mit Resten von Schinken und Wurst. Dann ging es weiter. Bei herrlichem Sternenhimmel und Mondschein. Wir trekkten bis ungefähr ein oder zwei Uhr in der Nacht. Genau kann ich das nicht mehr sagen. Ich weiß nur noch, dass ich sehr müde war und mich kaum noch sitzend auf dem Wagen halten konnte.

Herr Weber hatte die Absicht gehabt, bis nach Aus durchzufahren. Wir aber protestierten dagegen, da wir alle vor Müdigkeit hätten umfallen können. So legten wir uns schlafen. Es war die letzte Nacht unter freiem Himmel.

Die Berge von Aus in Sicht

Als der Morgen dämmerte und wir munter wurden, konnten wir schon von weitem die Berge bei Aus erkennen. Endlich das Ziel sehen zu können – das war ein herrliches Gefühl. Sechs Tage waren wir unter all den beschriebenen Mühen und Entbehrungen durch die glühende Wüste gezogen, und nun sollte das ein Ende haben. Der Gedanke daran erfüllte uns mit so viel Freude, dass wir die Zeit bis zum Aufbruch gar nicht erwarten konnten. Schnell wurde jetzt Kaffee gekocht. Dann erlebten wir noch eine kleine Überraschung. Durch Zufall hatten wir herausbekommen, dass eine Dame Geburtstag hatte. Wir traten alle an, in der Hand einen Blechkoppie, gratulierten ihr herzlichst und brachen in ein Hoch mit heißem Kaffee aus! Dann ging es los. Es war gegen 6 Uhr. Leider fuhren die Herren voraus und nahmen uns so die Freude, als Erste in Aus Einzug zu halten. Aber das war nun auch egal. Wir waren alle von einer großen Unruhe gepackt. Das letzte Stück Weg schien endlos zu sein, wir kamen und kamen nicht näher. Ein Jeder von uns erhoffte sich die Erfüllung aller Wünsche, die er sich auf dem Trekk ausgedacht hatte. Die einen glaubten, in Aus wieder die wohlverdiente Ruhe und Erholung zu finden, andere sahen sich schon bei einem köstlichen Festmahl sitzen, und alle erträumten sich ein Glas kaltes Bier! So vergingen die letzten Stunden. Bald konnten wir die Schule und ein paar Häuser von Aus sehen und begegneten auch schon den ersten Leuten. Und dann kam gleich die Enttäuschung. Wir trafen einige bekannte Herren aus Pomona, die uns mit der Nachricht empfingen, dass wir heute noch mit der Bahn nach Keetmanshoop müssten, da Aus zum großen Teil schon geräumt sei.

Weiterreise mit der Eisenbahn

Wir fuhren bis zum Ausspannplatz. Dort stand Herr Dick (Viktor) und begrüßte uns. Auch Franz Erni kam an vom Hotel, als Soldat eingezogen. Er begrüßte uns und sagte, Käthe ist gestern Abend, den 24ten September, abgefahren nach K.hoop. Wir wollten essen – aber nichts war da als ein bisschen Milch, einige Eier und ein Brot, was Käthe für Franz dort gelassen hatte. Ich nahm es mir und machte was zu essen für uns. Mein Mann trank nur eine Flasche Bier und musste sich gleich dem Kommando stellen. Ich ahnte ja gleich wieder mal richtig, dass er hier bleibt als Soldat. Wir setzten uns erstmal und fingen zu essen an. Frau Weber bekam ein wenig ab und eine Tasse Kaffee, dann legte ich die Kinder in Käthes Zimmer. Auch Fräulein Lühr legte sich hin; denn es hieß, um 3 Uhr fährt der Zug. Ich wollte mich nach meinen Sachen umsehen beim Wagen. Kaum einen Augenblick gegangen, sagte mir jemand: der Zug fährt um halb zwölf. Es war so kurz vor 11 Uhr. Ich zurück, die Kinder geweckt, angezogen und runter zur Bahn! Papi nicht wieder gesehen!

Auf dem Bahnhof traf ich viele Bekannte. Die Herren Eckel, Schuster, Dick, Adoni, Kolle, Stiller und noch mehr. Unsere Herren waren noch alle auf dem Kommando. Der Zug fuhr vor, ich belegte meinen Platz, und kurz vor Abgang des Zuges kam mein Mann mit einer großen Tüte voller Früchte, d.h. in Tins. Aber er blieb unten und wird eingekleidet. Will aber bald rauf kommen. Alle Herren blieben dort, nur Herr Weber und noch ein Herr kamen mit. Frau Liebe war ganz untröstlich, weinte fast die ganze Zeit in der Bahn. Bei mir flossen auch beim Abschied Tränen, aber ändern konnte ich es ja doch nicht. Um halb zehn abends kamen wir in K.hoop an – der Bahnhof voll von Menschen. Käthe kam mit einem jungen Mädchen auch zur Bahn und empfing mich. Herr Schelper war auch da, und Herr Seider holte seine Braut und Tochter ab.

Ich wollte erstmal etwas trinken und ging zum Bahnhofshotel rein und trank eine Tasse Kakao. Herr Schelper holte schnell seine Frau und zwei Jungens zum Sachentragen. Ich bekam furchtbares Nasenbluten. Frau Schelper nahm mich auf in ihr Haus. Wir bekamen Abendbrot, Hilde ein Bad, eine große warme Flasche mit Milch und ein feines weißes Kinderbett, welches bestimmt war fürs zweite Baby. Ich badete auch und schlief in Schelpers Bett: in einem schönen weißen, weichen Bett. Herr Schelper kam ins Esszimmer auf die Chaiselonge. Ich schlief gleich ein, dachte an meinen Papi und an Euch, meine lieben guten Jungs. Ich schlief, bis die Sonne schien – so um 7 Uhr – herrlich!

So, nun ist der eine Teil meines Briefes fertig. Hoffentlich habt Ihr es gerne gelesen. Nun ist es 11 Uhr geworden, und ich gehe schlafen, möchte aber schnell an Eure Betten gehen und Euch einen großen Kuss geben. Leider kann ich es nur bei Hildemaus machen, die täglich von Euch spricht – und zwar immer von ihren lieben Jungens. 1000 Küsse von Eurer Mami.

Nach sechs Monaten in Keetmanshoop geht die Flucht weiter nach Norden. Im Süden des Landes agieren die Deutschen nach dem Prinzip „Verbrannte Erde" und zerstören alles, was dem Gegner nützlich sein könnte.

25. 1915 Endstation Tsumeb und Kapitulation

Klein Windhuk, den 11. April 1915
Meine Lieben,
also bin ich jetzt auch mit Hildemaus in Windhuk seit 8 Tagen. Windhuk
gefällt mir sehr gut. Habe 6 Tage bei Liebensteins gewohnt. Frau Schelper
mit beiden Kindern ist auch hier. Wir haben ein nettes kleines Häuschen
mit großem Garten in der Nähe von Edgar Lange. Ich wohne herrlich.
Auch Frau Schelper ist sehr zufrieden. Das kleine Mädel ist jetzt schon 4
½ Monate alt. Sehr niedlich und sehr sehr lieb. Hans Dietrich ist ein feiner
Bengel, groß und dick. Mein Mann ist noch in Keetmanshoop bei Herrn
Urban, Sie sind hoffentlich aber bald fertig mit Packen und kommen dann
mit Mann und Maus rauf. K.hoop wird nämlich geräumt. Überhaupt
der ganze Süden wird aufgegeben, vielmehr: ist schon aufgegeben; nur
noch die letzten Truppen sind in K.hoop. Alle Brücken sind entzwei, auch
die Seeheimer und die Bahnlinie, auch sämtliche privaten Wohnhäuser
– alles gesprengt. In einigen Regierungshäusern haben sie Minen gelegt.
Wenn jemand es betreten hat und er es schließen will, geht es in die Luft.
Alle Stationsgebäude gehen in die Luft – so wird unser Südwest für Jahre
hinaus ruiniert.
Keetmanshoop wird nicht von der Zivilbevölkerung geräumt, sondern nur
von der Militärbehörde. Es bleiben ungefähr 120 – 130 Frauen zurück.
Frau Erni ist auch mit dem Zug, mit dem Frau Schelper kam, abgefahren,
aber in Rehobot ausgestiegen und wohnt in der Schule. Ich komme mit ihr
gar nicht zurecht. Den ganzen Zusammenhang Dir zu schreiben, ist sehr
viel. Vielleicht komme ich noch mal darauf zu sprechen. Jedenfalls habe ich
versucht am Heiligen Abend, die Sache wieder gutzumachen. Mag ich oder
sie die Schuldige sein, jedenfalls bin ich zurückgewiesen worden. Ob Franz
mit ihr wieder zusammengeht nach dem Kriege, weiß ich nicht. Hoffent-
lich ja! In jedem Brief, den ich an Franz schreibe, bitte ich ihn darum,
schon der Kinder wegen, welche sich gut entwickeln und hübsch aussehen.

1926 Margit, Herbert, Wilfried und Hellmuth Erni

Ich bin zu der Überzeugung gekommen, dass die Hauptschuld an Käthe liegt. Jeder, den man hört, und alle Angestellten, die dort verkehrten, sagen es auch. Es tut mir sehr leid, dass es so gekommen ist, aber ich kann es nicht ändern. Nun, liebe gute Jungens, wie geht es Euch?

Denkt Ihr auch immer an uns? Wir jeden Tag. Hildemaus frug beim Abendbrot, ob Wernschen und Reimschen bald kommen. Ich sagte: nach dem Krieg kommst Du hin. Vielleicht komme ich mit, liebe Jungens. Hilde schicke ich Euch bestimmt, die soll bei Euch bleiben; denn sie liebt Euch sehr. Es vergeht kein Tag, ohne dass sie von Euch spricht. Gute Nacht, meine goldigen Jungens. Euer Bild steht hier im Zimmer.

1000 Küsse von Eurer Mami & Hilde.

1908 führte Käthe eine Privatklage wegen Verleumdung gegen eine Haushälterin, die behauptet hatte, dass eines der Erni–Kinder nicht vom Ehemann, sondern von einem Hausfreund Käthes stamme. Die Akten liegen im Nationalarchiv von Namibia.

Klein Windhuk, den 16.April 1915
Meine Lieben,
unser Papi kommt am 17. hier an, leider nur auf der Durchreise nach Tsumeb. Schade, dass er nicht hier bleibt. Hier ist es herrlich, wir wohnen entzückend schön. Komme mir vor, als ob ich in der Schweiz wohne. Schade, dass Ihr lieben Kerle nicht hier sein könnt! Hier im Garten ist eine Schaukel und viele Blumen. Ich wohne eigentlich im Windhuker Tal. Wer weiß, wie lange ich noch hier bin?
Keetmanshoop wird jetzt auch von der Zivilbevölkerung geräumt. In Rehoboth sind die Bastards fortgelaufen, nachdem sie von uns bewaffnet worden sind. Heute nacht war Alarm gewesen. Es sind 150 Mann per Bahn nachgeschickt worden. Hoffentlich bekommen sie die Leute. Sie waren zur Bewachung der gefangenen Buren dort. Ein anderes Mal mehr!
Seid vielmals geküsst von uns allen.
Eure Hildemaus und Mami.

Hildemaus spricht jetzt immer von ihren lieben Brüderchen, und zwar täglich mehrere Male. Denkt Ihr auch immer an Euer Schwesterlein?

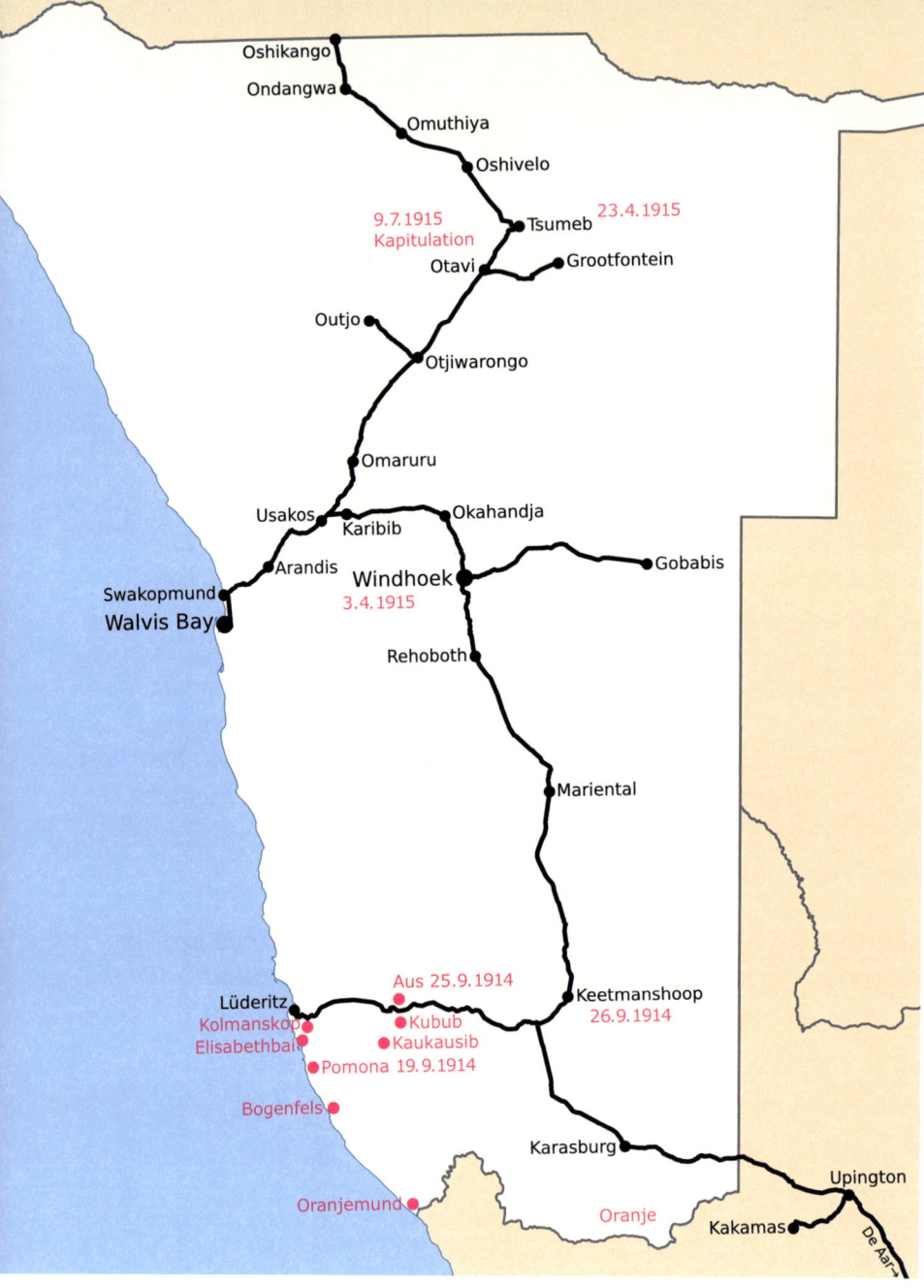

Oshikango

Ondangwa

Omuthiya

Oshivelo

9.7.1915
Kapitulation

23.4.1915

Tsumeb

Otavi

Grootfontein

Outjo

Otjiwarongo

Omaruru

Usakos

Karibib

Okahandja

Arandis

Windhoek
3.4.1915

Gobabis

Swakopmund

Walvis Bay

Rehoboth

Mariental

Aus 25.9.1914

Lüderitz

Kubub

Keetmanshoop
26.9.1914

Kolmanskop

Elisabethbai

Kaukausib

Pomona 19.9.1914

Bogenfels

Karasburg

Upington

Oranjemund

Oranje

Kakamas

De Aar

Karte vom Fluchtweg

204

Tsumeb liegt 430 km nördlich von Windhuk.

In der Bergwerksstadt wurde ab 1900 erfolgreich Kupfer abgebaut. Hier suchten Flüchtlinge aus der gesamten Kolonie im Frühling 1915 Sicherheit vor den Engländern, weil am 16. April der Süden des Landes von den deuschen Truppen aufgegeben worden war. Charlotte kommt mit ihrer Tochter am 23. April 1915 in dem Ort an. Auch der Rest der Schutztruppe und der letzte Gouverneur der deutschen Kolonie finden hier Zuflucht. Aber bald schon wird auch diese Stadt durch eine Übermacht südafrikanischer Soldaten eingeschlossen. Die Schutztruppe musss am 9.Juli kapitulieren. Deutsche Soldaten hatten Munition und Kriegsgerät vorher in einem nahen See versenkt.

Tsumeb, den 7. Mai 1915

Meine lieben Jungens und Muttchen,
endlich komme ich wieder mal dazu, an Euch zu schreiben Also in Tsumeb sind wir gut angekommen. Weiter können wir nicht mehr. Am 21. April haben wir den schönen Ort verlassen. Am 23. April, an Herrn Urbans Geburtstag, sind wir in Tsumeb angekommen, da das Bekleidungsdepot nach dort verlegt wurde. Hier ist es schön, nicht mehr heiß und kein Fieber augenblicklich. Ich wohne auf der Polizeistation bei einer sehr netten Familie. Aber morgen, den 8. Mai, endlich nach 7 ½ Monaten bin ich in einem Zimmer mein eigener Herr wieder! Ich freue mich mächtig darüber. Tsumeb ist sehr klein, wenige Häuser, und viele Leute kommen her. Für Baumeister Bach und für uns wird gebaut, aus Holz, Segeltuch und Wellblech. Frau Schelper ist in Windhuk geblieben. Ihr Mann ist gefangen genommen worden bei Sibeon, Anfang Mai bei einem Gefecht, nachdem ich aber schon meine Reise hierher angetreten hatte.
Meine Lieben, nicht mehr lange – und die Engländer haben uns! Sie stehen jetzt fast bei Windhuk und vor Karibib. Es ist eine Frage der Zeit. In zwei Monaten sind sie auch in Tsumeb. Was sie mit uns machen, ist unbestimmt. Die Garnison: dienstfähige Männer werden wohl ausgekleidet, wozu auch mein Mann gehört. Von Franz Erni weiß ich nichts, auch nichts von Käthe.

Sie ist in Windhuk, seitdem Rehoboth geräumt wurde. Anfang Mai wurde die Postverbindung mit Windhuk unterbrochen, also schreiben kann keiner mehr. Auch Telefon ist so besetzt, und Telegraph ist für Zivilpersonen auch gestoppt. Es sind wohl noch ungefähr 3–4 Tausend aktive Truppen höchstens im Felde. Gegen eine Übermacht von 35–40.000 Mann oder sogar 50–60.000 Mann.

Von unseren Bekannten im Krieg gefallen – von denen ich es weiß – sind als Erster Herr Baericke aus Pomona. [27]

Herr Strube ist in Keetmanshoop an Typhus gestorben. Der Schwager von Schuster, Hauptmann Merentzki, wurde von den eigenen Leuten erschossen, weil er einen Helm wie die Engländer trug und von seinen Leuten als Feind angesehen wurde. Oberleutnant Gödecke wurde schwer verwundet. Augenblicklich fallen mir keine weiteren Namen ein.

Die gefangenen Frauen von Lüderitzbucht sind alle gesund in Kapstadt, vielmehr in Peter–Maritzburg. Der Krieg hat schon viele Opfer gekostet, es sind schon viele Menschen tot, und wie viele wird es noch kosten, bevor wir Frieden zu Hause haben.

Nachrichten können nicht mehr aufgenommen werden. Auch senden können wir nichts mehr, da die Funktürme zum größten Teil abgerissen worden sind. Also auch zu hören gibt es nichts mehr. Ach, wie traurig für uns Leute hier, so ganz von allem abgeschnitten zu sein! Wie schön habt Ihr es, meine Lieben! Ihr könnt alles verfolgen, und entbehren tut Ihr wohl auch nichts. Hier ist alles knapp, kaufen kann man nichts.

Meine lieben Kerls, sagt mir ganz ehrlich: freut Ihr Euch auf meinen Brief? Könnte ich doch hinter der Türe stehen und Eure lieben Gesichter sehen, ob klein Mikosch uns noch kennt? Wernerlein glaube ich ja, aber bei Reimerlein bin ich im Zweifel. Zeigt ihm unser Bild erstmal. Euer Schwesterlein bekommt Ihr auch bald nach. Sie soll bei Euch bleiben. Wir müssen ganz von vorne wieder anfangen, hier zu arbeiten; denn der Krieg hat uns alles genommen, was wir in den drei Jahre seit Beginn unserer Arbeit geschaffen haben. Dann kommen wir zu Euch für immer. Ja, es ist hart, so lange ohne

---

[27] Wie oben schon erwähnt, blieb Baericke am Leben und geriet in portugiesische Gefangenschaft.

Euch zu sein. Ich spiele aber Lotterie – vielleicht habe ich gewonnen: Und sind es ein paar tausend Mark, dann komme ich zu Besuch. Das wäre aber fein, was, liebe Jungens!? Hoffentlich bleibt Eure liebe Großmama gesund, müsst sie nicht ärgern! Immer lieb zu ihr sein, dann kommen wir auch bald zu Euch. Wenn wir so in vier Jahren zu Euch kommen – wir nehmen an, dass der Krieg nicht mehr lange dauert; denn wir haben ja schon 1 Million Russen gefangen genommen und stehen auf beiden Seiten gut, glänzend da: nach unseren Nachrichten muss Oktober oder Weihnachten Frieden sein.

In vier Jahren seid Ihr lieben guten Jungens 11 und 9 ½ Jahre alt und Hildemaus 8 Jahre. Ich bin dann 32 ½ und Papi 41 Jahre alt. Na, immer noch jung – und dann trennen wir uns nicht mehr. Vielleicht kommen wir auch früher, wenn uns das Glück hold ist.

Nun, meine Lieben, Gute Nacht! Hier schläft alles schon. Es ist 10 Uhr. Papi und Hilde auf dem Fußboden, ich komme auf das Sofa.

Tsumeb, den 12. 5. 1915

Meine Lieben,

am 9. Mai bin ich in mein Zimmer eingezogen und zwar abends gegen 8 Uhr. Es ist sehr nett jetzt geworden. So viele Möbel habe ich während des ganzen Krieges nicht besessen. Nur am ersten Abend war es sehr kalt, weil keine Fenster und Türen drin waren und auch nicht alles verschalt war. So gefroren habe ich mein ganzes Leben noch nicht. Aber wir haben uns Gottlob nicht erkältet. Jetzt ist fast alles in Ordnung. Morgen ist Himmelfahrtstag. Den halben Tag wird gearbeitet, dann wird meine Küche gemacht. Einen kleinen Herd bekomme ich von Hansen. Und wenn alles fertig ist, kommen die Engländer – und fort muss ich wieder! Es hieß schon, als ich alles eingeräumt hatte, dass die Frauen von Militärbeamten fort müssen. Am 15. Mai, an Papis Geburtstag, wird es sich entscheiden, ob wir bleiben können oder nicht. Hoffen wir das Beste! Bald wird mir das ewige Wandern zu viel! Bis jetzt bekam man noch immer Unterkunft, aber nun ist es zu Ende damit.

Tsumeb, den 7. Juni 1915

Meine Lieben,

noch wohne ich hier. Hoffentlich können wir auch bis Ende des Krieges wohnen bleiben. Nach den Nachrichten, die wir so auffangen aus fremden Quellen, muss es ja zu Hause bei uns sehr, sehr gut aussehen. London soll in Flammen stehen, Calais in unseren Händen, in Dover haben wir 200.000 Soldaten gelandet. Warschau in unseren Händen, auch die Festung Przemyol haben wir wiedererobert. Wenn das alles Wahrheit ist, na, dann haben wir bald Frieden. Leider müssen wir weiter so in Ungewissheit leben. Hier ist alles ziemlich ruhig. Man hört wenig. Sie sollen sich zurückziehen wieder, einige sagen: 12.000 Engländer stehen in Karibib. Auch heißt es, die Engländer nehmen ihre großen Geschütze fort von hier und bringen sie nach Kapstadt, weil sie deutsche Kriegsschiffe erwarten – was von uns keiner glaubt.

Die Eingeborenen werden hier auch aufständig auf einigen Stellen. Es sollen bis jetzt 30 weiße Leute ermordet worden sein, darunter auch Karl Bauer aus L`bucht (Kaffee Bauer), welcher seit einem Jahr verheiratet ist und ein Baby von 8 Wochen hat. Er war auf seiner Farm, welche zwischen Windhuk und Rehoboth liegt. Herr Bauer war seinerzeit in Windhuk und besorgte mir ein Zimmer dort, holte mich vom Bahnhof ab und sagte mir, ich sollte mit auf seine Farm kommen in acht Tagen, seine Frau habe ein Baby von drei Wochen, und es wäre sehr schön dort oben. Ich nahm seine freundliche Einladung nicht an, da ich auf keine Farm gehe während des Krieges. Herrn Bauer soll man in Unterhosen vor seinem Haus gefunden haben, das Kind 10m vom Haus entfernt, verhungert. Und die Frau ist bis heute noch nicht gefunden. Man nimmt an, dass die Bastards sie mitgenommen haben.

Ist es nicht traurig, meine Lieben, dass ein Menschenglück so auseinander gerissen wird, auf solche gemeine Art? Was wird man am Ende des Krieges noch alles erfahren? Wie mag es Franz gehen? Man hört nichts von seiner Companie. Käthe wird wohl in Windhuk gut aufgehoben sein – wollen es wenigstens hoffen. Möge doch dieser grausame Krieg erst ein Ende haben!

Aber an ein Ende ist wohl kaum zu denken; denn Italien fängt jetzt erst gegen uns an. Wie es heißt, heute auch Bulgarien und Rumänien gegen Österreich. Auch die bekommen was auf den Hut! Meine lieben guten Jungens, hoffentlich seid Ihr in Berlin, wenn der Einzug unseres Kaisers mit seinen Truppen ist. Ich möchte gern dort sein, aber wir müssen auf alles verzichten. Hoffentlich erzählt Euch Eure Großmama recht viel von unseren tapferen Soldaten und der Marine. Auch habt Ihr uns sicher alle Zeitungen aufgehoben, wie wir auch von hier jetzt.

Meine Lieben, ich möchte so gern bei euch sein, habe oft große Sehnsucht nach Euch lieben Kerlen. Sehen möchte ich Dich mal, lieb Wernerlein, wenn Du zur Schule gehst oder wenn Du auf der Schulbank sitzt. Mein kleiner Kerl wird doch recht fleißig sein und im Herbst ein gutes Zeugnis bekommen haben? Klein Reimerlein wird immer recht aufpassen jetzt schon, wenn Wernerlein Schularbeiten macht; denn zum Herbst 1915 kommt vielleicht unser Mikosch zur Schule, hoffentlich aber erst zum Frühjahr 1916, das Friedensjahr. Reimerlein ist wohl mehr für Ruhe und Frieden, wollen es wünschen, dass 1916 zu Ostern Frieden ist. Vielleicht sehen wir uns im Sommer 1916 wieder, wenn Euer Papi gesund wird und bleibt; denn jetzt ist er nicht auf dem Posten, auch macht er keinen Dienst mit.

Tsumeb, 8. Juni 1915
Mein liebes Muttchen und liebe Jungens,
heute habe ich durch Herrn Bischoff von Keetmanshoop erfahren, wo sich Franz befindet und Herr Paulsen. Habe an beide heute gleich geschrieben. Franz habe ich gebeten, dort Urlaub zu nehmen , hoffentlich kommt er rauf. An Paulsen schreibe ich auch gleich, weil am 23. Mai in der Zeitung stand, dass ein Paulsen seinen Wunden erlegen ist. Hoffentlich ist es nicht unser Paulsen. Franz ist in Kalkfeld zwischen Omahuru und Otjeworongo. Herr Hallerbäumer, Jüther und Plietz (der alte) sind auch hier, habe sie heute getroffen. Hoffentlich bekomme ich von den anderen beiden bald Nachricht.

Meine lieben Kerls, habt Ihr auch an Papis Geburtstag gedacht? Wir waren hier recht lustig gewesen. Hansen, Röckinghausen, Bach mit Frau und Frau Böse waren hier bis zehn Uhr nachts, war sehr gemütlich. Bald wird es ein Jahr, dass Ihr lieben kleinen Jungens fortgefahren seid. Was hat sich alles geändert in der Zeit. Hoffentlich kann ich den Brief bald abschicken an Euch. Hildemaus schläft auf dem Fußboden, Papi im Bett und ich gehe jetzt auch zu Bett. Es ist gleich elf Uhr – und kalt.
Gute Nacht, meine Lieben alle! Möchte ich doch mal von Euch träumen, meine Jungens, noch nie habe ich das – von Urgroßchen träume ich oft, auch von Dir, liebes Muttchen.

Meine Lieben,
heute ist der 24. Juni 1915. Heute vor einem Jahr dem Tage nach seid Ihr den letzten Tag in Pomona gewesen und habt alle beide in Mammis und Pappis Bett gelegen. Ich sehe Euch, meine lieben Kerls, noch beide abfahren unten an der Polizeistation. Wenn die Nachrichten alle auf Wahrheit beruhen, ist spätestens in vier Wochen Waffenstillstand. Hier heißt es, seit dem 15. Juni sind 30.000 Deutsche in London. Die Königin ist nach Deutschland geflüchtet. Auch sollen wir in den letzten Tagen in Portsmouth 45 Schiffe durch unsere Unterseeboote versenkt haben. Zwölf Kreuzer sollen dabei gewesen sein – und noch mehr! Wir wissen nur nie, ob alles Wahrheit ist.
Hier sind die Engländer schon in Omaruru, es heißt sogar: schon auf dem Weg nach Otjeworongo. Na, dann sind sie in 14 Tagen auch bei uns. Hoffentlich nicht, denn dann kommt unser Pappi fort und das wäre mir schrecklich. Euer Pappi ist jetzt immer zu Hause, arbeitet auch in unserem Zimmer, isst sehr gut und sieht auch wohl aus. Mein Brot, was ich backe, ist auch großartig immer. Heute habe ich auch für Hildemaus einen Kuchen gebacken: halb Weizenmehl, halb Maismehl. Morgen backe ich noch einen Blechkuchen. Dann haben wir keine Butter mehr. Es gibt auch keine mehr, auch keine Eier. Kaffee ist auch alle, das Proviantamt hat auch keinen mehr. Es gibt jetzt gebrannten Mais. Zucker gibt es auch nicht mehr.

Etwas habe ich noch in meinen Beständen. Mehl habe ich wohl noch für zwei Monate, auch einige Tins. Aber das ist auch alles. Wir trinken schon immer Tee und essen Fettschwanz. – aber auch den bekommt man nicht mehr zu kaufen. Milch bekomme ich noch jeden Tag einen Liter, aber es ist jetzt so kalt immer, dass die Kühe bald gar keine Milch mehr geben. Es wird noch traurig werden, wenn nicht bald der Krieg zu Ende ist.

Kartoffeln kenne ich fast gar nicht mehr, immer Reis und abermals Reis. Wenn nur Pappi hier bleiben kann; denn hier gibt es doch noch immer anständiges Essen bei mir. Bei den Engländern ist es doch sehr knapp.

Nun, meine Lieben, kommt doch schnell her zu uns und feiert mit uns Hildemaus Geburtstag. Gestern war Herr Volderauer hier in Tsumeb. Er war auf der Durchreise nach Lamotorin. Der sagte uns, Herr Paulsen ist tot. Er ist gefallen im Aufstand gegen die Bastard und zwar nicht im Gefecht, sondern beim Abmarsch hat er aus einem Busch von einem Bastard einen Bauchschuss bekommen. Er lebte noch zehn Stunden, kam auf eine Karre, hatte keine Schmerzen und glaubte auch nicht an sein Ende, da er sich wohl fühlte, und sagte: morgen ist es wieder besser. Es tut mir herzlich leid. Warum traf ihn gerade die Kugel? In Windhuk traf ich ihn noch zweimal, auch ist er kurz vor seinem Ende zum Gefreiten befördert worden. Auf dem Abmarsch fiel auch ein Oberleutnant und ein Vizefeldwebel auf dieselbe Art. Franz ist bei derselben Kompanie gewesen. Hoffentlich kommt er mit einem blauen Auge davon! Habe auf meinen Brief von ihm noch keine Antwort bekommen, werde noch mal an ihn schreiben.

In Windhuk sollen die Engländer sehr hausen, stehlen, wo sie nur können, auch Frauen belästigen. Die Männer sollen alle nach Kapstadt geschafft worden sein. Nun für heute Schluss, meine lieben Kerls und Muttchen. Ich will Hilde noch zwei Paar Hosen nähen von Fußlappen.

1000 Küsse an Euch von Eurer Mutter, Schwester und Pappi und von Deiner Tochter.

Pappis Traum muss ich Euch noch schreiben, liebe Jungs. Heute Nacht träumte Pappi: er sitzt auf dem Bettrand und zieht sich an. Da macht Ihr die Tür ein bisschen auf und guckt beide rein. Ihr nehmt einen

Gartenschlauch und spritzt den Pappi ganz nass. Ihr lauft dann beide fort und lacht aus Herzensgrund. Der Pappi will schimpfen, aber Ihr seid schon längst fort! Ich habe von Euch, meine guten Jungs, noch nie geträumt. Und wir sprechen doch Tag für Tag von Euch, auch Hildemaus. Sie will Euch immer Pakete schicken – und Ihr sollt ihr Spielsachen und Bonbons bringen. Auch weint sie oft, sie will dann ihre Brüder zum Spielen haben.

Tsumeb, den 27. Juni 1915
Meine Lieben,
habt Ihr gestern an Hildemaus Geburtstag gedacht? Sie war überglücklich, hat auch viele Sachen bekommen. Herta Wagner (Bankreis) war auch zu ihrem Kaffee. Sie ist 4 ¾ Jahre alt, sie spielen immer nett zusammen. Ich habe ihren alten Strohhut bezogen, ihre alten Puppen nett gemacht, auf eine Puppe einen Flickenkopf raufgemacht. Dann hat sie zwei Kleider bekommen, drei Hosen, ein Paar Strümpfe, drei Haarschleifen, zwei Kinderservietten, einen Unterrock, einen Blumenstrauß, eine Torte, einen Blechkuchen, einen Napfkuchen, zwei Apfelsinen und ein kleines Stück Schokolade. Von Herrn Hansen bekommt sie noch eine Schiebkarre mit Spaten. Sie hat wirklich vom Krieg nichts gemerkt.
Meine lieben Jungs, Ihr seid jetzt ein ganzes Jahr von uns fort, und wir haben nie von Euch etwas gehört. Hoffentlich seid Ihr guten Kerls gesund, auch Eure liebe Großmutter. Auch hoffe ich, dass Ihr immer sehr lieb und artig zu ihr seid; denn Eure Großmutter muss noch lange leben und bei Euch bleiben; denn wir müssen erst Geld verdienen hier. Dann .kommen wir zu Euch für immer, um nie von Euch fortzugehen mehr. Hoffentlich kommt der Tag recht bald. Heute kamen auch von zu Hause große Nachrichten. Wenn alles Wahrheit ist, dann kann ich meinen Brief bald abschicken. Die Engländer sind in Otjeworongo jetzt, werden wohl bald hier sein. Von Franz habe ich immer noch keine Nachrichten!?
Für heute genug, meine Lieben. Gute Nacht, schlaft gut und denkt auch an uns verlassene Menschen. Wenn ich Euch mal recht viel küssen könnte, mein Nushkiboy – Stöpke und Klein Mikosch.

Tsumeb, den 1. Juli 1915

Mein liebes Muttchen,

heute vor acht Jahren waren wir alle in Kapstadt und waren lustig und vergnügt. Heute bin ich aber desto verstimmter und trauriger!

Erstens: in 10 – 14 Tagen sind die Engländer hier, mein Pappi wird dann als Gefangener nach Kapstadt geführt: schlechte Kost und hartes Lager. Wir sind dann den Eingeborenen Preis gegeben. Ich wohne auch noch so dicht an der Werft!

Wir erwarten täglich englische Flugzeuge, habe meine Handtasche gepackt, enthaltend Euren Brief an Ernst, Geld, Schmuck, Sachen und Großchens und meiner lieben Jungens Bilder; denn wenn ein Flugschiff kommt, gehe ich aus dem Hause mit Hilde auf freies Feld; denn ich wohne auf dem Bekleidungsdepot und in der Nähe vom Funkturm. Von Franz habe ich Grüße bekommen aus Otavi Fontain, in der Nähe von Grootfontain.

Ein Gefecht soll 35 km von hier entfernt bei Korab stattfinden – wenn die Engländer unsere Stellung nicht umgehen. Ich mache mir die größten Sorgen um meinen Mann und dessen Gesundheit. Wie wird es ihm dann gehen bei schlechter Verpflegung in Feindes Hand?!

Den einzigen Wunsch, den ich habe: bald Frieden! Und Euch Nachricht geben können, denn Du wirst Dir den Kopf zerbrechen, wo wir sind, nicht wahr?

Tsumeb, den 6. Juli 1915

Meine Lieben,

heute ist der Tag gekommen, wo mein Papilieb von den Engländern gefangen genommen worden ist! Wie tun mir unsere armen Soldaten leid! Um halb fünf mussten sie alle antreten, um halb sechs kamen sie wieder und holten sich ihre Bündel und gingen nach dem Krahl, um dort von den Leuten, die vorher von uns bewacht wurden, jetzt bewacht zu werden. Es ist so kalt draußen. Wie tut mir mein Papi leid. Hildemaus ist furchtbar traurig, dass die Engländer hier sind und der Papi fort ist.

Nun, meine Lieben, am Sonntag Vormittag, den 4. Juli, kam ein englischer Flieger so gegen 10 Uhr. Alarm wurde geschlagen, alle Soldaten traten an, Frau Bach und ich gingen mit Hilde und einer Handtasche raus aus dem Haus ins Freie; denn ich wohne in der Nähe vom Funkturm: es sah herrlich aus, das Flugzeug flog sehr hoch, wenigstens 2000m hoch, sah aus wie ein großer Vogel. Dann kam der Befehl zu schießen, aber es traf ihn niemand. Er selbst warf zwei Bomben, aber hat keinen Schaden angerichtet. Wir kamen wieder nach Haus. Der Flieger flog höchstens acht Minuten, dann zog er sich in seinen Standort zurück.

Am Abend wurde nun alle Munition, Gewehre, Geschütze usw. verbrannt. Es gab ein großes Feuer und dauerndes Knallen. Alles an Bekleidung und Nahrung wurde zur Mine geschafft. Am Montag wurde alles Petroleum und der ganze Hafer verbrannt. Genauso die Automobile und sonstige Maschinen – eine Aufregung im Dorf!

Es wurde auch mächtig gestohlen. Die Eingeborenen haben ordentlich eingehamstert. Am Sonntag Abend um 6 Uhr kam von hier noch eine Maschinengewehr-Abteilung fort, einige Kilometer von hier, um den Feind zu „begrüßen", d.h. ihn zu beschießen.

Heute morgen um zehn nach neun Uhr ging das Knallen los, der Feind kam, wir haben auf unserer Seite zwei Verwundete, der Feind zwei Tote und drei Verwundete. Um halb 9 Uhr kamen die Engländer: Der Jubel bei den Gefangenen, das Hurrah-Rufen, die Freude war groß. Gleich wurde die englische Flagge gehisst und „God save the king" gesungen. Unsere armen Männer standen auf ihren Depots und harrten der Dinge, die da kommen sollten.

Mir ging es durch und durch, als ich den Jubel hörte. Man hat so friedlich hier gelebt, viele schöne Stunden hier erlebt! Das Geburtsland meiner lieben Jungens – man hat es lieb gewonnen. Und heute steht man so ohnmächtig da und lässt es sich von Leuten, die hier nichts zu suchen haben, fortnehmen! Hoffentlich können wir uns rächen, indem uns später Deutschland Hilfe schickt; denn damit rechnet ein Jeder bestimmt: denn Rache ist süß – und die muss sein.

Ein glänzendes Gelingen und Erobern ist es nicht; denn Botha brauchte nur unser Land und die Schutztruppe zu erobern. 60.000 Mann gegen ein Heer von 8 – 9.000 Mann! Jetzt zum Schluss standen sich 3.000 – 5.000 einer Macht von 36.000 Mann gegenüber. Kein Kunststück! Und dann sprechen vielleicht unsere Zeitungen zu Haus, diktiert von englischen Nachrichten, von großen Siegen? Eine Schmach ist und bleibt es. 10 Monate zu kämpfen gegen so wenige Leute. Wären wir hier 10.000 Mann mehr – und die Brüder hätten unser Süd-West nicht bekommen! Sie haben es – aber behalten dürfen sie es nicht, auf keinen Fall!

Eine Wut hat man in sich – Ihr könnt es mir glauben!

Es ist jetzt 10 Uhr abends, ein Trubel, eine Begeisterung auf den Straßen, ohne Ende – und unsere armen Männer liegen im Freien bei schmaler Kost. Sie frieren und müssen sich alles gefallen lassen. Wenn ich doch meinen Papi bei mir hätte! Hoffentlich kommen sie bald frei. Herr Hansen ist gestern Vormittag, den 5. Juli am Herzschlag gestorben. Traurig für seine Angehörigen. Herr Paulsen musste auch sein Leben lassen – für nichts!

Nun, meine Lieben, Gute Nacht! Bin schrecklich kaputt und müde, heute auch gewaschen und dazu all die Aufregung. Hilde schläft in Papis Bett, und mein guter Papi auf harter Erde. Könnte ich doch für ihn draußen schlafen! Täte es gern! Hoffentlich kommen sie nicht fort. Von Franz habe ich nichts gehört.

Nun viele Küsse an Euch alle. Wann kommt der Friede, meine Lieben? Hoffentlich bald!

Meine lieben Jungens, seid recht lieb und brav zu Eurem Großchen, denn sie hat jetzt auch keine leichte Zeit gehabt. Ach, könnte ich Euch jetzt mal haben – so in meine Arme für kurze Zeit schließen und mich satt weinen – oder glücklich sein.

Am 9. Juli 1915 erfolgte die Kapitulation der deutschen Kolonie unweit von Tsumeb an der Bahnlinie bei Otavi.

Tsumeb, den 23. Juli 1915

Meine Lieben,

ich denke an Euch mehr als sonst – das kommt vielleicht daher, dass ich unzufrieden und traurig bin. Was ich vom 7. bis zum heutigen Tag alles erlebt und mitgemacht habe, ist viel. Euch alles zu schreiben, wird 8 – 10 Seiten. Ich glaube, mir fehlt dazu die Lust. Etwas werde ich schreiben. Erstens haben wir am 15. Juli an Euch ein Telegramm geschickt und zwar nach Arosa „Bristol Hotel", Inhaber Minners, und ihn gebeten, Onkel Carl zu benachrichtigen, dass wir gesund sind. Hoffentlich habt Ihr das Telegramm erhalten. Am 14. Juli bekam ich von Käthe ein Telegramm aus Windhuk, dass Wilfried schwer krank ist: Bronchial- Katarrh und Malaria. Franz soll sofort kommen. Leider ist Franz am 3. Juli bei Otavifontain auf den Kolonnenwagen gefangen genommen worden (unverwundet). Wo er ist, weiß ich nicht. Wie es Wilfried geht, weiß ich auch nicht, hoffentlich besser. Also vom 7. Juli anfangend, ist mein Mann um 7 Uhr morgens nach Haus gekommen, konnte tagsüber im Hause bleiben, abends musste er im Zeltcamp schlafen. Er blieb aber zu Hause, da es mehrere so machten. Am 8. Juli musste er um 9 Uhr morgens antreten im Lager und Kost empfangen. Abends schlief er wieder im Lager, weil sie den Befehl hatten. In den darauf folgenden Tagen blieb er immer nachts zu Hause, musste nur morgens um 9 Uhr und mittags um 2 Uhr im Lager sein. Wir sind hier alle von den Buren und Engländern gut behandelt worden. Gestohlen haben sie da, wo sie Gelegenheit hatten, besonders die Capjungen. Aber als wieder einigermaßen Ordnung war, wurden die Eingeborenen scharf beobachtet und schwer bestraft. Um 8 Uhr abends darf keiner mehr im Dorf sein ohne Erlaubnis.

Am 12. Juli wurde Papi ausgekleidet – ein Tag der Freude! Die Aktive Truppe und Polizei ist gefangen genommen worden. Wo sie hinkommt, ist unbestimmt. Sie sind jetzt dabei, dieselben abzutransportieren.

Am 16. Juli war eine große Sitzung bei Wagners gewesen, betreffs Urban. Der ist erkannt worden – in unseren und vieler anderer Leute Augen ist er ein Schuft, ein Mann ohne Charakter. Dies alles zu beschreiben, ist viel, sehr viel, vielleicht später einmal können wir davon sprechen. Einen sehr traurigen Tag hatten wir am 11. Juli. Da verlor Hildemaus am Nachmittag die goldene Halskette mit den Bildern von beiden Jungens, was Papi früher an der Uhrkette trug. Ich trug sie sonst immer jeden Tag, Hildemaus manches Mal in meinem Beisein. Leider tat ich es so – und die Strafe kam auch gleich. Auch erfuhren wir am gleichen Tag von einem Polizeibeamten, der im April in Pomona war und sagte uns, unser Haus ist abgebrannt. Wir hörten es wohl schon mal vor einigen Monaten, aber hatten noch immer einen Zweifel – also jetzt die Tatsache!

Es ist traurig – so gar nichts gerettet, kein Bild von meinen Kindern und sonst lieben Angehörigen und Bekannten. Keine Briefe, die ich gerne wieder mal las, auch sonstige liebe Andenken – alles ist einmal gewesen! Traurig ist das Leben. Wie wohl noch alles kommen wird? Wie geht es Euch, meine Lieben? Dieses ist auch ein großer schwerer Punkt für uns. Auch für Dich, liebes Muttchen. Hoffentlich haben die Engländer das Telegramm befördert, dann seid Ihr doch beruhigt.

Ernis Haus in Aus ist auch abgebrannt. So heißt es bei vielen, andere sagen, es ist nicht wahr. Ob Franz frei kommt, weiß man nicht, weil er Kriegsfreiwilliger ist und Schweizer. Die Ansichten sind hier verschieden bei den Leuten. Keiner weiß was Genaues.

Mit unserer Abreise ist es noch unbestimmt. Wir hatten die Absicht zu fahren, wenn der größte Trubel vorbei ist. Leider kam es anders. Am 18. Juli, Montag, um halb vier Uhr kam Papi nach Haus (ich hatte große Wäsche, hatte ein Mädchen, welches erst um 9 ½ Uhr kam und anfing zu waschen) und sagte: „Wenn Du bis morgen früh um 8 Uhr fertig wirst, können wir bis Karibib durchfahren." Ich sagte: „Wenn du hilfst, ja. Ich mache die Wäsche fertig, und Du packst." Gesagt getan! Also gearbeitet wurde bis 1 Uhr nachts. Da waren wir fertig. Um 9 Uhr abends erfuhren wir, dass der Zug um 5 Uhr in der Früh fährt. Mein Mann bestellte sofort den Ochsenwagen um – und zwar um 3 ½ Uhr musste er hier sein. Um drei Uhr standen wir von unserem harten Lager auf der Erde auf. Um 3 ¼ Uhr ging Papi hin, weckte die Jungens, ging mit zum Krahl, um die Ochsen zu holen. Aber die Ochsen waren ausgebrochen, und nun ging die Suche los. Mein Mann half mit. Um 7 ½ Uhr kamen die Ochsen an. Der Zug war fort. Die Sachen wurden aufgeladen, und Papi ging mit, um gleich zu verladen und zu hören, wann der nächste Zug fährt. Es war unbestimmt. Er schickte zu mir einen Jungen: er möchte Kaffee haben. Hilde ist auf dem Tisch, wo sie in Decken eingehüllt saß, eingeschlafen. Ich brachte Kaffee hin. Es war ein mächtig kalter Wind, und wir hatten noch keinen Wagon, um einzuladen. Ich brachte dann Papi noch den Mantel runter. In der Zeit war Hilde wach, und sie kam mit. Ich ließ einige kleine Handgepäckstücke bei der Nachbarin und ging und brachte den Mantel hin. Als ich kam, war alles beladen. Der Personenwagen wurde angehängt – und um 10 Uhr ging der Zug. Es fehlten noch 10 Minuten. Pappi lief so schnell runter wie er konnte, holte alles. Ich traf den Vorsteher von der Bahn, der sagte: um viertel nach zehn geht erst der Zug. Ich ging Papi entgegen. Also alles war klar, wir beide müde zum Umfallen, saßen im Wagen 1. Klasse und freuten uns, dass es fortging.

Zwei Minuten vor Abgang des Zuges kam ein englischer Offizier und sagte, wir müssen rauß, alles Bitten half nichts. Also wir saßen auf dem Bahnhof gemütlich, der Gepäckwagen wurde abgekoppelt – und ich hätte mich aufhängen mögen.

Der Herr von der Station gab uns einen geschlossenen Wagen. Da stellten wir alles Handgepäck rein und gingen ins Dorf wieder rein; denn wir hatten großen Hunger. Wir gingen zur Polizei, wo wir auch zuerst wohnten. Der Weg ist immer 20 Minuten zu laufen – in großem Staub, denn Tsumeb ist mächtig schmutzig. Am Nachmittag gingen wir in unseren Wagen, aßen um 7 Uhr Abendbrot und gingen schlafen. Am Morgen gegen 6 ½ Uhr klopft es. Wir müssen raus. Der Wagen fährt runter nach Usahus. Also: aufstehen, packen – und nun saßen wir wieder unter freiem Himmel. Hildemaus mächtig erkältet, auch Papi. Da kam der Bahnhofsvorsteher, gab uns einen anderen Wagen und tröstete uns: Donnerstag fährt ein Zug runter, und jetzt sollen wir in seine Wohnung kommen und Kaffee trinken, was wir auch gerne taten.

Danach gingen wir in unseren neuen, schmutzigen Wagon, wuschen uns und gingen dann zur Stadt wieder, aßen zu Mittag auf der Polizei, blieben bis 5 Uhr dort und gingen dann wieder zum Wagon. Ich machte Abendbrot, und wir gingen auf dem Bahnhof ein wenig auf und ab. Dort lagen viele Leute im Freien, welche alle mitwollten.

Am Nachmittag erfuhren wir auch schon, dass der Zug erst am Freitag geht. Wir gingen schlafen, und am Donnerstag erfuhren wir, dass der nächste Zug für Privatleute erst am Montag fährt. Ich machte Frühstück. Wir gingen ins Dorf. Mein Mann ging zu einem englischen Kapitän, der sagte, der erste Zug für Privatleute geht frühestens in acht bis zehn Tagen. Wir gingen zur Bahn, nahmen uns drei Jungen und ließen uns unser Handgepäck in unser Zimmer bringen. Jetzt hausen wir hier wie Zigeuner, vielleicht noch schlimmer.

Für heute, meine Lieben, genug! Hoffentlich geht es Euch besser als uns. Liebe Jungens, esst Ihr auch fleißig Kirschen und Erdbeeren? Denkt Ihr dann auch dabei an uns? Mein kleiner Werner hat jetzt Sommerferien. Willst Du nicht zu uns kommen? Bringe Klein Reimer mit!

26. 1915 Heimreise und Post aus Hohenlychen

Karibib, den 31. Juli 1915

Meine Lieben,

wir sind auf der Heimreise nach Lüderitzbucht. Die Freude ist groß, endlich wieder mal in unserem Heim! Was man so Heim nennt, wenigstens Zimmer auf unserem Grundstück. Mein schönes Heim in Pomona ist ja nicht mehr da. Hoffentlich erleben wir noch eine Überraschung, dass es doch noch da ist – aber dann die Freude!

Wir sind gestern, den 30. Juli, um halb elf Uhr aus Tsumeb abgefahren., um halb sieben waren wir in Otjiwarongo. Fuhren dann weiter die Nacht durch nach Karibib, und um zehn Uhr waren wir hier. Unser Gepäck wurde umgeladen, und morgen früh um 7 Uhr geht es weiter nach Windhuk. Habe Käthe ein Telegramm geschickt. Ob sie noch da ist, weiß ich nicht. Franz soll auch schon frei und in Windhuk sein.

Frau Dick hat an Käthe einen Brief aus der Capkolonie geschickt, dass ihr jüngstes Baby Helmuth gestorben ist. Sie tut mir so herzlich leid, arme Frau Dick! Die Frauen sollen schon alle in Lüderitzbucht sein. Schade, dass wir damals das Pech mit den Ochsen hatten, sonst würden wir auch schon unten sein.

Meine lieben guten Jungens, wir haben immer noch keine Nachricht von Euch auf unser Telegramm. Hoffentlich habt Ihr es bekommen? Wie lange dauert nun noch der unglückselige Krieg? Hoffentlich ist er bald zu Ende. Wenn man so durch das Land fährt und die Engländer überall sieht und die englischen Fahnen wehen sieht, dann könnte man immer weinen. Hoffentlich kommt bald der Tag, wo die Engländer hier raus müssen.

So, meine Lieben, jetzt will ich wieder aufhören zu schreiben. In Lüderitzbucht schreibe ich meinen Brief an Euch weiter.

Eure Mami

Lüderitzbucht, den 5. September 1915

Meine guten, lieben Jungens und Muttchen!

Am 5. August abends halb acht sind wir endlich in unserm schönen Lüde-
ritzbucht angekommen. Nicht als siegende Leute fuhr unser Zug ein, nein,
leider! Aber der einzelne Mensch kann nichts dafür, dass es so gekommen
ist. Der Bahnhof war hell erleuchtet, auch das ganze stattliche Bahnhofs-
gebäude! Viele liebe alte Bekannte und eine Menge englischer Soldaten
und Beamte. Es war sehr kalt gewesen, feuchte Luft.

Wir begrüßten Frau Schuster; denn die Frauen kamen schon am Freitag,
dem 30.Juli von Kapstadt hier an, d.h. ein Teil der Leute. Auch waren
die verheirateten Frauen vom 9.März 1915 mit ihren Männern im Camp
zusammen. Wir erzählten uns einiges bis zum Tor, und dann gingen wir
zu unserem Haus, zu Heusers, bekamen ein Zimmer, welches vorher von
Engländern bewohnt war und sehr schmutzig aussah. Wir aßen bei Heu-
sers Abendbrot und gingen zu Kolbes noch auf einen Augenblick heran, da
Hildemaus uns nicht in Ruhe ließ.

Also zu meiner Reise nach hierher: am 1. August morgens halb acht
ging es weiter nach Windhuk. Wir hatten einen geschlossenen Wagon
mit mehreren zusammen. Die Herren spielten Skat, und wir drei Frauen
unterhielten uns, Hilde spielte. Um halb sechs Uhr waren wir in Windhuk,
machten unseren Wagon zu und gingen zu Frau Schelper hin. Sie waren
gerade beim Abendbrot, Frau Schelper und Hans Dieterlein, Baby, schlief
schon. Wir schickten Hildemaus vor, die Freude von den beiden Kindern
war unbeschreiblich. Hans Dieterlein und Baby sahen sehr wohl aus, auch
Frau Schelper. Sie hatten immer noch die herrliche Wohnung. Wir schlie-
fen dort, denn unser Zug fuhr erst um halb elf Uhr weiter. Windhuk ist
doch ein herrlicher Platz. Es gefällt mir dort sehr sehr gut. Weber, Dausch
und Lübberts fuhren auch mit uns herunter. Frau Liebe erwartete gerade
ihr Baby. Frau Seider hat einen kleinen Jungen Ende Juli bekommen.
Auch Frau Körner hat ein kleines Mädchen. Wir fuhren also um halb elf
Uhr ab und kamen um halb zwölf Uhr am 2. August in K`hoop an. Sind
auch nachts durchgefahren. Dort gingen wir ins Dorf und sahen uns die

verlassenen Häuser an. Zum Teil ganz, zum Teil halb, zum Teil gar nicht geplündert, darunter Schelpers Wohnung. Um halb sieben Uhr ging es weiter. Wir trafen um drei Uhr in Aus ein, gingen zu Ernis ins Hotel, tranken Kaffee und aßen Brot. Wir unterhielten uns und taten so, als ob nichts geschehen war, und fuhren abends um 9 Uhr ab. Vom Hotel steht nichts weiter als die Wände. Um 10 Uhr waren wir auf Garub Wasserstelle. Die Engländer haben eine Umgehungsbahn gebaut und eine neue Wasserstelle aufgemacht. Dort blieben wir liegen bis um vier Uhr nachmittags. Langweilig und öde, die Umgebung.

Als wir dann ein Stück gefahren sind, kamen wir durch eine Wiesengegend bis kurz vor den Dünen. So ist unsere Gegend hier noch nie gewesen: ein Blumen- und Rasenfeld, wie es noch nie dagewesen ist! Alles den alten Engländern zum Gefallen! Als wir im Burenkamp am Wasser waren mit dem Zug, kamen wir auf ein neues großes Wasserwerk zu. Da fuhren wir ein. Nun, meine Lieben, für heute genug. Habe den ganzen Tag fleißig genäht und gestopft. Es ist jetzt 11 Uhr, mein Pappi liest mit großer Begeisterung das Buch von Sven Hedin, einem Schweden, der mit auf unserem Feldzug war auf dem westlichen Kriegsschauplatz vom September bis Dezember. Es ist leider in englisch geschrieben, aber Pappi liest mir einiges vor immer. Der Mann spricht die Wahrheit über unser Militär und Kaiser.

Er sagt, alle die Grausamkeiten, die vom Kaiser und unserem Militär ausgeübt werden, was englische Zeitungen schreiben, ist erlogen. Schade, dass wir hier draußen sein müssen und nur Lügennachrichten erhalten. Glauben tut es ja niemand von uns. Wir wissen, trotz aller schlechten Nachrichten und Telegramme von englischer Seite, dass sich die Russen siegreich zurückziehen und wir zurückgeschlagen sind, dass wir vordringen und dass wir oben anstehen. Gott gebe unserem Kaiser und Volk den Sieg Der wird hier und in aller Welt, wo Deutsche sind, erbeten.

So, lebt wohl, meine Lieben, hoffentlich gelangt bald eine Nachricht von Euch in unseren Besitz und eine von uns zu euch. Morgen schreibe ich wieder einen kurzen Brief an Euch. Es ist dann der dritte Brief in diesem Monat, den wir schreiben. Viele Leute haben mit dem letzten Dampfer,

der hier ankam, ungefähr am 14.9. Post von Deutschland bekommen. Wir nichts! Hoffentlich geht es Euch gut!
1000 Küsse von uns allen an Euch, meine Lieben!

Lüderitzbucht, den 16. September 1915
Meine lieben guten Jungens und Muttchen. Hildemaus hat so Sehnsucht nach Euch. Sie spricht doch sehr viel von Euch, denkt täglich an Euch, fragt oft uns und möchte zu gerne wissen, wo unsere Jungens sich aufhalten. Hilde ist mächtig altklug, aber sehr aufgeweckt, hat ein sehr gutes Gedächtnis.
Nun, liebe Jungens, sagt mal, denkt Ihr auch noch manches Mal an Afrika? Es war doch hier auch schön in Lüderitzbucht am Wasser und in Pomona, wenn unsere Kisten kamen mit den Wagen und Ihr uns halft, Sachen auszupacken und Obst zu sortieren. Zucker und Kekse habt Ihr abgewogen und Briefe zu Herrn Paulsen gebracht und mit Tiesmers Kindern gespielt. Ach, die Zeit war doch schön gewesen, nicht wahr, liebe, gute Jungens? Einen Wunsch haben wir: behaltet uns alle lieb, vergesst uns nicht und werdet uns nicht fremd! Bittet Großmama, sie soll Euch recht oft von uns erzählen und von Afrika, dass Ihr Euer Geburtsland lieb behaltet.
Viele Küsse von uns allen an Euch alle.
Eure Mammi

Lüderitzbucht, den 19. September 1915
Geliebte Jungens und Muttchen.
Es ist heute ein Jahr her, dass wir Pomona verließen. Wie doch die Zeit vergeht! Es war eine schwere Zeit, die hinter uns liegt. Hoffentlich kommt bald der Tag des Friedens, der Freude und des Glücks.
„Gute Nacht, liebe Brüder und Großmama. Ich muss jetzt schlafen gehen. Kommt doch mal zu mir, lieber Werner und Reimer. Ich möchte mit Euch spielen; denn ich bin so ganz allein. Habt Ihr feine Spielsachen für Hildemaus? Viele Grüße und Küsse von Eurer Schwester Hildemaus."

Hier hat Charlotte Winkelvoss ihrer vierjährigen Tochter die Hand geführt, was man an der krakeligen Schrift erkennen kann.

Eure Schwester liegt jetzt zu Bett und betet für Euch und Großmama und auch für uns. Sie spricht viel von Euch, möchte gern zu Euch hin und mit ihren Brüdern spielen. Hoffentlich kommt bald der Tag, wo die Friedensglocken läuten. Wir denken nach unseren Nachrichten hier, dass im Januar Friedensverhandlungen sein werden. Die Russen bekommen von uns ja täglich viel Haue, dann kommt Frankreich an die Reihe.

Hier ist geschäftlich alles sehr ruhig. In Pomona wird schon ein bisschen angefangen, mit einigen Leuten aufzuräumen. Wo das Magazin stand, liegt eine haushohe Düne. Frau Weber und Frau Dausch waren auf zwei Tage in Pomona. Sie sagen, es sieht fürchterlich aus. An Wäsche und Silber ist nichts mehr in den Häusern. Frau Weber hat mir von meiner Veranda meine große Bettdecke (die weiße), mein hübsches weißes Voilekleid, mein rosa Kleid und das mit den großen Punkten, einen zerrissenen Reform–Unterrock und ein Hemd mitgebracht. Einige Sachen sollen noch gebraucht herumliegen. Alle Bilder sind entzwei, alle Scheiben und Türen kaputt. Herr Adonis hat – so gut er konnte – alles mit Brettern zugenagelt.

Nun, meine lieben Kerls, ich nehme an, dass Ihr gesund und munter seid und zu Eurer Großmutter recht lieb. Ich glaube, dass Du jetzt Schulferien hast, lieber Werner, und jetzt den ganzen Tag mit lieb Reimerlein spielst. Wir möchten Euch mal so beobachten können., liebe Jungens. Wir denken so oft so viel an Euch. Einmal habe ich von Euch geträumt und zwar am 6. September. Es heißt, es ist überhaupt schon das zweite Mal, dass ich von Euch träumte – und zwar: Ihr seid beide gestorben und Euer liebes Großmütterlein ist vor Gram auch gestorben. Als ich wach wurde – es war morgens früh so gegen 7 Uhr – war ich für den ganzen Tag kaputt und wünschte mir umso sehnsüchtiger eine Nachricht von Euch.

Hoffentlich kommt bald Nachricht. Ich schreibe in den nächsten Tagen wieder an Euch. Heute nachmittag gehe ich mit Frau Kolbe zu Frau Metje. 1000 Küsse an Euch von uns allen.

Eure Mammi

Lüderitzbucht, den 20 9. 1915

*Meine lieben Kerls und liebes Muttchen! Wie geht es Euch? Habt Ihr schon von uns Nachrichten erhalten? Wir sind recht traurig, dass wir immer noch keine Nachricht von Euch haben. Vielleicht hat Käthe welche bekommen von Euch, da sie an Euch von Windhuk aus im Mai geschrieben hat. Wir können es gar nicht verstehen, dass Ihr nicht versucht zu schreiben. Oder weißt Du nicht, liebes Muttchen, dass das Schutzgebiet übergeben worden ist am 9.Juli 1915, dass damit auch für Postverkehr gesorgt wird. Natürlich geht alles durch die Zensur. Am Freitag kam viel, viel Post von Europa, manche haben 3 – 12 Briefe bekommen. Man hört so manches von zu Hause, auch, wie es den Südwestern drüben geht. Aber alle schreiben dasselbe: Deutschland steht **gut** da. Na, und das ist die Hauptsache! Pappi schreibt an Tante Frieda einen Brief. Wir streiten uns fast täglich darüber, wo Ihr Lieben wohl wohnt. Ich sage Berlin, Pappi sagt Göttingen. Dort habet Ihr Euch eine Wohnung gemietet und Euch eingerichtet. Ich glaube es nicht, dass Ihr Euch jetzt in dieser Zeit Möbel gekauft habt. Ich nehme an, Ihr wohnt bei Erna oder Hildegard, oder du hast ein Zimmer genommen bei Frieda in Göttingen.*

Wir wohnen hier in den ersten beiden Zimmern in unserem Hause, sehr bescheiden eingerichtet. Aber es geht alles. Wir werden hier von den Engländern sehr hässlich behandelt. Die machen mit uns, was sie wollen. Wenn sie uns Licht geben wollen (elektrisch), dann machen sie es. Fleisch haben wir acht Tage lang nicht bekommen. Auch geben sie uns für Papiergeld nur auf 100 Mark 60 Mark wieder. Alles Silber und Goldgeld ziehen sie uns aus dem Lande raus. In keinem Geschäft bekommt man auf Papiergeld etwas raus, da eben kein Wechselgeld da ist, sondern man bekommt Tickets.

*Die Nachrichten vom Kriege, die uns die Engländer geben, sind nicht schlecht für uns. Die Russen bekommen ja mächtig Haue. Bald sind die ja erledigt, dann bekommen die Franzosen was auf die Badehose! Und die Engländer, das gemeine Volk, werden hoffentlich **vernichtet**! Das gelingt* *uns wohl nicht, aber klein,* **ganz klein** *sollen sie werden und uns als erstes Volk der Welt anerkennen!*

Meine lieben besten Jungens, hassen sollt Ihr England mit seinem Volk und nie aufhören, es zu hassen; denn nur sie **allein** *haben an diesem großen Unglück, an diesem Blutvergießen Schuld, an diesem großen Elend auf der Welt. Wir hassen die Leute hier, wenn auch der Einzelne nichts dafür kann, so muss er doch mitleiden. Es kommt der Tag, wo wir sie demütigen werden, so, wie sie es jetzt mit uns machen!*

Zu Hause möchten wir sein, alles miterleben; denn es muss ja zu Hause ein großes herrliches Zusammenarbeiten sein. Alles ist dabei, um unserem geliebten Vaterland Hilfe zu leisten. Wir können hier weiter nichts machen als beten zu unserem Herrgott: Verleihe unserem Volk und Kaiser den Sieg, **vernichte** *England!*

Wir denken, im Januar wird alles zu Ende sein, hoffentlich!

Nun, lieber Werner und Reimer, was beginnt Ihr so den ganzen Tag? Wernerlein, Du musst ja schon zur Schule gehen am Vormittag. Heute, Sonntag, habe ich beim Frühstück an Dich gedacht. Heute konntest du länger schlafen und den ganzen Tags spielen mit Reimerlein. Hildemaus sagte darauf: Wernerlein ist doch heute in die Kirche gegangen, nicht wahr! Eure Schwester ist fromm, spricht viel vom lieben Gott, von den Englein im Himmel, von Mausi, von Ingeborg und Hellmuth Dick und von den Sternen. Von Euch aber spricht sie sehr, sehr viel..

Klein Reimerlein, sage mal, denkst Du wohl noch an uns oder hast Du uns vergessen und liebst nur noch Deine liebe Großmama und sagst zu ihr: ich will nur ein bisschen schmusen, Großmama? Denke doch auch mal an uns, klein Mikosch. Wie gern möchte ich Dich jetzt in den Arm nehmen und so recht von Herzen schmusen mit dir, lieber Kerl. Auch mein Wernerlein neben mir haben mit seinem Lesebuch und Schreibheft und mich an meinem fleißigen Jungen freuen und ihm einen Kuss geben zur Belohnung. Ach, meine Lieben alle, könnte ich Euch hier haben! Glücklich wollte ich sein! Ich sehe Euch noch alle Drei in Pomona auf dem Dach des Hühnerstalls stehen und Du, lieb Wernerlein, den Reimer runterstoßen – und er kommt weinend: Werner hat mich runtergestoßen, und Hilde steht noch oben und kann nicht runter! Auch wie Ihr Pomona verließt, wie Ihr auf dem Wagen in Decken eingehüllt saßet und ich Euch den letzten Kuss gab und Herr Paulsen Euch zum letzten Mal die Hand gab. Armer Mann – ihn deckt seit Monaten die kalte Erde. Sein Grab ist einsam und verlassen. Er tut mir herzlich leid. Ich kann es nicht glauben, dass ihn die Kugel aus Bastard–Hand treffen musste. Warum muss solch ein Mann fallen? Es gibt hier faule, schlechte Menschen – viele, die bleiben am Leben. Er musste fallen. Aber es lag auch an schlechter Aufklärung auf unserer Seite, wie Herr Olthaver uns erzählte. Er war dabei. Am 27. April bekam Herr Paulsen einen Bauchschuss, und am 29. April starb er. Kurz vor seinem letzten Atemzug wurde er zum Gefreiten befördert, um ihm noch eine letzte Freude zu machen. Ich habe einen kleinen Ring von ihm zur Aufbewahrung bekommen, den ich behalten werde zum Andenken an einen mir lieb gewordenen Menschen.

Nun, meine Lieben, will ich wieder mit meinem Briefschreiben aufhören, ein ander Mal mehr. Viele innige Küsse an Euch, geliebte Jungens und Muttchen von uns allen.

Eure Mammi und Tochter

1915 wieder zu Haus in Pomona

Pomona 24. Oktober 1915

Meine lieben guten Kerls und Muttchen!

Angefangen zu schreiben habe ich diesen Brief schon in L`bucht, aber gleich wieder aufgehört, da wohl etwas dazwischen kam. Bin jetzt schon 14 Tage in Pomona. Die Zeit ist mir nicht schnell vergangen – trotz vieler, vieler Arbeit. Du weißt, liebes Muttchen, ich habe hier schon viel gearbeitet, besonders an Zahltagen. Aber jetzt geht es fast immer so weiter, kaum eine Stunde Ruhe, dann ist dies und jenes. Zum Flicken komme ich nur des Abends. Handarbeiten mache ich keine mehr; denn all die Stunden, wo ich mir keine Ruhe gönnte und immer saß und stickte – jetzt haben es die verfluchten Engländer. Auch die gestickten Kleidchen von den Kindern, wofür ich 100 Mark von Pappi bekam, meinen Brautschleier und sonstige alte, liebe Erinnerungen!

Nun, meine Lieben, also heute in acht Tagen hat unser lieber Reimerlein Geburtstag. Wirst schon 6 Jahre alt, ob Du schon zur Schule gehst? Wir wünschen Dir, dass Du erst im April zur Schule kommst. Du, mein Wernerlein, bist schon tüchtig fleißig, kannst Deinen Eltern schon selbst einen kleinen Brief schreiben. Ach, meine Jungen, heute ist für mich ein Tag, wo ich so traurig bin, wo ich weinen könnte, was ich auch schon tüchtig getan habe. Ich komme mir so verlassen vor, so einsam. Möchte zu Euch, meine Lieben, laufen, mit Euch lachen und mich an Euren lieben Gesichtern freuen. Mit einem Wort gesagt: unzufrieden bin ich mit mir selbst. Pappi ist heute nach L`bucht gefahren, mit Herrn Weber zusammen auf einige Tage, musste unbedingt sein, betreffs unseres Hauses. Heuser macht Schwierigkeiten betreffs bezahlen.

Vielleicht bringt Pappi Post von Euch mit, auch ein Bild, liebes Muttchen. Meine Freude – ist für mich ein großes Geburtstagsgeschenk, etwas Besseres wünsche ich mir nicht.

Wir haben jetzt zu Tisch 22 Personen – ohne uns. In einigen Tagen wird in Stauchs Lager die Messe eröffnet und kommen von hier welche fort, vielleicht acht Herren. Sie werden unten ca. 30 – 35 Mann werden. Hoffentlich klappt alles gut, wie es bis jetzt geht. Frisches Fleisch bekommen

wir auch bald her. Es gibt immer Büchsenfleisch. Unser Wasser ist hier sehr schlecht, kommt von Kaukausib her, sehr brackig und ganz dunkelgrau, nicht so zum Trinken. Kaffee und Tee schmeckt auch schrecklich.
Für heute genug, meine Lieben alle! Viele herzliche Grüße und Küsse von uns allen an Euch alle. Eure Lotte

Das ist der letzte Brief von Charlotte Winkelvoss an ihre Mutter und die Kinder in Deutschland.

1915 Post aus Hohenlychen
(Brief von Helene an Charlotte)

Während die Eltern sich durchs wilde Afrika mit der vierjährigen Hildegard in Sicherheit brachten, lebten die Söhne Werner und Reimer mit der Großmutter in bester Luft in der Feldberger Seenlandschaft in Norddeutschland.

Am 18. September 1915 schreibt Helene Schwenn an ihre Tochter Charlotte in Afrika aus Hohenlychen, Cecilienstraße 5, Uckermark.

Mein liebes Lottchen und alle Lieben!
Tausend herzliche Glück- und Segenswünsche zum Geburtstag! Ich hoffe zu Gott, dass Du diesen Brief erhältst und dass Ihr alle gesund seid. Wir sind es auch.
Die Jungs gehen beide nach einem Real – Gymnasium zur Schule und sind sehr fleißig. Hier ist alles wie früher, von nichts zu merken. Die Lebensmittel noch immer nicht so teuer als bei Euch. Hoffe nur, Ihr kommt bald in Euer eigenes Heim. Von Käthe hatte ich Nachricht im August, und von ihr habe ich Deine Adresse. Denke, sie hat meinen Brief schon erhalten. Ich habe immer noch auf einen Brief von Dir gewartet; denn ich nahm an, wenn Käthe schreiben kann, kannst Du auch. Mir also sei lieb und gräme

Dich nicht. Deinen Jungens geht es gut. Essen und Trinken schmeckt, und wenn ich das Geld immer erhalte wie bisher, dann haben wir es hier zu Hause sehr gut.

Dorchen ist auch gesund. Sie hat für Onkel Karl ein Haus zu verwalten im Westen. Thomassens geht es auch gut. War mit den Jungens vier Wochen in Göttingen. Frieda ist gesund. Sie arbeitet wie nicht klug. Ich könnte es nicht schaffen, was sie jetzt leistet. Und kann essen – das Dreifache wie früher. Egon ist Leutnant, augenblicklich verwundet in Kassel. Na, nichts von Bedeutung. Kann nicht verstehen, dass Franz im Felde steht. Dein Mann doch nicht.

Nun lebt wohl. Was macht Hildemaus und was macht Dein Mann? Vielleicht gibst Du mir Nachricht; denn jetzt warten wir alle mit großer Sehnsucht darauf. Vielleicht eine - wenn möglich – vorm großen Geschäft. Hoffe nur, dass nicht alles verloren ist. Von L`bucht ist wohl nichts zu schreiben.

Nun viele herzliche Grüße von allen Bekannten, besonders von uns.

Eure Mutter, Werner und Reimer

Der Hildemaus senden wir herzliche Grüße

In großen Sütterlin - Lettern schreiben auf der Rückseite auch Werner und Reimer:

Liebe Mammi, Pappi und klein Hildemaus!

Wir gratulieren alle zu Deinem Geburtstag. Bleibt Alle gesund und seid nicht traurig. Viele Grüße und Küsse sendet Euer Sohn Werner.

Ich gratuliere auch zum Geburtstag, liebe Mammi. Schicke Dir, Pappi und Hildemaus viele Küsse.

Euer Sohn Reimer

Das ist die erlösende Nachricht, auf die Charlotte 16 lange Monate gewartet hat. Ihr Wunsch ist in Erfüllung gegangen. Georg hat aus Lüderitzbucht den Brief mitgebracht, den Helene Schwenn am 15. September 1915 geschrieben hat. Wahrscheinlich hat Charlotte jetzt regelmäßig Briefe nach Deutschland geschickt, nachdem sie eine Adresse hatte, unter der sie ihre Kinder erreichen konnte. Leider haben wir keine weiteren Briefe, die uns aus dieser Zeit erhalten sind.

Frau Schwenn hatte bald eine schwere Zeit, die Kinder zu versorgen. Aufgrund der Kriegssituation gelangten kaum noch Geldsendungen zu ihr. Die Folgen, mit denen die Großmutter zu kämpfen hatte, brachte sie oft an den Rand der Verzweiflung. Als der Winter vor der Tür stand, machte sie sich Sorgen um warme Bekleidung; denn aus den Mänteln vom Vorjahr waren Werner und Reimer herausgewachsen. Eines Tages beschloss sie, zum Amt zu gehen und ihre Lage zu schildern. Als die preußischen Beamten ablehnend reagierten, setzte sie ihnen die Jungs kurzerhand auf den Schreibtisch und erklärte, sie würde die beiden in die Obhut des Amtes geben, da sie sich keinen Rat mehr wüsste. Darauf wurde ihr zugesichert, man würde für neue Mäntel Sorge tragen, was auch geschah.

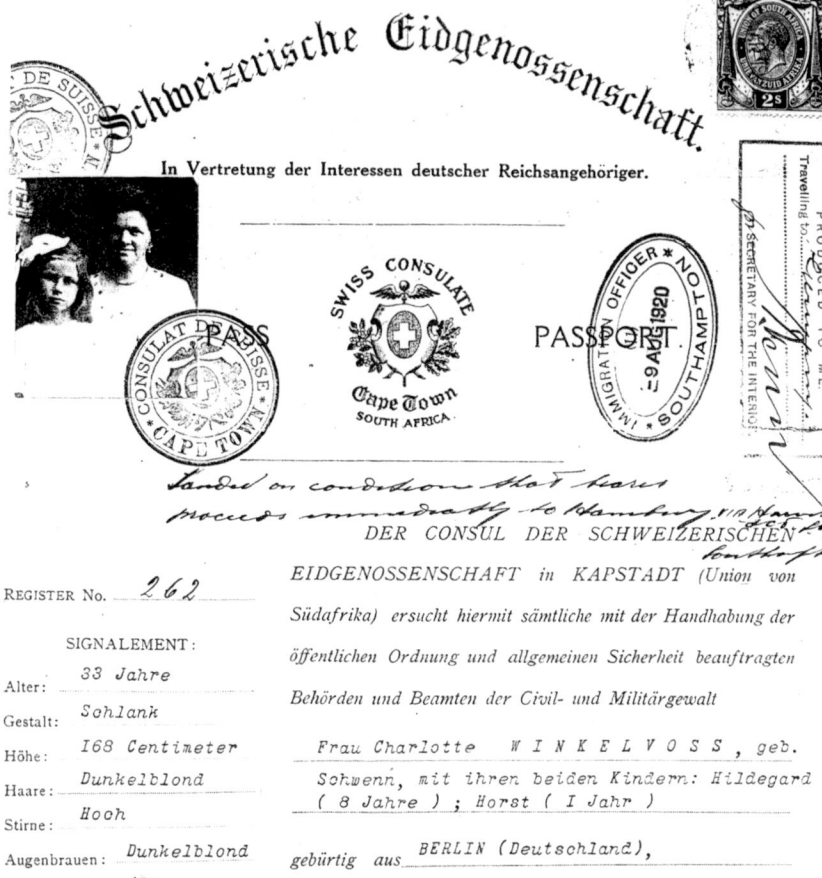

Schweizerische Eidgenossenschaft.

2 s *(revenue stamp: UNION OF SOUTH AFRICA)*

In Vertretung der Interessen deutscher Reichsangehöriger.

SWISS CONSULATE — *Cape Town, SOUTH AFRICA*

CONSULAT DE SUISSE — CAPE TOWN

IMMIGRATION OFFICER — 9 AUG 1920 — SOUTHAMPTON

Travelling to ……… / Produced to me ……… / Secretary for the Interior

PASSPORT

landed on condition that bearer proceeds immediately to Hamburg via Hanover, Southampton

DER CONSUL DER SCHWEIZERISCHEN EIDGENOSSENSCHAFT in KAPSTADT (Union von Südafrika) ersucht hiermit sämtliche mit der Handhabung der öffentlichen Ordnung und allgemeinen Sicherheit beauftragten Behörden und Beamten der Civil- und Militärgewalt

REGISTER No. 262

SIGNALEMENT:

Alter:	33 Jahre
Gestalt:	Schlank
Höhe:	168 Centimeter
Haare:	Dunkelblond
Stirne:	Hoch
Augenbrauen:	Dunkelblond
Augen:	Grau/Blau
Mund:	Mittel
Nase:	Normal
Kinn:	Rund
Gesicht:	Rund
Besondere Kennzeichen }	Kehlkopfschnitt- Narbe am Halse. ---------

Frau Charlotte W I N K E L V O S S , geb. Schwenn, mit ihren beiden Kindern: Hildegard (8 Jahre) ; Horst (I Jahr)

gebürtig aus BERLIN (Deutschland),

welche sich nach BERLIN (Deutschland) und zurück nach dem Protektorat von Südwestafrika zu begeben gedenkt, frei und ungehindert reisen zu lassen.

Gleichzeitig wird die Pass-Inhaberin dem Schutze und der Handbietung der Behörden empfohlen.

Gegenwärtiger Pass ist gültig für EIN JAHR.

und ausgefertigt unter Beifügung des Consulat-Siegels.

UNTERSCHRIFT

Einreise von Charlotte Winkelvoss mit Kindern in Southampton „landed on condition that bearer proceeds immediately to Hamburg via Hannover to Southafrika"

27. 1920 Rückkehr nach Deutschland

Ist denn die Elbe immer noch dieselbe?
Magdeburg Hymne

Erst 1920 können die Eltern das Land verlassen. Gemäß dem Versailler Vertrag wird die ehemals deutsche Kolonie am 28. Juni 1919 als Völkerbundsmandat unter die Verwaltung der Südafrikanischen Union gestellt, die als selbst regiertes Dominion Mitglied im britischen Commonwealth ist.

Georg Winkelvoss verkauft das Haus am Meer in Lüderitzbucht und gelangt im August 1920 mit Frau und Kindern mit provisorischen Pässen, die vom Schweizer Konsulat in Kapstadt im März ausgestellt worden waren, über Southampton nach Hamburg. Das Nationalarchiv in Windhoek verwahrt den Antrag unter dem Titel *Application for Passports: G. Winkelvoss 1920.*

Im August erreichen die Eltern mit der inzwischen neunjährigen Tochter Hildegard und dem 1919 geborenen dritten Sohn Horst die Stadt Quedlinburg am Nordrand des Harzes, wo die Familie endlich wieder vereint ist. Die Wiedersehensfreude ist

1920 Charlottes Familie , Hopfengarten

groß. Die Eltern können ihre inzwischen unter der Obhut der Großmutter herangewachsenen Söhne Werner und Reimer in die Arme nehmen.

Der Vater geht erneut auf Wohnungssuche. In der Industriestadt Magdeburg kauft er im September 1920 ein Zweifamilienhaus mit großem Garten am südlichen Stadtrand, im Stadtteil Hopfengarten. Seitdem die Eltern zurück in Deutschland sind, hat die Großmutter nun keine Funktion mehr in der Familie. Nach den sechs Jahren, in denen sie ihre beiden Enkel mütterlich und selbstlos versorgt hat, fühlt sie sich jetzt nutzlos und reagiert wohl auch mit Eifersucht, als ihre Enkelin Hildegard die Brüder in Beschlag nimmt. Es waren doch ihre Jungs! Helene Schwenn schifft sich 1921 erneut ein nach Südwestafrika. Wieder kocht sie, diesmal in der Offiziersmesse für die englischen Herren des Landes in dem von ihrem Schwiegersohn gegründeten Charlottental. Ihre Tochter Käthe bringt die Produkte von der Farm Kubub: Milch, Butter, Quark und Eier.

Georg Winkelvoss war wieder in der Heimat, nach deren blühenden Bäumen und aromatischen Früchten er sich so sehr gesehnt hatte. Er pflanzt an die hundert Obstbäume, deren Pflege als Spalierobst er sich mit großer Liebe widmet. Gemeinsam mit seinem Freund Schuster aus den afrikanischen Jahren kauft er ein Segelschiff: „Martha". Auf der Jungfernfahrt mit einer Ladung Salz von Norwegen nach

„Martha" mit Salzladung im Hafen

Italien gerät es bei Island in einen Sturm und sinkt. Die Versicherungssumme schmilzt aufgrund der Inflation schnell dahin. Sein über alle Katastrophen hinweg gerettetes letztes Geld legt er in einer Kartonageabrik an, in der unter anderem das Spiel *Mensch ärgere Dich nicht* eine Verpackung erhält, die bis heute noch genauso verkauft wird. Georg Winkelvoss erfindet ein Lernspiel, das als *Lesekasten „Oschön"* patentiert wird. Enkel Ekkehard hat damit lesen gelernt. Die für die Auslieferung genutzten Pferdewagen tragen die Aufschrift *Schön verpackt ist halb verkauft.* Einem Verwandten

unterschreibt Georg einen Wechsel, den dieser platzen lässt. Als Anhang dieses Buches ist ein Brief an Sohn Reimer abgedruckt, in dem von einem Vergleich die Rede ist. Dieser kommt nie zustande, weil ihm 8000,-- RM fehlen.

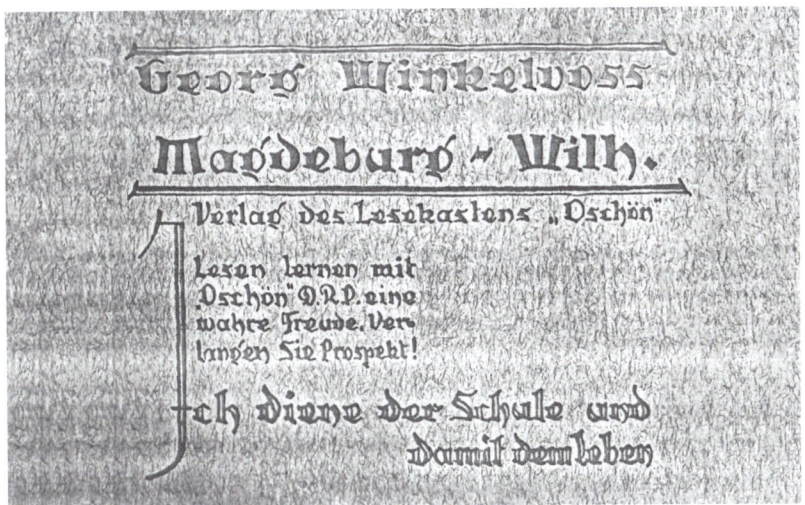

Kartons für Spiele und Lesekasten „Oschön"

Als ein alter Freund aus Afrika zu Besuch kommt, findet der anerkennende Worte für Charlotte: „Sie sind eine tapfere Frau." Aber Charlotte wehrt ab: "Oh, das ist keine Tapferkeit. Das ist Zufriedenheit – ich bin glücklich hier im Hopfengarten, ebenso glücklich wie mein Mann. Wir sind endlich wieder zu Hause." Abends fragt Georg: „Lotte, wann hast Du angefangen, mich zu lieben?" Die Antwort kennen wir nicht. Vielleicht war die Frage rhetorisch, aber sie zeigt, dass bei der Heirat noch nicht die tiefen Gefühle im Spiel waren.

Als Fazit seines Lebens, das so hoffnungsvoll für den Bremer Kaufmann begonnen hatte, schreibt Georg Winkelvoss 1926 einem alten Freund nach Südwest:

....Also Sie sehen, lieber Doktor, wir haben eigentlich keinen Grund zu klagen! Dass ich kein afrikanischer Krösus geworden bin wie doch eigentlich eine ganze Anzahl meiner alten lieben Afrikaner-Freunde, na ja – es ist schade, aber nicht zu ändern. Ich bin doch verschiedene Male daran vorbei gerutscht, aber habe es wohl nicht verstanden, den Mammon zu halten. Heute ist es zu spät dazu. Was im Geschäft zu erübrigen ist bei den immer noch unnormalen Verhältnissen hier, geht für Familie, die Kinder drauf – sie sind mein Kapital, meine Sparkasse…

Anfang Januar 1930 erliegt Georg Winkelvoss, durch lebenslange Mühsal und erneuten Konkurs infolge von Inflation und Weltwirtschaftskrise zermürbt, einer Lungenentzündung. Die insolvente Kartonagenfabrik übernimmt mit 21 Jahren der älteste Sohn Werner, der eine kaufmännische Lehre gemacht hat und anschließend in die Fabrik eingetreten ist. Er muss den jüngeren Geschwistern Reimer und Hildegard ihr Studium finanzieren. Gefertigt werden vorrangig Verpackungen für Kosmetik- und Sanitärartikel.

Werner ist ein schneidiger junger Mann, der Motorrad fährt und schon bald eine Familie mit Hildegard Stietzel gründet: 1933. Sie bekommen am 22. Juli 1935 den Sohn Eberhard und am 22. Juli 1938 den Sohn Ekkehard.

1941 wird Werner eingezogen und die Fabrik geschlossen, weil sie für die Kriegswirtschaft ohne Bedeutung ist. Als Kraftfahrer in seiner Einheit „Balkan-Feuerwehr" verfolgt er 1944 jugoslawische Partisanen in der Nähe des „Eisernen Tores" der Donau. Seit September 1944 galt Werner Winkelvoss als vermisst in Rumänien.

Seine Familie wurde evakuiert, ihre Wohnung bei dem großen Luftangriff der Alliierten auf Magdeburg am 16. Januar 1944 zerbombt. Werners Schwiegervater löste die Fabrik nach dem Krieg auf und gab die noch brauchbaren Maschinen an wieder produzierende Betriebe ab. Werners Familie zog zu den Eltern Stietzel in die Magdeburger Wilhelm-Niemann-Straße, wo ich sie als Kind mit meiner Großmutter öfter besucht habe.

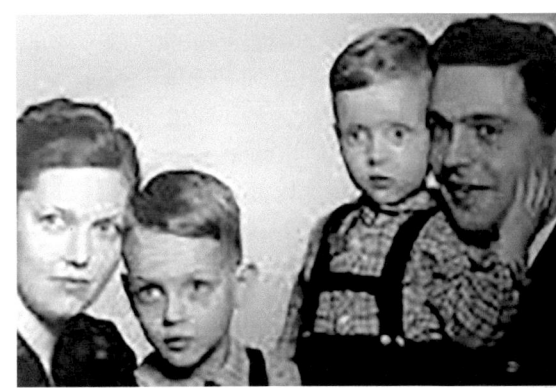

1940 Werner Winkelvoss mit seiner Familie

Der jüngste Sohn von Georg und Charlotte, Horst Winkelvoss, galt nach der Schlacht bei Stalingrad seit 1943 als vermisst. Mein Vater, Helmut Feuerherdt, war bei der ersten „Feindberührung" in der Ukraine nahe Kiew verwundet worden und starb im Juli 1941. Meine Großmutter konnte es nie verwinden, dass sie zwei Söhne und einen Schwiegersohn im Krieg verlorn hatte.

Nach ihrer endgültigen Rückkehr aus Afrika lebt Helene bei ihrer inzwischen verwitweten Tochter Charlotte im Haus in Magdeburg, wo sie unter dem Dach neben dem Boden eine kleine Kammer bewohnt, in der die Urenkel sie gern besucht haben und sich von ihren Abenteuern erzählen ließen. Aber Helene empfand ihr Leben gar nicht als abenteuerlich: „Überall gehen die Menschen auf zwei Beinen und haben die Nase mitten im Gesicht." Das war ihr lakonisches

Résumé. Als die Nationalsozialisten die Macht ergreifen, strickt Frau Schwenn Socken, angeblich für Adolf Hitler. Der wird diese an seine Soldaten weitergereicht haben.

Nach dem Krieg schickt Tochter Käthe regelmäßig Pakete aus Afrika nach Magdeburg, die von uns mit großer Freude aufgenommen wurden. Sie waren fest in Leinwand eingenäht und enthielten viele Köstlichkeiten. Die graugrünen Bohnen von Rohkaffee muss Charlotte erst rösten, bevor sie daraus duftenden echten Bohnenkaffee aufbrühen kann. In Deutschland gab es damals nur Malzkaffee zu kaufen. Getrocknetes Springbockfleisch landet im Suppentopf, gezuckerte Kondensmilch im Kaffee, die Erdnussbutter aus den Dosen kam aufs Butterbrot. Milo, eine köstliche körnige Kakao-Malz-Zucker-Mischung in grünen Büchsen, durfte ich mit Löffeln essen, weil sie als stärkend galt. Am spannendsten aber waren die Damenschuhe, die manchmal mitkamen: zierlich, spitz zulaufend, mit hohen Absätzen, die niemandem passten außer mir, einem Kind von 6-8 Jahren. Ich zog sie an, kletterte auf den Esstisch meiner Großmutter und sprang herunter, was auf den Holzdielen ein fröhliches Klappern erzeugte. Lange halten mussten sie ja nicht.

Um im Winter ihren kleinen Kanonenofen zu heizen, sammelte Frau Schwenn auf ihren Spaziergängen im benachbarten Klostergraben Reisig, das sie sorgfältig bündelte und auf dem Boden stapelte.

Die Urenkel und die Nachbarn erinnern sich bis heute an die kleine gebückte Frau, die so tapfer ihr Leben gestaltet hatte. Verwöhnt hatte sie niemand auf dieser Welt. Unter ihrem Bett stand im hohen Alter ein Karton, in dem sie ein weißes langes Kleid in Kunstseide aufbewahrte: ihr Sterbekleid, das sie den Besuchern stolz vorführte.

Helene Schwenn, geborene Schulz, starb am 21. Januar 1952 in Magdeburg-Hopfengarten. Vier Jahre nach Helenes Tod kommt 1956 ihre erste Ururenkelin zur Welt. Birgit ist die Tochter von Evelin und Eberhard Winkelvoss. Es folgen noch 15 weitere Nachkommen in dieser Generation.

28. 1971 Wiedersehen mit Afrika

Hart wie Kameldornholz ist unser Land
und trocken sind seine Reviere.
Die Klippen sind von der Sonne verbrannt
und scheu sind im Busch die Tiere.
Lied der Südwester Pfadfinder

Im Jahr 1971 beschließen Reimer und Hildegard, das Land ihrer Kindheit als Touristen zu besuchen. Anlass ist der Bau des Naute-Staudamms 50 km südwestlich von Keetmanshoop. Hier arbeitet Hildegards Sohn, der Afrika erfahrene Tiefbauingenieur Dieter Feuerherdt, für die Baufirma Concor Construction. Mit seiner Frau Zita, einer Südafrikanerin, lebt er von 1970–1972 in Namibia. Sein Cousin Hans Hermann Erni, Sohn von Wilfried Erni, ist ebenfalls zeitweilig auf der Baustelle tätig.

Der Nautedamm staut das Wasser des Löwenflusses, ein Zufluss des Fishrivers. Er speist einen von einer arabischen Firma angelegten Hain mit Dattelpalmen und 200 Hektar landwirtschaftlich genutzte Fläche, wo vor allem Weintrauben wachsen.[28]

In Namibia leben auch noch die Söhne von Käthe Erni auf den von August Lubowski geerbten Farmen. Herbert und Gretel Erni züchten auf Plateau Karakulschafe. Auf Aar ist der Swissair–Pilot Hellmuth Erni zu Haus, ebenfalls Schafzucht betreibend.

Hildegard führt Tagebuch, als sie die Verwandten auf ihren Farmen in Namibia besuchen.

Sonnabend, 14. 8.1971
Fisch aus Lüderitz gibt's mittags. Nachmittags fahren die Männer nach Aus. Gretel zeigt Zita und mir die Sukkulenten und Kakteen, den Gemüsegarten usw. Abends klönen wir. Das Hobby „Kakteen und Sukkulenten" ist bewundernswert vielseitig. Herrliche Exemplare und Anlagen! [29]

---

[28] Anfang des Jahres 2019 regnete es im Süden Namibias so reichlich, dass der Damm überfüllt war und die Wassermassen in den Fishriver abgelassen wurden. Das gleiche wiederholte sich zu Beginn des Jahres 2021.

[29] Wie Agaven und Kakteen sind Sukkulenten saftreiche Pflanzen, die Wasser speichern und so in sehr trockenen Zonen leben können.

Gretel und Herbert Erni zu Besuch in Magdeburg-Hopfengarten

Sonntag, 15.8.1971
Wir machen mit Herbert eine „Expedition" zu Hellmuths Farm Aar. Wil-
des zerklüftetes Klippengelände mit offenen Wasserstellen im Aar-Revier.
Ziel sind Felsmalereien und Gravuren auf Blaukalk-Platten – in Mengen!
Wir klettern und staunen. Eine australische Universität kommt regelmä-
ßig mit Studenten, die die Zeichnungen auswerten. Am Nachmittag führt
uns Herbert in sein Museum, und wir erleben ihn als Paläontologen. Seine
Fossilien-Sammlung ist von vielen Wissenschaftlern als bemerkenswert
anerkannt. Auf 650 Millionen Jahre werden Funde beziffert. Sie führen an
die Wurzeln des Stammbaums der höheren Tierwelt!! So spricht man von
„Ernietten" in der Wissenschaft der Fossilienfunde. Wir bewundern die
Interessengebiete unseres Cousins mit aller Hochachtung. Hier empfinde
ich wieder die Tragik des Menschenlebens: ein Mensch baut so viel auf,

und eines Tages bricht alles ab – mit seinem Tod. Was alles ist aus Herberts Geist entsprungen! Ein selten vielseitiger Mensch, der die Abgeschlossenheit eines Farmerlebens genutzt hat und die räumliche Einsamkeit reich gefüllt hat mit geistigem Leben!

Am Nachmittag kommt Wilfried, unser zweiter Cousin: wendig, politisch interessiert – ein anderer Typ als sein Bruder: drei Frauen und mit der vierten lebt er. Er lebt ein anderes Leben; unruhig und wenig stetig – wie sein Vater Franz Erni. Wir sitzen bis Mitternacht in heftigen Diskussionen. Reimer, der ewig streng Konservative, findet wenigstens darin Beistand, dass die Farmer Mini-Röcke, lange Haare ablehnen und Prügelstrafe in den Schulen billigen.

16.8.Montag 1971
Zita und Dieter begleiten Herbert. Reimer macht alleinige Erkundungen und Bergbesteigungen. Ich sitze auf der sonnigen Kakteen–Veranda und schreibe dies. Nachmittags besprechen die Männer einen eventuellen Dammbau im Aar-Revier und „bonitieren" und fotografieren die Lämmchen des Tages. Wir Frauen bummeln durchs Gelände. Dieter bringt mir eine geologische Kostbarkeit mit: Pteridinium simplex, als Wurmröhren gedeutet, im Sediment eingekieselt in Lebendstellung und in „Lebzeiten" (s.Prof. Pflug, Gießen). Fundstelle: Ernietta im unmittelbaren hängenden Gestein der Pteridinium-Schichten.

Diese Fossilien im Kuibis-Quarzit SWA`s, eine praekambrische Ablagerung in den Nama-Schichten. Schwarz-Kalk über Kuibis-Quarzit. Allabendlich stehen wir unter dem herrlichen Sternenhimmel! Die Milchstraße! Sieht man sie eigentlich jetzt in Deutschland? Den Skorpion zeigt mir Dieter. Eindrucksvoller als das Südliche Kreuz. Zweimal eine Sternschnuppe.

17.8. Lüderitz 1971

Ja, also heute sollen wir die Stätten unserer frühen Kindheit wiedersehen!
Herbert und Gretel kommen mit. Wir fahren früh los, vor halb acht Uhr.
Dass die Morgenstimmungen über Steppe, Bergen und den schmalen tief
rosa gefärbten Dünenstreifen vor den stark blauen Bergen dahinter uns
unaufhörlich begeistern, kann ich nur wiederholen. Die wechselnden
Gebirgsmassive von Pyramiden und Tafelbergen, von völlig verwitterten
„Schutthaufen" ziehen die Augen immer wieder an. Es ist wunderbar!

Aus

Tante Käthes Hotel in Aus ist abgebrannt.
Weiter – der Küste entgegen! Offenbar liegt über ihr Nebel - ?
Schöner denn je taucht oft ein „mirage" auf, die Fata morgana.
Die Berge scheinen auf Wasser zu schwimmen, ja, sie spiegeln sich darin.
Die Täuschung ist verblüffend.
Wie fahren dem Nebel entgegen: eine dichte milchige Wand. Sie liegt
über der Straße, wir tauchen in sie ein. Und sie ist dick und den Blicken
undurchdringlich. Herbert senkt das Tempo. Wir fürchten schon, Lüderitz
im Nebel zu erleben. Aber da! Plötzlich lichtet es sich. Die letzten Fetzen
zerflattern. Alles liegt wieder klar vor uns. Und nun ändert sich das Land-
schaftsbild wieder.
Die grauen Klippen von Lüderitz häufen sich: Granit, bucklig, dazwischen Dünen, die auch mal über die Pad wandern. Keine Gräser oder
Büsche mehr – nur Klippen, Klippen!
Und jetzt öffnet sich die Kulisse: die Lüderitzer Kirche hoch oben, dahinter das blaue Meer – die Stadt!
Natürlich klopft mein Herz!
Dieter und ich steigen aus, und ich führe ihn von Rümlers Hotel zu
„unserem Haus" am Meer. Ja, damals war ich neun Jahre alt, hatte kleine
Beinchen, war ein Knirps mit kurzen Schritten und begrenzter Sicht. Da
war die Welt kleiner, der Umkreis meiner Blicke enger. So erklärt sich,
wieviel stattlicher ich unser Haus in Erinnerung hatte, um wie viel größer
den Garten!! Aber noch etwas anderes kommt hinzu: unsere Omi hatte

Bäume und Blumen, und jetzt war der Hof betoniert, und nur eine Palme steht niedrig und grau in einer Ecke. Sonst nichts! Ich erinnere mich an blühende Oleanderbüsche, selbst in der Wüste wachsen Blumen, wenn sie Wasser bekommen. Meine Mutter hat jeden Tropfen Abwaschwasser in den Garten getragen. Auch der Strand ist anders! Die Fisch-Industrie hat aufgeschüttet, und das Meer ist viel weiter entfernt. Der Platz ist unordentlich mit grauen und roten Fässern bestellt. Portugiesen wohnen da. Alles ist natürlich nach 51 Jahren anders. Aber das Haus mit Veranda steht, und ich erkenne alles drum herum. Meine Schule zeige ich Dieter und daneben Knabes Wohnung. Annliese Knabe, jetzt verheiratet mit einem charmanten Dänen in Kopenhagen, war meine Schulfreundin. Danach

Zwischen Oleander in Lüderitzbucht

suche ich eine andere Schulfreundin auf: Juliane Wulf. Jetzt Frau Lampe bei Krabbenhoft & Lampe. Sie ist herzlich, und wir klönen bei Wermut, als hätten wir uns nie getrennt. Sie weint, dass ich nur eine Stunde bleibe. Ich suche Tante Kolbes Haus. Café Bauer und Café Krüger, wo ich Schillerlocken mit Vanillecréme gefüllt und Apfelkuchen holte als Kind. Wie entblößt vom Zauber der kindlichen Erinnerungen sind die Straßen. Klein, fast verkommen sind die Häuser, leer, unbewohnt. Lüderitz – eine sterbende Stadt.

243

2000 Lüderitzbucht

Wir essen in Kapps Hotel mit Elisabeth Schuster: Lüderitzer Fang.
Bei Elisabeth gabs Sekt. Ich war beschwipst. Dann fährt uns Herbert
ans offene Meer. Wilde einsame Klippenpartien, welche Wellen, was für
eine Brandung! Wir hocken auf Klippen und lassen uns besprühen! Man
könnte Stunden zusehen. Die Fotos erzählen davon!
Die Dias–Spitze: 1487 landete Bartholomäus Diaz als erster Europäer
hier. Den entstehenden lütten Bungalow von Ernis an einer stilleren Bucht
besichtigt. Tee am alten Lüderitzer Badestrand. Mit Dieter zu Fuß zur
Kirche hinauf und meine Erinnerungsstraßen. Dabei holt uns das Auto
ein. Es ist halb sieben, als es nach Plateau zurück geht. Um halb neun sind
wir da. Es ist stockdunkel.
Letzter Abend! Herbert und Gretel bescheren uns: Gertraude (Reimers
Frau, die aber auf der Reise nicht dabei war) und ich bekommen je 5
schöne Karakul-Fellchen! Welche Freude!
Der „Skorpion" begeistert Dieter und mich nochmal.

18.8. 1971 Nautedamm

*Um halb neun Start von Plateau. Bald beginnt steiniger, grasloser Boden –
der öde Süden. Nach zweieinhalb Stunden sind wir in Naute. Jeder bezieht
ein Häuschen. Dieter macht Dienst.*

*Nachmittag. Dieter holt mich und Reimer, um seinen Staudamm vorzu-
führen. Zita bleibt bei einer Engländerin.*

*Und dann stehen wir drauf! Das ist schon großartig, besonders, wenn ich
an die ersten Fotos denke. Was für ein Vorhaben! Dieter sagt uns, dass
dieses Bauvorhaben das größte in Südafrika sei, das seine Firma allein
ausgeführt habe.*

*Ein wunderschönes Bild: das blaugrüne Wasser zwischen den braunen,
schuttartig aufgetürmten Klippen und Brocken. Steile Ufer, Seitenarme
und in der Ferne der Beginn eines ausgedehnten Sees. Erst 20% des Fas-
sungsvermögens ist aufgestaut. Nachdem wir die Baustelle in allen Ein-
zelteilen besichtigt haben und ein Boy in Dieters Office mir heißen Tee
gebracht hat, fahren wir alle „Arme“ ab.*

Der nächste Besucher ist Christian Winkelvoss aus Chemnitz. Er ist
ein Ururenkel von Helene und der Sohn von Ekkehard und seiner
Frau Helga aus Karl-Marx-Stadt. Christian nutzt die Freiheit nach
dem Fall der Mauer und macht mit einem Studienfreund im Auto drei
große Reisen durch Afrika. Im August 1997 erreicht er von Kapstadt
aus Namibia und fährt dann zwei Monate über den Kontinent, bis er
im Oktober 1997 bei seiner Großtante Margit Gaetje in Kamanga am
Victoriasee ankommt.

Auch Dieter Feuerherdt ist noch einmal in Namibia. 2012 will er sich
vom Erfolg seiner Arbeit überzeugen und besucht mit seiner Lebens-
gefährtin Magdalena Auernig den inzwischen angestauten See am
Nautedamm.

1971 bauten zwei Urenkel von Helene am Nautedamm

2012 Dieter und Magdalena schicken Grüße an den Bruder Georg

29. 2004 Barbara und Bruno Böhm-Erni auf Farm Aar

Der unvergleichlich schöne Sternenhimmel wird
uns den Lichterglanz der Zivilisation ersetzen.

Aus dem Jahr 2004 gibt es einen „Weihnachtsbrief" von Barbara, aus dem ich einen Auszug übernehme. Barbara bewirtschaftet inzwischen die Farm Aar ihres Vaters Hellmuth Erni, der 1999 in Lüderitzbucht gestorben ist.

Wir schreiben heute den 2. November. Wie letztes Jahr beginne ich den Brief in Kapstadt, während Bruno ein Meeting hat. Im Moment habe ich allerdings keine Sicht aufs Meer, da z.Zt. stockdicker Nebel herrscht. Für die Touristen ärgerlich, für uns positiv, denn je mehr Luftfeuchtigkeit umso besser. Gerade das Kap hat noch viel zu wenig Regen bekommen. Gestern auf der Fahrt haben wir im Radio gehört, dass im Hinblick auf die kommende Touristensaison im Dezember (zusätzlich eine Million Menschen mehr bei ca. 800.000 Einwohnern) jetzt das Wasser noch rationiert werden soll...

Von der Farm habe ich jedoch puncto Regen ganz tolle Nachrichten. Nachdem es wirklich so trocken war, dass ich im Oktober die Ramme zum ersten Mal nicht eingesetzt hatte und schon am Überlegen war, welche Schafe ich allenfalls abstoßen könnte (muss noch 170 Septemberlämmer groß machen), hat es letzte Woche endlich geregnet. Es hatte zwar am 20. Oktober in ganz Namibia z.T. sehr gut geregnet, da hatte ich aber nur strichweise etwas abbekommen. Gerade in der Fläche helfen 10 Millimeter auf ausgetrockneten Boden überhaupt nichts, wenn kurz nach dem Schauer die Sonne wieder brennt. Der letzte Regen war jedoch super, da wir Samstag, Sonntag, Dienstag und Mittwoch jeweils Schauer abbekommen haben, nicht immer überall und gleichviel, aber zusammengerechnet dann doch auf der ganzen Farm so zwischen 2o und 3o Millimeter. Das Wasser konnte zwischendurch einziehen und verdunstete dank der Bewölkung nicht gleich wieder. Am Dienstag Nachmittag reichten

jedenfalls die wenigen Millimeter auf der Pfanne (= topfebene Fläche,
daher die Bezeichnung), dass ich es fertig brachte, mich mit dem Auto
trotz diversen Umwegen (Straße ist dann mehrere Tag nicht mehr befahr-
bar) einzubuddeln. Dank 4x4, Graben und Klippen unterlegen, schaffte
ich es, aus eigener Kraft wieder freizukommen. Ich war alleine unterwegs
zum Viehposten, um Schafe suchen zu helfen und durchzuzählen.

Die Geschichte dazu: Am Morgen früh war ich mit den beiden Schaf-
wächtern in Aus, damit sie ihre Stimme für die Präsidentschaftswahl abge-
ben konnten. Die anderen hatten am Montag die Gelegenheit. Nach 20
Kilometer Rückfahrt waren beide besoffen. Und dann noch Regen! Also
schickte ich gleich den Eduard mit Aron nach dem Mittag wieder runter,
um nach dem Rechten zu sehen. Als ich dann endlich ankam, hatten
die beiden bereits die zerstreuten Schafe bei der Wasserstelle zusammen
getrieben und angefangen, die zwei Herden (ca. 500 Tiere inklusive 170
Lämmer) wieder auszusortieren. Um es kurz zu machen: nach 20 Uhr
waren wir – bereits im Stockdunkeln – endlich zu Hause, nachdem wir
Aron (bzw. das Auto) auch noch aus dem Modder herausgezogen hatten.
Ich war schmutzig, müde und sauer wegen eines Aufwandes, der eigent-
lich nicht hätte sein müssen – aber der Regen, die Tatsache, dass wir keine
Schafe verloren hatten und Bruno in der Zwischenzeit ein warmes Abend-
essen gezaubert hatte, ließen wirklich negative Gefühle gar nicht zu…

Neben einem schönen Winterregen und etlichen schon sehr kalten Tagen
traf am 23. Juni eine sechsköpfige Paläontologen – Forschergruppe hier
ein. Ursprünglich wollten sie nur zwei oder drei Tage im Feld campieren
(hatten auch alles dabei), schlussendlich wurden es dann zwei Wochen
im alten Haus und im Gäste-Flat! Auch das war natürlich wieder ziem-
lich zeitintensiv, da immer wieder neue Fundstellen entdeckt wurden (die
mussten sie uns natürlich zeigen) und endlos diskutiert wurde. Grob gesagt,
geht es um die Erforschung erster tierischer Lebensformen vor ca. 570 Mil-
lionen Jahren, deren Versteinerungen bei uns auf der Farm vorkommen.

Patricia (Australien), Charlie (Namibia), Misha und Andrej (Russland) waren schon letztes Jahr hier gewesen (auch Japaner) und haben sich bereits wieder für Mai 2005 angesagt. Es war faszinierend und eine Bereicherung, solche Menschen kennen gelernt zu haben. Pat hat uns spontan zu dem Paläontologenkongress in Pato (bei Florenz) Ende August eingeladen.

2011 wird die Farm von Barbara Böhm-Erni in die Liste der Nationalen Denkmäler Namibias als Fundort von Fossilien und Felsgravuren aufgenommen.

Tel/Fax: +264 63 68 3100
info@aar-industries.com

30. 2011 Karl-Georg und Heidewig Feuerherdt in Namibia

Wir sind afrikanische Jungs.
Wir machen das mit links.
Norbert angesichts unserer Havarie auf den Klippen

Trauriger Anlass für unseren spontanen Entschluss war die Nachricht, dass Bruno Böhm plötzlich gestorben war. Barbara plante eine Abschiedsfeier für ihren Mann, und wir wollten dabei sein. Zur Vorbereitung auf diese Reise in die alte Heimat unserer Familie griff ich zu einem Buch, das mir Tante Margit in Kamanga geschenkt hatte. [30] Voigt war Kaiserlicher Schulinspektor in Windhuk. Das Buch war gedacht als zusätzliche Lektüre zum offiziellen Lehrplan und bringt Beiträge zu Geschichte, Fauna und Flora sowie zu den eingeborenen Stämmen, die sachlich mit ihren Sitten und Gebräuchen, ihren Siedlungsformen und ihrer Nahrungsbeschaffung beschrieben werden, ohne jede Überheblichkeit oder Nichtachtung!
Ich lernte, dass seit grauer Vorzeit das Land von Buschleuten oder dem Volk der San besiedelt wird, die an glatten Felsen eingeritzte Zeichnungen von Menschen und Tieren hinterließen, wie sie uns später auch von Barbara auf Aar gezeigt wurden.
Es gibt Spuren von etwa vierzig verschiedenen Tieren, ferner zwei Menschenspuren von auffallender Zierlichkeit, die noch heute ein Rassenmerkmal der Buschleute ist. [31]
Zitiert wird ein südwestafrikanischer Geschichtsschreiber:
„Ich habe die Sache der Buschmänner mit vielen hervorragenden Gelehrten in Europa und Südafrika besprochen und ihre Werkzeuge und ihre Kunst mit denen anderer Völker Afrikas und Europas verglichen. Wir sind zu dem Schlusse gekommen, daß die Buschmänner eine sehr alte Rasse darstellen, welche nicht nur ganz Afrika bevölkerte, sondern auch Teile von Europa und Asien. Sie wissen wohl, daß ein Zwergvolk einst in Belgien und Frankreich lebte, daß die rohen Steinwerkzeuge, welche sie

---

[30] Lesebuch zur Heimatkunde von Deutsch-Südwestafrika, eine Sammlung von kurzen Aufsätzen, herausgegeben von Bernhard Voigt, Stuttgart 1913.

[31] Voigt, a.a.O. S. 73

gebrauchten, und Stücke von Elfenbein, mit denen sie Tierbilder auf Steinen ritzten, gleicher Art sind mit denen der Buschmänner. Die Tierbilder sind ähnlich denen von Südafrika. Viele andere Beweise können erbracht werden, welche besagen, daß unsere Buschleute und die Leute der Steinzeit in Europa zu ein und demselben Stamme gehörten." Dr. Mc Call Theal, zit. nach Vedder in den Windhuker Nachrichten. [32]

Bevor europäische Missionare ins Land kamen, erinnerte der Glaube der Eingeborenen in einigen Ritualen an die Religion der Alten Ägypter, mit denen die afrikanischen Stämme im Altertum zusammengetroffen sein könnten. Die Völker sind gewandert. So weiß man, dass die Bergdamara von Norden nach Südwestafrika gezogen sind, das Volk der Nama dagegen aus dem Süden zum Oranjefluss kam.

Als wir, Karl-Georg und Heidewig Feuerherdt, aus Frankfurt kommend in Windhoek landen, empfängt uns unser Cousin Hans-Hermann Erni, mit dem wir den Mietwagen in Empfang nehmen. Leider bekommen wir nicht den bestellten 4x4 – was uns erhebliche Schwierigkeiten einbringt, als wir Barbara auf ihrer Farm besuchen. Hans–Hermann muss fahren; denn wir haben keinen internationalen Führerschein. Außerdem hätten wir sicher Schwierigkeiten mit dem Fahren auf der linken Seite gehabt. Die Straßen sind gar kein Problem und die Unterkünfte auch nicht. Durch die Augen eines echten Südwesters sehen wir das Land unserer Vorfahren. Hans-Hermann zeigt uns seine Heimat.

Bei der Trauerfeier im Yachtclub von Lüderitzbucht treffen wir einige Familienmitglieder, die noch immer im Erniland ihre Farmen betreiben. Wir wohnen in komfortablen Ferienwohnungen bei Norbert, ebenfalls ein traditionsbewusster Südwester.

Als wir nach einem Besuch am Grab von Käthe Erni in Aus auf der Terrasse des Bahnhofshotels bei Bratwurst, Burenwurst und Bier sitzen, bietet uns Norbert an, mit ihm im Pick-up den steinigen Pad zu Barbaras Farm hochzufahren. Ich bin bereit, sein Angebot anzunehmen, rufe ihm zu, dass wir fertig sind und mitkommen können.

[32] Voigt, a.a.O. S. 74

2011 Hans Hermann Erni an der Farm Plateau

Ich verschwinde nur noch rasch auf die Toilette. Als ich zurück-
komme, ist Norbert weg. Ich bin enttäuscht. Obwohl der Aufstieg
nach Aar schon von weitem als steil und mühsam zu erkennen war,
lehnten beide Männer die Hilfe ab.

Wir machen uns auf den Weg, finden das Schloss offen, das Gatter
angelehnt. Aha, Norbert ist schon durch. Als die Schurre immer steiler
und steiniger wird, sehen wir Norbert vor uns mit dem Toyota Pick-
up. Er hat auf uns gewartet. Wir folgen ihm, bis es plötzlich rummst,
scheppert, schleift und immer stärker rumpelt. Wir halten, Norbert
setzt zurück: „Was ist los? Das haben wir gleich. Kein Problem."
Wir steigen aus. Norbert gibt Anweisung umzusteigen. Georg will
auf den Beifahrersitz neben Norbert. Der greift ein und weist ihm die

Ladefläche zu. „Wir sind noch Kavaliere und lassen unsere Frauen nicht auf der Ladefläche fahren." Ich klettere in Norberts Führerhaus und warte ab, was die Untersuchung unseres Chassis zu Tage fördert. „Wir sind afrikanische Jungs. Wir machen das mit links." Naja, ganz so einfach war es nicht. Das Differenzial war abgerissen – natürlich schon vorher, das hätte uns überall passieren können!!

Wir lassen den Honda stehen, wechseln den platten Reifen an Barbaras Auto, die inzwischen gekommen ist, um zu gucken, wo wir bleiben. Jetzt stehen vier Autos auf der Pad. Barbara und ich fahren zur Farm. Dann folgen die Männer mit Pick-up und Barbaras repariertem Zweitauto, das der hinzugekommene Mechaniker abliefern wollte. Ich nehme das Gästehaus, die Männer wohnen im alten Farmhaus. Norbert und Kumpel fahren „im letzten Büchsenlicht" zurück nach Lüderitzbucht. Einige Tage bleiben wir bei Barbara, die sich ein sehr schönes Zuhause in der Wildnis geschaffen hat.

Mit einem neuen Mietauto machen wir uns auf den Rückweg nach Windhoek. Karl-Georg will noch zur Etosha-Pfanne. Ich bleibe in Windhoek, treffe Hans-Hermanns Frau Ria, ihre Kinder und Enkel in Ankes Haus, wo wir einen fröhlichen Tag mit einem üppigen Barbecue verbringen. Die Kinder toben auf dem Trampolin, dass mir angst und bange wird.

In den nächsten Tagen gehe ich ins Nationalarchiv von Namibia und lasse mir die Akten aus der Zeit der deutschen Kolonie zeigen, worin ich einige amtliche Hinweise auf unsere Angehörigen finde (s.o.).

Als mein Bruder zurückkommt, erkunden wir auch noch die lebendige Hauptstadt des Landes. Im Vorbeifahren entdeckt er mit Kennerblick „das beste Restaurant der Stadt" - an den weißen Tischtüchern auf dem Balkon an der Independence Street: Gathemann. Ich finde ein paar Häuser weiter das Café Schneider, eine Konditorei nach deutschem Vorbild. Ja, es gibt noch Spuren aus der Zeit unserer Großeltern, die an die deutsche Vergangenheit des Landes erinnern.

Von unseren Verwandten in Namibia haben sich nur wenige auf den Weg zu ihren Ursprüngen in Europa gemacht. Außer Barbara Böhm-Erni und Margits Töchtern, die in alle Welt geheiratet haben, ist schon lange keiner mehr bei uns in Deutschland vorbeigekommen. Wir hoffen jetzt, dass die Enkelin von Hans-Hermann Erni, Katja Erasmus, ihre Ausbildung als Hotelfachfrau in Deutschland macht.

2020 Käthes Urenkelin Anke Erasmus-Erni mit ihren Kindern Cara, Katja und Konrad

Stammbaum

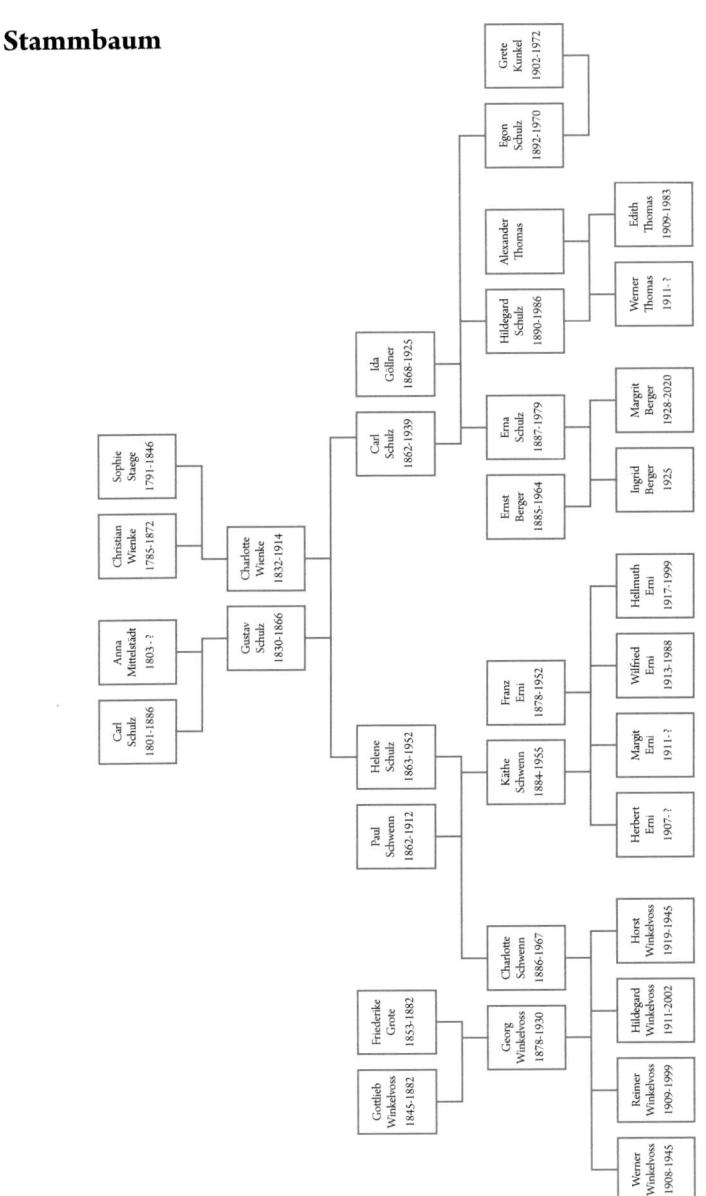

Helene Schwenn
geb. Schulz
1863 - 1952

Charlotte Winkelvoss
geb. Schwenn
1886 - 1967

Heidewig El Hadidi
geb. Feuerherdt
1940

2021 Nachwort

Mit meiner Generation beginnt ein neuer Abschnitt unserer Familiengeschichte. Die Lebenden erwarten, dass auch ihnen ein Denkmal gesetzt wird. Wenn noch Zeit bleibt, könnte ich erzählen, wie es weitergeht.

Nach der Weltwirschaftskrise kündigt sich der zweite Weltkrieg an. Charlottes Nachkommen haben gerade geheiratet und die ersten Kinder bekommen, als die Väter in den Krieg ziehen müssen. Meinem Vater, Helmut Feuerherdt, ist das nicht schwer gefallen. Er hatte bedauert, dass er nicht schon 1914 bei der Schlacht von Tannenbeg dabeisein konnte.

Als Erster der nächsten Generation wird 1935 Werners Sohn Eberhard Winkelvoss geboren, drei Jahre später am gleichen Datum, 22. Juli, sein Bruder Ekkehard. 1936 kommt Hildegards erster Sohn Karl-Georg auf die Welt, 1937 sein Bruder Horst Dietrich. 1940 komme ich als drittes Kind von Hildegard und Helmut.

Vier Monate später erblickt mein Cousin Wulff als erstes Kind von Reimer und seiner Frau Gertraude Winkelvoss das Licht der Welt. Ihm folgen Helmut, Ulrike und Gudrun. Das letzte Enkelkind von Charlotte wird am 31. Januar 1945 begrüßt mit den Worten „Im Glauben an den Endsieg".

Jetzt hat Charlotte neun Enkelkinder. Am Ende des Krieges fehlen aber zwei ihrer Söhne und ihr Schwiegersohn. Die Söhne werden als vermisst gemeldet. Helmut Feuerherdt trifft 1941 eine Kugel nahe Kiew. Er hatte gehofft, als Landrat in der Ukraine zu leben. Ich bin gerade 18 Monate alt.

So geht das Leben immer weiter.

Magdeburg, 11. 11. 29,

Lieber Reiner,

Anbei das unterschriebene
Formular wegen deiner
Kollegien gelder zurück
und [Handelt stark?]

Mit meinem Vergleich
bin ich noch keinen
Schritt vorwärts gekom-
men da mir ca 8000 (bis 10000)
fehlen, um die Gläubiger
auszahlen zu können
bzw. die Auszahlung
innerhalb einer Frist
von 2 bis 3 Monaten
~~auszuteilen~~ zu gewähren.

Heute will ich Dr.
Lehmann besuchen

um mich zu bedanken
für die Hilfe, die er dir
leistet.

Hilde's Aussichten
für die Volksschullehrerin
kassiere und auch noch
sehr schlecht. Elbing
schreibt, daß Aussichten
gering, aber wir hoffen
noch stark auf Dr.
Zipperling's Hilfe, die
er mir versprochen hat.

Grüße bitte Tante Frieda
& Onkel Fritz und sei
vielmals herzlichst gegrüßt
von deinem
Vater